古代歷史文化研究輯刊

九 編

王明蓀 主編

第 10 冊

北魏後宮制度研究

苗霖霖 著

國家圖書館出版品預行編目資料

北魏後宮制度研究／苗霖霖 著 —— 初版 — 新北市：花木蘭文
化出版社，2013〔民 102〕
序 2+ 目 4+212 面；19×26 公分
（古代歷史文化研究輯刊 九編；第 10 冊）
ISBN：978-986-322-192-0（精裝）
1. 宮廷制度　2. 南北朝
618　　　　　　　　　　　　　　　　　　102002672

ISBN-978-986-322-192-0

古代歷史文化研究輯刊
九　編　第 十 冊　　　　ISBN：978-986-322-192-0

北魏後宮制度研究

作　　者　苗霖霖
主　　編　王明蓀
總 編 輯　杜潔祥
出　　版　花木蘭文化出版社
發 行 所　花木蘭文化出版社
發 行 人　高小娟
聯絡地址　235 新北市中和區中安街七二號十三樓
　　　　　電話：02-2923-1455／傳真：02-2923-1452
網　　址　http://www.huamulan.tw 信箱 sut81518@gmail.com
印　　刷　普羅文化出版廣告事業
初　　版　2013 年 3 月
定　　價　九編 27 冊（精裝）新台幣 45,000 元　　　版權所有·請勿翻印

北魏後宮制度研究

苗霖霖　著

作者簡介

苗霖霖，女，1982 年 6 月生，黑龍江省哈爾濱市人，黑龍江省社會科學院助理研究員。畢業於吉林大學古籍研究所，歷史學博士。2008 年師從著名史學家張鶴泉教授攻讀博士學位，研究方向為秦漢魏晉南北朝史，2011 年 6 月進入黑龍江省社會科學院歷史研究所工作，主要研究方向為遼金史、東北古代史、北方民族史。在《史林》、《社會科學戰線》、《黑龍江民族叢刊》、《古代文明》、《北方文物》、《唐都學刊》等刊物上，發表學術論文 13 篇，並有 1 篇學術論文被《人大報刊複印資料（魏晉隋唐卷）》全文轉載。

提　　要

　　後宮制度是我國古代政治制度不可或缺的內容，通過對北魏後宮制度的研究不僅可以瞭解北魏政權的民族特色，還有助於我們加深對孝文帝漢化政策實際運用情況的認識，對北魏社會史以及政治制度史的研究也有著重要的意義。北魏後宮人員可以分為皇后、嬪妃、女官以及宮女四個等級，嬪妃、女官內部又按照品級劃分為不同的等級。因此，後宮制度實際上是以等級制度為中心，通過皇后、嬪妃、女官、宮女的實際生活，展現出的君臣尊卑體系。本文按照時間線索，對北魏前期、中期、後期後宮制度變化的內容和原因進行論述，並通過對後宮人員的選拔方式、乘坐的車輦、穿著的服飾、佩戴的髮飾，以及死後的待遇等方面的論述，說明後宮人員的待遇與她們所處等級的關係，展現孝文帝漢化措施在後宮中的運用情況，及其對北魏後宮制度的發展所產生的影響。

序

　　自道武帝建立北魏國家後，就開始爲王朝的發展規定了各項制度。其中最重要的制度之一，就是後宮制度。這種後宮制度包括龐大的宮內機構，即後妃系統，還包括爲宮廷生活服務的宮女、宦官系統。從表面看後宮只是皇帝私人生活的場所，但實際上後宮是與國家的政治統治密切聯繫的。因此，對北魏後宮制度的考察，不僅對認識北魏皇帝私人生活，還是對認識北魏國家統治特點都是必要的。這正是苗霖霖博士選擇這一課題作爲博士論文題目的學術價值之所在。

　　應該說，探討北魏後宮制度是有諸多困難的。最大的困難就是記載北魏後宮制度的史料缺乏，尤其關於北魏前期後宮的史料就更爲稀少。然而，苗霖霖博士盡個人最大的努力搜集與北魏後宮制度相關的傳世文獻與出土文獻的資料，並認眞考證這些零星史料之間的聯繫，並且，以這些史料爲基礎，較好地展示了北魏後宮制度的特點。她所做的這些辛勤的勞動，是很令人贊許的。

　　苗霖霖博士的研究，充分注意到北魏不是漢族人而是拓跋鮮卑族人建立的國家，因而，北魏的後宮制度就不能不受到拓跋鮮卑族人的政治統治方式和他們的生活習俗的影響。所以她在考察北魏後宮制度的特點時，特別注意發掘拓跋鮮卑人在規定這一制度時打下的明顯的民族印記。然而，自道武帝建國後，就開始積極吸收漢族的先進文化，至孝文帝時，又開始進行漢化改革，所以北魏的後宮制度，並不是與傳統的中原漢族王朝的制度截然不同的，因此，作者在注意到北魏後宮制度帶有一些鮮卑民族痕記的同時，也對北魏後宮制度與漢族所建王朝的後宮制度的聯繫做了有意義的考證，進而明確闡

釋了這一制度具有的明顯的時代特徵。

　　苗霖霖博士的研究，還注意到對北魏後宮制度的全面考察。也就是不僅探討了皇后、嬪妃的地位以及皇后、嬪妃的選拔制度，還對後宮的車服制度、後宮的喪葬、追贈、諡法制度以及後宮的職官制度都一一做了細緻的考證。她從有限的史料中，透視問題的關聯性，進而清晰地展示了這些制度的特徵。因此，她所作的這些研究，不僅從制度層面，也從社會生活層面，很好地解讀了北魏後宮在國家政治統治中所處的地位。

　　當然，苗霖霖博士的著作的學術價值尚不限於此。以上所說，只是在閱讀這部書稿時，使我感觸較深的方面。在苗霖霖博士的大作將要付梓出版之際，我以為不僅要指出這部著作的學術價值，並且，還要指出的是，這一著作是作者多年在北朝史研究領域悉心鑽研的結果。苗霖霖博士自 2006 年考入吉林大學古籍研究所攻讀魏晉南北朝史碩士研究生，後來又繼續攻讀這一研究方向的博士研究生。自入學後，便整日與書籍相伴，將全部身心都傾注在學業上，因而，才會在學術上取得很好的成績。在這令人深感欣慰之時，我唯一希望的是，苗霖霖博士能夠繼續潛心治學，不為學術上的浮躁的不正之風所擾，這樣，辛勤的耕耘，就一定會有更豐碩的收穫。

張鶴泉

2012 年 12 月 15 日

目

次

前 言

  北魏又稱後魏、拓跋魏，是拓跋鮮卑族建立的政權，該王朝存在了 150 餘年，曾一度統一了我國北方地區，形成與南方的南朝諸政權的南北對峙之勢。北魏的各項制度上承魏晉，下啓隋唐，對我國歷史的發展產生了重要的影響。後宮制度在我國古代王朝中有著重要的意義和作用，對後宮制度進行研究，不僅有利於我們對整個社會政治制度考察，而且由於後宮中生活的女性來源於社會的不同的群體，對她們生存狀況進行研究，也是北魏社會生活史以及婦女史研究的重要內容。

一、選題意義

  「後宮」在古代文獻中有兩種含義，廣義的後宮是指我國古代皇帝、后妃以及爲他們的生活服務的女官、宦官和宮女們的生活場所；狹義的後宮則是僅指皇帝的后妃。朱子彥先生曾指出：「帝王制度把整個國家變成一家一族的私產，那麼帝王家庭生活也就政治化了。帝王駕馭的不僅是由士大夫組成的整個官僚機器，還有一個龐大的宮內機構，即后妃系統，以及與后妃相關的外戚系統，還有爲宮廷生活服務的宮女、宦官系統。」〔註1〕本文的研究對象正是由后妃、宦官、女官以及宮女組成的北魏後宮系統。本文擬通過對後宮制度的研究，展現出北魏王朝統治的民族特色，並通過北魏後宮制度的變化，反映出漢化政策的推行對整個北魏社會的影響，以期能夠對北魏制度史以及社會史等方面的研究有所貢獻。

〔註 1〕參看朱子彥：《帝國九重天——中國後宮制度變遷》，中國人民大學出版社，2006 年版，第 1 頁。

　　根據《周禮》的記載，周代天子設立六宮，其后宮包括：王后、夫人、嬪、世婦、女御等級別，這是我國古代後宮制度的雛形。我國歷史上真正意義上的後宮制度出現於秦朝，到了漢代，這一制度初具規模，《漢書》卷九七《外戚傳上》：

> 漢興，因秦之稱號，帝母稱皇太后，祖母稱太皇太后，適稱皇后，妾皆稱夫人。又有美人、良人、八子、七子、長使、少使之號焉。至武帝制倢伃、娙娥、傛華、充依，各有爵位，而元帝加昭儀之號，凡十四等云。

由以上的記載我們可以看到：後宮制度自產生之日起，就一直與君主專制體制有著密切的聯繫，是君主專制制度中「家天下」的反映。甚至可以說，後宮制度是君主專制制度的必然產物。

　　自秦始皇統一六國，建立秦王朝，至清王朝滅亡爲止，後宮制度在各個朝代延續、變化著，前後存在了數千年。但是，我國古代史學家的著作中對於後宮制度以及生活於後宮中的女性記載較少，只有皇后及少數嬪妃的生平事迹能夠見於史書的記載中，特別是對於後宮中服務的官員以及爲數眾多的宮女，史書中的記載更是稀少，這就給後人研究後宮制度造成了一定的困難。特別是北魏崔浩「國史之獄」，造成了這一時期史書記載的混亂，史書中對北魏後宮制度以及生活於後宮中人更是較少提及，近年來墓誌的出土，爲我們研究這一時期後宮制度提供了重要的史料，通過將墓誌銘文與史書中的記載相互印證，有助於我們對北魏後宮制度的瞭解。

　　近年來一些前輩學者對北魏後宮進行過相關的論述，但他們多是著眼於北魏王朝後宮制度中的某一個方面，或某些具體問題進行論述，沒有系統、完整的論述北魏王朝的後宮制度，反映該制度的發展、演變狀況，說明後宮制度對北魏王朝興衰、發展的影響。

　　本文以北魏後宮制度爲主要研究對象，將傳世文獻與墓誌銘文的記載相結合，對北魏後宮中皇后、嬪妃以及後宮官員、宮女的來源、演變進行考察，說明北魏歷史不同階段後宮人員的構成及地位、待遇上的差異，展示北魏歷史發展對後宮制度產生的影響，試圖還原一個較爲完整的北魏王朝後宮制度。

二、研究現狀

　　由於北魏王朝統治的特殊性，前輩學者對北魏王朝各項制度的研究已較

爲深入，並有一系列相關著作問世。後宮制度作爲北魏王朝中一項重要的政治制度，前輩學者也進行過研究。

（一）通論性的研究成果

朱子彥先生的著作《帝國九重天——中國後宮制度變遷》〔註2〕對皇后的等級與地位進行了論述，說明皇后名稱的來源，及其統轄後宮、輔助天子的責任，並指出：皇后與嬪妃之間既是妻妾關係又是君臣關係，這就注定了她們不同的地位與權利。此外，該書還對后妃、女官的來源、命運以及後宮禮儀制度、喪葬制度等方面的內容都進行了系統的論述，對本文的論述有著重要的參考價值。

崔明德先生的著作《中國古代和親史》〔註3〕對我國古代的和親製的形成與發展進行了論述。其中對於十六時期北魏與後秦、前燕、北涼等政權的和親事件進行了闡述，說明北魏前期的后妃以聯盟政權的公主以及戰爭掠奪來的女子爲主。

沈從文先生的著作《中國歷代服飾》〔註4〕以彩圖輔以文字說明的方式，對我國古代服飾的演變進行了介紹。周錫保先生的著作《中國古代服飾史》〔註5〕對我國古代服飾制度進行了系統的介紹，並對我國古代髮飾制度也有所提及，爲本文考察北魏服飾、髮飾制度提供了借鑒。

汪受寬先生的著作《謚法研究》〔註6〕對我國古代謚號的產生、發展歷史進行了論述。書中通過對皇帝、皇后、嬪妃以及官員的謚號進行了論述，闡述了后妃、官員謚號確立的方式，以及謚號對她們的意義。書中還對皇后普遍有謚號，嬪妃、官員少有謚號這一現象進行了論述，並指出了地位差異對後宮人員謚號的影響。

（二）有關北魏後宮制度的專題研究

1、後宮等級制度方面

道武帝建立北魏王朝，後宮制度隨之產生，至孝文帝太和年間，這項制

〔註 2〕 參看朱子彥：《帝國九重天——中國後宮制度變遷》，中國人民大學出版社，2006 年版。
〔註 3〕 參看崔明德：《中國古代和親史》，人民出版社，2005 年版。
〔註 4〕 參看沈從文：《中國歷代服飾》，學林出版社，1984 年版。
〔註 5〕 參看周錫保：《中國古代服飾史》，中國戲劇出版社，1984 年版。
〔註 6〕 參看汪受寬：《謚法研究》，上海古籍出版社，1995 年版。

度逐步完善，並形成了實施於後宮中的獨特的等級制度。對於後宮等級制度所包含的內容，一些學者從不同的角度進行了論述。

皇后與嬪妃是後宮的主人，她們在後宮中有著相對較高的地位，有關這些人的地位與歸宿，前輩學者進行過一定的研究。夏毅輝先生的《北朝皇后與佛教》〔註7〕、許智銀先生的《論北魏女性出家為尼現象》〔註8〕都對北魏女性出家現象進行了較為完整的闡述，通過對北魏女性出家者的社會類別、出家原因的論述，說明北魏女性出家對整個社會的影響。

陳小青先生的《〈北魏司馬顯姿墓誌〉考釋》〔註9〕一文，通過對司馬顯姿墓誌的說明、闡釋，考證了北魏夫人一級嬪妃的具體名號，說明在「三夫人」這一級嬪妃內部也有地位的高下之分。孟志偉先生的《北魏內官制度雜考》〔註10〕一文對北魏後宮嬪妃、女官進行了考察。考證出了北魏後宮「三夫人」的具體名號：貴嬪夫人、貴華夫人和貴人夫人。孟先生還通過墓誌銘文的記載，對後宮女官的品級、職掌進行了一些考證，總結出了北魏后妃、女官的來源以及死後待遇問題。張承宗先生的《北朝宮女考》〔註11〕對北魏時期女官、宮女的來源與歸宿進行了論述，並歸納出了北朝宮女的特點。

2、後宮選拔制度方面

後宮中的皇后、嬪妃、女官、宦官等人都是通過選拔確定的，可以說，選拔制度是北魏後宮制度的一項重要內容，對此，前輩學者也有一定的研究。

陳恩虎先生《中國封建社會后妃來源》〔註12〕一文有助於我們對北魏后妃的來源及演變進行大致的瞭解，特別是文中論述了十六國時期其他政權與北魏的通婚活動，說明了這種婚姻關係在戰爭中的作用。王曉衛先生的《論文明太后族屬及所受教育》〔註13〕、李憑先生的《北魏兩位高氏皇后族屬考》〔註14〕兩篇文章分別論述了馮太后以及兩位高氏皇后的族屬問題，從中我們可以瞭解到馮氏與高氏都是來自十六國時期北魏以外政權的女子，這也反映

〔註7〕 參看夏毅輝：《北朝皇后與佛教》，載《學術月刊》，1994年第11期。
〔註8〕 參看許智銀：《論北魏女性出家為尼現象》，載《許昌師專學報》，2001年第6期。
〔註9〕 參看陳小青：《〈北魏司馬顯姿墓誌〉考釋》，載《圖書館雜誌》，2006年第11期。
〔註10〕 參看孟志偉：《北魏內官制度雜考》，載《北方論叢》，1997年第2期。
〔註11〕 參看張承宗：《北朝宮女考》，載《蘇州大學學報》，2006年第3期。
〔註12〕 參看陳恩虎：《中國封建社會后妃來源》，載《固原師專學報》，1996年第4期。
〔註13〕 參看王曉衛：《論文明太后族屬及所受教育》，載《歷史教學》，1998年第1期。
〔註14〕 參看李憑：《北魏兩位高氏皇后族屬考》，收於《北朝研究存稿》，商務印書館，2006年版。

出北魏后妃選拔中並無民族芥蒂。

　　李憑先生的《北魏龍城諸后考實》〔註15〕一文闡述了生活於龍城的常氏、高氏，以及祖籍於龍城的馮氏等幾位皇太后相互輔助、提攜，最終形成了對北魏影響巨大的常氏、馮氏以及高氏三大外戚集團。他還指出：北魏從興安元年（452）常氏被尊爲保太后開始，到延昌四年（514）宣武皇后高氏被迫出家爲止，62 年間先後有 6 位皇后出身於此，可以說在這一歷史時期內，北魏已經形成了一個勢力龐大的龍城皇后集團，對北魏歷史的發展產生了巨大的影響。

　　臺灣學者逯耀東先生著作《從平城到洛陽——拓跋魏文化轉變的歷程》〔註16〕，對拓跋氏與漢世族的婚姻關係進行了一系列的系統考察，並以表格的形式列舉出了孝文帝以前北魏后妃的姓氏等內容，說明了孝文帝與漢族門閥大士族崔、盧、李、鄭、王五姓間的婚姻關係。

　　田餘慶先生所著《拓跋史探》〔註17〕對北魏建立以前諸帝后妃部族背景進行了一定的介紹，書中還對北魏王朝後宮中實行的「子貴母死」制度進行了簡要的說明。李憑先生的著作《北魏平城時代》〔註18〕對北魏後宮中實施的「子貴母死」制度進行了系統的論述，指出了北魏前期與中期該制度性質與作用的變化，並說明其對北魏王朝所產生的消極影響，以及北魏後期該制度消亡的合理性。此外，有關北魏後宮中「子貴母死」制度的研究論著，還有崔廣彬先生的《北魏「子貴母死」制度考證》〔註19〕、謝寶富先生的《北魏後庭制度的兩個問題》〔註20〕、謝斌先生的《淺析胡太后從「立子殺母」制度中幸免的原因》〔註21〕、鄒清泉先生的《「子貴母死」與北魏中晚期孝風驟盛及孝子圖的刻畫》〔註22〕等，以上各位先生從不同的角度對「子貴母死」

〔註15〕　參看李憑：《北魏龍城諸后考實》，載《歷史研究》，2007 年第 3 期。

〔註16〕　參看逯耀東：《從平城到洛陽——拓跋魏文化轉變的歷程》，中華書局，2006 年版。

〔註17〕　參看田餘慶：《拓跋史探》，三聯書店，2003 年版。

〔註18〕　參看李憑：《北魏平城時代》，社會科學出版社，2000 年版。

〔註19〕　參看崔廣彬：《北魏「子貴母死」制度考證》，載《北方文物》，1997 年第 1 期。

〔註20〕　參看謝寶富：《北魏後庭制度的兩個問題》，載《青海社會科學》，1997 年第 5 期。

〔註21〕　參看謝斌：《淺析胡太后從「立子殺母」制度中幸免的原因》，載《廣西右江民族師專學報》，2005 年第 5 期。

〔註22〕　參看鄒清泉：《「子貴母死」與北魏中晚期孝風驟盛及孝子圖的刻畫》，載《文藝研究》，2006 年第 10 期。

制進行了考證，說明了該制度的施行對北魏歷史發展產生的影響。

3、後宮服飾制度方面

服裝、髮飾、印綬與佩玉是古代社會服飾制度的重要組成部分。北魏王朝中皇后、嬪妃、女官穿著服裝的樣式，以及髮飾、印綬、佩玉的材質、形制，都是她們在後宮地位的反映，也是後宮制度重要的內容。

趙學峰先生的《北朝墓群皇陵陶俑》〔註23〕，對北朝墓葬中出土的陶俑進行了歸類整理，並將出土陶俑的圖片配以簡要的說明文字，有利於我們對北魏的女官、宮女的服飾制度等方面的內容進行瞭解。黃學寅先生的《鮮卑冠飾與中國古代冠帽文化》〔註24〕，以出土冠飾爲研究對象，對鮮卑婦女佩戴步搖的形制以及發展、演變情況，以及鮮卑步搖的工藝特點等方面內容都進行了說明。吳愛琴先生的《談中國古代服飾中的佩掛制度》〔註25〕，對我國古代社會中的佩玉與佩印、佩綬制度等方面內容進行了介紹。

4、後宮喪葬制度方面

喪葬制度也是北魏後宮制度的一項重要內容。在北魏後宮中，處於不同地位的人，不僅在生前會享有相應的權利，即使是死後，她們的喪葬等級和規模也有所不同。

趙超先生的《試談北魏墓誌的等級制度》〔註26〕一文對北魏時期的墓誌進行對比，得出了不同品級官員墓誌的不同標準。他還指出：北魏時期的后妃、女官的墓誌標準也是按照品級高低而確定的，但后妃、女官的墓誌要比同級別的男性官員的墓誌低一個等級，這也是男尊女卑思想在北魏現實生活中的反映。王雁卿先生的《北魏永固陵陵寢制度的幾點認識》〔註27〕一文，通過對馮太后永固陵的規模、特點等方面的內容，說明了馮太后不同於北魏其他皇后的特殊地位。古鴻飛先生的《北魏金陵初探》〔註28〕一文對北魏皇陵——金陵的地理位置及安葬者進行了考察，文中指出：北魏王朝中稱爲「金陵」的皇陵實際上共有 3 處：即雲中金陵、盛樂金陵以及右玉山金陵，並通

〔註23〕參看趙學峰：《北朝墓群皇陵陶俑》，重慶出版社，2004年版。
〔註24〕參看黃學寅：《鮮卑冠飾與中國古代冠帽文化》，載《內蒙古文物考古》，2002年第1期。
〔註25〕參看吳愛琴：《談中國古代服飾的佩掛制度》，載《華夏考古》，2005年第4期。
〔註26〕參看趙超：《試談北魏墓誌的等級制度》，載《中原文物》，2002年第1期。
〔註27〕參看王雁卿：《北魏永固陵陵寢制度的幾點認識》，載《山西大同大學學報》，2008年第4期。
〔註28〕參看古鴻飛：《北魏金陵初探》，載《山西大同大學學報》，2008年第5期。

過史書中有關葬於三處「金陵」的皇帝以及祔葬於此的后妃的記載，考證了《魏書》中的相關記載。高二旺先生的《北朝葬禮之「尼禮」探析》〔註29〕一文，對北朝時期出家女性的葬禮進行了論述，說明了北朝葬禮之中的「尼禮」施行的範圍、內容與原因，從中我們能夠瞭解到北魏宣武皇后高氏出家後葬禮的具體內容與施行原因。

5、後宮職官制度

與中原王朝一樣，北魏後宮中也存在著爲皇太后、皇后以及嬪妃生活服務的女官和宦官，這些人負責管理宮女，照料皇帝、后妃及其子女們的生活。

有關北魏女官的研究，主要有周文英先生的《略論中國古代的女官制度》〔註30〕，文章對中國古代女官制度的產生、發展以及演變進行了論述，從中我們可以瞭解到古代女官制度的整體狀況，以及女官制度對國家政治生活的影響。臺灣學者蔡幸娟先生的《北朝女官制度研究》〔註31〕一文，對《魏書》以及出土墓誌中提及的女官的名號及職掌進行了細緻的考察，並指出了《魏書》、《北史》中女官名號記載的不同。

陳連慶先生的論著《北魏宦官的出身及其社會地位》〔註32〕對北魏宦官的來源、出身及其在社會中的政治、經濟地位進行了系統的論述，說明了北魏宦官集團勢力發展對北魏社會的影響。冷東先生的論著《試論北魏宦官制度》〔註33〕也對北魏宦官進行了論述。文中對宦官的來源、文化程度、官職等方面內容進行了論述，說明了北魏時期宦官制的特點及其社會地位，以及宦官對北魏社會產生的影響。

三、存在的問題

以上各位先生的論著從不同的角度對北魏的後宮制度進行闡述，但在北魏后妃、女官、宮女等人的來源、歸宿，以及后妃的車服制度等方面，前輩學者大都沒有提及，這就成爲了筆者進行本文闡述的動因。

〔註29〕參看高二旺：《北朝葬禮之「尼禮」探析》，載《寧夏社會科學》，2008 年第 3 期。
〔註30〕參看周文英：《略論中國古代的女官制度》，載《遼寧大學學報》，1996 年第 3 期。
〔註31〕參看蔡幸娟：《北朝女官制度研究》，載《國立成功大學歷史學報》，1998 年第 6 期。
〔註32〕參看陳連慶：《北魏宦官的出身及其社會地位》，載《東北師大學報》，1983 年第 6 期。
〔註33〕參看冷東：《試論北魏宦官制度》，載《汕頭大學學報》，1988 年第 1 期。

1、史書中對北魏后妃記載較少

我國古代史書中歷來對后妃以及後宮官員都少有記載，僅皇后以及少數地位較高的嬪妃能出現於史書的記載之中，特別是北魏本是游牧民族，建立政權後又發生了「國史之獄」，造成史書中更加諱言後宮之事，即便是史書中幸存的有關後宮的記載，也大都含混不清。這給後人的研究提供了空間，但同時也給後人的研究造成了困難。幸而近些年來出土了一些皇后、嬪妃墓誌，通過墓誌銘文的記載，輔以漢、晉、隋、唐後宮制度的相關記載，有助於我們對北魏后妃進行一些考察。

2、缺少北魏後宮車服相關的記載

車服制度是後宮禮儀制度的重要組成部分，也是後宮制度中不可或缺的內容，隨著漢代後宮制度的正式設立，車服制度隨之產生，至兩晉時期，車服制度已經初具規模，但由於十六國時期戰亂，車服制度遭受到了巨大的破壞，加之鮮卑族落後文化的限制，使北魏車服制度較為混亂。關於北魏後宮車服制度，《魏書》、《北史》都沒有系統的記載，只能通過《隋書》、《唐六典》等文獻的相關記載，以及北魏時期所修建的石窟壁畫，對北魏後宮車服制度進行初步考察，很難形成對北魏後宮車服制度詳盡、完整的認識。

3、北魏後宮職官的記載稀少、混亂

後宮官員是後宮人員的重要組成部分，他們統轄宦官、宮女，為后妃的生活服務，但是關於後宮官員的任職情況，《魏書》、《北史》中都沒有明確的記載，這為我們考察北魏後宮官員任職情況及其職掌製造了很大的困難。特別是關於後宮官員的品級、選拔及其職掌、相互的統轄情況，更是從未有人進行過研究，其考察之難可想而知。

史書相關記載的缺乏，為我們研究北魏後宮制度製造了困難，但出土墓誌、石窟壁畫卻也為我們的研究提供了重要的資料，使我們可以在前人研究的基礎上，對北魏後宮制度進行深入的研究，展現北魏後宮制度的全貌。

四、寫作思路

本文在對《魏書》、《北史》等基本史料，以及出土墓誌銘文搜集、整理的基礎上，採用量化分析的方法，對北魏後宮制度的整體狀況和後宮制度的發展趨勢進行把握，並採用二重證據法，將傳統文獻與出土墓誌銘文的記載

相結合，並輔以個案說明，對北魏後宮制度的相關情況進行研究。爲了對北魏後宮制度有更爲全面、深入的認識，筆者主要按照以下基本思路進行研究：

1、注重北魏後宮制度的階段性

北魏建立前，鮮卑族尚處於部落制時代，沒有建立統一的政權，也就不可能有後宮制度存在，道武帝建立北魏後才創立了後宮制度，此後經明元帝、太武帝、文成帝時期的不斷發展，至孝文帝時期得以完善。隨著後宮制度的發展，後宮等級、選拔、車服、喪葬制度也隨之產生並不斷完善，這些制度是北魏後宮制度的重要組成部分，並在北魏不同歷史時期有所不同，因此，筆者按照北魏前期（道武帝至獻文帝時期）、中期（孝文帝時期）、後期（宣武帝制孝武帝時期）三個歷史階段，對不同時期的後宮制度的特點進行論述，並通過對北魏後宮制度的形成、發展、演變的分析，說明後宮制度的變化與北魏的漢化及其政局發展的關係。

2、關注北魏後宮制度的特殊性

北魏王朝建立於部族制基礎上，北魏建立之初經濟、文化較爲落後，各項制度也相對匱乏，隨著政權的穩固，北魏皇帝也參照中原王朝政治制度，形成了有其自身特色的制度。對於北魏有別於中原王朝的制度，我們應給予足夠的關注。

「子貴母死」制度是北魏王朝的特有制度。北魏建立之初，爲了防止后妃干政，道武帝規定「後宮產子將爲儲貳，其母皆賜死」〔註34〕（即「子貴母死」）。由此，皇子一旦被立爲太子，他們的生母便被賜死。但孝文帝太和改制後，隨著漢化的推行，該制度走向了衰落。宣武帝以後，北魏政治混亂，該制度隨著孝明帝生母胡氏被封爲皇太后而消失於後宮中。

此外，孝文帝還參照中原王朝後宮女官的相關規定，首次正式設立了後宮女官制度，並對女官的官名、品級進行了系統規定，對後代女官制度的發展，產生了重大的影響。

3、兼論北魏後宮制度的民族性

北魏是鮮卑族建立的政權，該政權建立之初，鮮卑民族特色較爲明顯，這在後宮制度中也有所體現，因此，在本文的論述中重要的一項，就是突出北魏後宮制度的民族性特徵。

〔註34〕《魏書》卷一三《皇后傳》，第 321 頁。

　　北魏前期，嬪妃要冊立為皇后，除得到皇帝的認可外，還要通過「手鑄金人」的測試。「手鑄金人」是十六國時期君主對國家重大事件進行預測的重要方式，道武帝建國後便將該預測方式直接引入後宮，使之成為北魏皇后冊立時重要的預測方式。孝文帝時期開始，隨著皇后冊立為外戚、權臣所控制，該制度逐漸消失。

　　此外，北魏建立於部族制之上，這也造成北魏建立初期來自鮮卑族及周邊少數民族政權的女子，成為其後宮嬪妃選立的主要對象，這也成為北魏政權民族特色的具體體現。但自孝文帝時期開始，隨著漢化的推行，北魏開始沿用中原王朝選納門閥世族及外戚家族女子進入後宮的做法。

第一章　北魏後宮制度的確立

秦始皇統一中國，建立了我國歷史上第一個大一統的帝國，並建立了皇帝制度。以皇后爲中心，由嬪妃、女官、宮女等人構成，並伴有嚴格的等級規範的後宮制度隨之產生。

第一節　秦漢魏晉時期後宮制度概述

秦始皇在統一六國的過程中，「每破諸侯，寫放其宮室，作之咸陽北阪上，南臨渭，自雍門以東至涇、渭，殿屋複道周閣相屬。所得諸侯美人鍾鼓，以充入之。」〔註1〕對此，《史記正義》注引《三輔舊事》曰：

> 始皇表河以爲秦東門，表汧以爲秦西門，表中外殿觀百四十五，後宮列女萬餘人，氣上衝于天。

秦始皇死後，秦二世胡亥下令：「『先帝後宮非有子者，出焉不宜。』皆令從死，死者甚眾。」〔註2〕秦始皇后宮人數之多可見一斑。如此多的宮人出現於後宮中，必定要有一定的等級劃分，後宮等級制度由此應運而生。史載「秦并天下，多自驕大，宮備七國，爵列八品。」〔註3〕可見，秦朝的后妃已經劃分爲八等，關於此時後宮嬪妃的名號，《漢書》卷九七《外戚傳上》載：

> 漢興，因秦之稱號，帝母稱皇太后，祖母稱太皇太后，適稱皇后，妾皆稱夫人。又有美人、良人、八子、七子、長使、少使之號焉。

〔註1〕《史記》卷六《秦始皇本紀》，第239頁。
〔註2〕《史記》卷六《秦始皇本紀》，第265頁。
〔註3〕《後漢書》卷一○《皇后紀上》，第399頁。

據此可知，秦朝的後宮已經設立了皇后，並在皇后之下設有夫人、美人、良人、八子、七子、長使、少使等不同等級的嬪妃，我國古代後宮等級制度就此初步設立，但與之相伴的後宮選拔、禮儀、喪葬等相關制度尚未設立，可以說，秦朝後宮制度僅是後宮制度的雛形而已。

秦朝滅亡後，其後宮制度被隨之建立的漢朝所繼承。《後漢書》卷一○《皇后紀上》：

> 漢興，因循其號，而婦制莫釐。高祖帷薄不修，孝文衽席無辯。然而選納尚簡，飾翫少華。自武、元之後，世增淫費，至乃掖庭三千，增級十四。

漢初完全沿襲了秦朝的後宮制度，但自漢武帝時期開始，隨著後宮人數的增多，後宮等級也隨之增加，史載「武帝制倢伃、娙娥、傛華、充依，各有爵位，而元帝加昭儀之號，凡十四等云。」〔註4〕經過漢武帝、漢元帝時期的發展，西漢後宮嬪妃等級擴為十四等。此外，漢朝還按照外朝官員的等級和爵位，劃分了後宮嬪妃的等級。《漢書》卷九七《外戚傳上》：

> 昭儀位視丞相，爵比諸侯王。倢伃視上卿，比列侯。娙娥視中二千石，比關內侯。傛華視真二千石，比大上造。美人視二千石，比少上造。八子視千石，比中更。充依視千石，比左更。七子視八百石，比右庶長。良人視八百石，視左庶長。長使視六百石，比五大夫。少使視四百石，比公乘。五官視三百石。順常視二百石。無涓、共和、娛靈、保林、良使、夜者皆視百石。上家人子、中家人子視有秩斗食云。

此時的後宮嬪妃不僅是皇帝的妾，還是從事管理事務的後宮女官，後宮制度由此走向完備。

東漢建立之初，光武帝鑒於西漢的教訓，不僅在生活上崇尚簡樸，而且還對嬪妃的人數和等級都加以簡化。《後漢書》卷一○《皇后紀上》：

> 光武中興，斲彫為朴，六宮稱號，唯皇后、貴人。貴人金印紫綬，奉不過粟數十斛。又置美人、宮人、采女三等，並無爵秩，歲時賞賜充給而已。

光武帝時期，後宮嬪妃僅設貴人、美人、宮人和采女四等，且後三等是沒有爵位、秩級的嬪妃，後宮等級、規模得以縮減。

〔註4〕《漢書》卷九七《外戚傳上》，第3935頁。

後宮制度自周代就已萌芽，至秦漢時期逐步確立，隨著後宮等級制度的明確，自漢朝開始，後宮禮儀制度也開始出現，並逐漸成為後宮制度的重要組成部分。《續漢書·輿服志上》：

> 太皇太后、皇太后法駕，皆御金根，加交路帳裳。非法駕，則乘紫罽軿車，雲㯩文畫軺，黃金塗五末、蓋蚤。左右騑，駕三馬。……大貴人、貴人、公主、王妃、封君油畫軿車。大貴人加節畫軺。皆右騑而已。

《續漢書·輿服志下》：

> 太皇太后、皇太后入廟服，紺上皂下，蠶，青上縹下，皆深衣制，隱領袖緣以絛。翦氂蔮，簪珥。

> 皇后謁廟服，紺上皂下，蠶，青上縹下，皆深衣制，隱領袖緣以絛。假結，步搖，簪珥。

> 貴人助蠶服，純縹上下，深衣制。大手結，墨玳瑁，又加簪珥。

禮儀制度中最重要的就是車輦、服飾以及喪葬制度。皇太后、皇后與嬪妃不僅在車輦、服飾方面有著明顯的差別，喪葬方面的差異更為明顯。漢代皇后有與皇帝合葬的權利，等級較高的嬪妃雖不能與皇帝合葬，但仍可葬於皇帝陵內，而等級較低的嬪妃「五官以下，葬司馬門外。」服虔注曰：「陵上司馬門之外。」〔註5〕

東漢末年，社會動亂，隨著統一王朝的分裂，後宮制度也隨之消亡。曹丕建魏後，重新設立後宮，後宮制度由此再度出現在中國歷史上，但此時的後宮制度並非是漢代後宮制度的沿襲，而是在漢代後宮制度的基礎上進行了一些變革。《三國志》卷五《魏書·后妃傳》：

> 魏因漢法，母后之號，皆如舊制，自夫人以下，世有增損。太祖建國，始命王后，其下五等：有夫人，有昭儀，有倢伃，有容華，有美人。文帝增貴嬪、淑媛、脩容、順成、良人。明帝增淑妃、昭華、脩儀；除順成官。太和中始復命夫人，登其位於淑妃之上。

曹魏將嬪妃等級改為十二等，其中「貴嬪、夫人，位次皇后，爵無所視；淑妃位視相國，爵比諸侯王；淑媛位視御史大夫，爵比縣公；昭儀比縣侯；昭華比鄉侯；脩容比亭侯；脩儀比關內侯；倢伃視中二千石；容華視真二千石；

美人視比二千石；良人視千石。」〔註6〕

　　晉武帝參照漢魏後宮制度，並加以改善，建立了西晉後宮制度。《宋書》卷四一《后妃傳》：

> 晉武帝採漢、魏之制，置貴嬪、夫人、貴人，是為三夫人，位視三公。淑妃、淑媛、淑儀、修華、修容、修儀、婕妤、容華、充華，是為九嬪，位視九卿。其餘有美人、才人、中才人，爵視千石以下。

至此，三夫人、九嬪的具體名號出現，並被後代所沿襲。西晉還在漢代車服制度的基礎上，對後宮車輦、服飾重新進行了細化規定。《晉書》卷二五《輿服志》：

> 皇太后、皇后法駕，乘重翟羽蓋金根車，駕青輅，青帷裳，雲橑畫轅，黃金塗五采，蓋爪施金華，駕三，左右騑。其廟見小駕，則乘紫罽軿車，雲橑畫輈，黃金塗五采，駕三。非法駕則皇太后乘輦，皇后乘畫輪車。皇后先蠶，乘油畫雲母安車，駕六騩馬；油畫兩轅安車，駕五騩馬，為副。又，金薄石山軒、紫絳罽軿車，皆駕三騩馬，為副。女旄頭十二人，持㦸戟二人，共載安車，儷駕。女尚輦十二人，乘輜車，儷駕。女長御八人，乘安車，儷駕。三夫人油軒車，駕兩馬，左騑。其貴人駕節畫輈。三夫人助蠶，乘青交路，安車，駕三，皆以紫絳罽輈車。九嬪世婦乘軒車，駕三。
>
> 皇后謁廟，其服皁上皁下，親蠶則青上縹下，皆深衣制，隱領袖緣以條。首飾則假髻，步搖，俗謂之珠松是也，簪珥。
>
> 貴人、夫人、貴嬪，是為三夫人，皆金章紫綬，章文曰貴人、夫人、貴嬪之章。佩於寘玉。淑妃、淑媛、淑儀、修華、修容、修儀、婕妤、容華、充華，是為九嬪，銀印青綬，佩采璙玉。貴人、貴嬪、夫人助蠶，服純縹為上輿下，皆深衣制。太平髻，七鑷蔽髻，黑玳瑁，又加簪珥。九嬪及公主、夫人五鑷，世婦三鑷。

可見，晉朝已經對后妃車輦、服飾以及綬、佩玉都有著具體而細緻的規定。

　　從秦朝到東晉，我國古代王朝的後宮制度逐步完善，后妃名號及其相關待遇逐漸細化。北魏後宮制度正是在前代後宮制度的基礎上，仿照漢晉後宮

〔註6〕《三國志》卷五《魏書·后妃傳》，第155～156頁。

等級及后妃的相關待遇，逐步建立起來的。

第二節　北魏前期的後宮制度

由於十六國時期的戰亂，中原王朝的很多制度被戰亂所破壞，脫胎於原始社會的拓跋鮮卑族在戰亂中脫穎而出，建立了北魏政權，隨著鮮卑族皇權的建立，中原王朝的各項制度逐漸被北魏沿襲，後宮制度由此出現於北魏王朝。

「北魏以少數民族入主中原，建國之初，制度未備，後宮亦無成規。」〔註7〕特別是由於拓跋鮮卑族先祖文化較為落後，他們「淳樸為俗，簡易為化，不為文字，刻木紀契而已，世事遠近，人相傳授，本易遺漏；更有違礙不得直言者，隔代即忘。」〔註8〕最終導致有關北魏建國前諸帝后妃的記載流傳下來的相對較少。《魏書》卷一三《皇后傳》：

> 魏氏王業之兆雖始於神元，至於昭成之前，世崇儉質，妃嬙嬪御，率多闕焉，惟以次第為稱。而章、平、思、昭、穆、惠、煬、烈八帝，妃后無聞。

昭成帝以前，鮮卑族尚處於部落制時代，並沒有建立起一個統一的政權，也沒有相對穩定的都城和固定的宮殿，也就不會有後宮制度的存在。此時拓跋鮮卑族所建立的代國政權中並無皇后一稱，統治者的妻妾多是按照次序劃分出不同地位的。

道武帝於登國元年（386）春正月，「即代王位，郊天，建元，大會於牛川。……夏四月，改稱魏王。」〔註9〕並於天興元年（398）六月改國號為魏，「（天興元年）秋七月，遷都平城，始營宮室，建宗廟，立社稷。」〔註10〕隨著定都以及宮殿等各項建築的逐步完善，北魏作為一個王朝的基本建設已經完成，與之相應，作為一個王朝所需要的各項制度也隨之產生，後宮制度也是在此時建立。《魏書》卷二《道武帝紀》：

> （天興元年）八月，詔有司正封畿，制郊甸，端徑術，標道里，

〔註7〕 參看朱子彥：《帝國九重天──中國後宮制度的變遷》，中國人民大學出版社，2006年版，第51頁。
〔註8〕 參看田餘慶：《拓跋史探》，三聯書店，2003年版，第30頁。
〔註9〕 《魏書》卷二《道武帝紀》，第20頁。
〔註10〕 《魏書》卷二《道武帝紀》，第33～34頁。

平五權，較五量，定五度。

十有一月辛亥，詔尚書吏部郎中鄧淵典官制，立爵品，定律呂，協音樂；儀曹郎中董謐撰郊廟、社稷、朝覲、饗宴之儀；三公郎中王德定律令，申科禁；太史令晁崇造渾儀，考天象；吏部尚書崔玄伯總而裁之。

十有二月己丑，帝臨天文殿。太尉、司徒進璽綬，百官咸稱萬歲。大赦，改年。追尊成帝已下及后號諡。

《魏書》卷一三《皇后傳》：

太祖追尊祖妣，皆從帝諡為皇后，始立中宮，餘妾或稱夫人，多少無限，然皆有品次。

宗廟建成後，道武帝又於天興元年（398）十二月，追尊自己的祖先為皇帝、皇后。皇后一稱正式出現於北魏王朝之中，北魏後宮制度也由此開始確立。

在此次追諡祖先過程中，道武帝首先追諡他的先祖為皇帝，並在這些皇帝的諸妃中，追諡下一任皇帝的生母為該皇帝的皇后，且將所追諡皇帝的諡號作為皇后的諡號。至於那些沒有被追諡為皇后者，此時仍然按照部族制時代的傳統，稱呼她們為妃。〔註11〕

道武帝時期，北魏後宮制度尚處於初創時期，其「始立中宮，餘妾或稱夫人，多少無限，然皆有品次。」〔註12〕由此，後宮嬪妃被劃分為皇后與夫人兩個等級，《魏書》卷一六《道武七王傳》：

道武皇帝十男：宣穆劉皇后生明元皇帝，賀夫人生清河王紹，大王夫人生陽平王熙，王夫人生河南王曜。河間王脩、長樂王處文二王母氏闕。段夫人生廣平王連、京兆王黎。皇子渾及聰母氏並闕，皆早薨，無後。

此時北魏後宮嬪妃的封號尚未確立，後宮中以皇后為尊，其他嬪妃統稱為夫人，道武帝將這些夫人按照品次排列，從而確立她們不同的地位，初步確立了嬪妃在後宮中的等級。

道武帝建立北魏後不斷進行對外戰爭，一些戰敗政權的公主被道武帝掠奪入後宮充當嬪妃。至太武帝時期，隨著戰爭的不斷進行，以這種方式進入

〔註11〕《魏書》卷一三《皇后·文帝皇后封氏傳附次妃蘭氏傳》記載：「次妃蘭氏，生二子，長子曰藍，早卒；次子思帝也」，第322頁。

〔註12〕《魏書》卷一三《皇后傳》，第321頁。

後宮的嬪妃人數迅速增加，道武帝時期所製定的後宮等級，已經不能適應北魏後宮的需要，在此情況下，太武帝對道武帝設立的後宮等級進行了第一次調整。《魏書》卷一三《皇后傳》：

> 世祖稍增左右昭儀及貴人、椒房、中式數等，後庭漸已多矣。

太武帝在道武帝劃後宮嬪妃為皇后與夫人兩級的基礎上，新增加了左右昭儀、貴人、椒房、中式等級別的嬪妃。至此，北魏後宮嬪妃等級增至四等。

文成帝在太武帝後宮嬪妃等級的基礎上又增加了嬪。《大魏高宗文成皇帝嬪耿氏墓誌銘》：

> 嬪鉅鹿宋子人也。……高宗誕載，選御椒房，訓德內充，雍禮外著，乾光潛晦，任還天性。嬪固節不移，誓畢宮掖。上以母儀聿顯，委保嬪御。春秋七十有二，天祿永終。歲馭鶉火，月應林鍾，十九日丙申薨於京師。〔註13〕

經過文成帝時期的改革，後宮嬪妃增為五等，北魏後宮等級制度初步確立。

獻文帝時期，仍沿用文成帝時期後宮嬪妃的規定，沒有再進行任何改進和補充。

第三節 北魏中期的後宮制度

孝文帝時期，外部的戰爭有所減少，國家政治、經濟、文化都有了顯著的發展，表現為國家內部人口迅速增加、人民生活安居樂業；外部戰爭減少，朝貢、歸附者增多，北魏王朝進入了繁榮發展的時期。

隨著國家的穩定、發展，其後宮嬪妃人數逐漸增加，北魏前期所劃分的后妃等級已經不能適應此時後宮的需要。為了更為明確的劃分出這些嬪妃在後宮中的等級、地位，必須對已有的後宮制度進行一定的調整和補充，在此情況下，孝文帝於「（太和）十有七年三月戊辰，改作後宮。」〔註14〕規定：

> 左右昭儀位視大司馬，三夫人視三公，三嬪視三卿，六嬪視六卿，世婦視中大夫，御女視元士。〔註15〕

孝文帝在前代后妃等級的基礎上，增加了世婦和御女兩級，太武帝時期設立的貴人，在此時也正式併入三夫人的行列，不再單獨設立。此外，孝文帝還

〔註13〕 參看趙超：《漢魏南北朝墓誌彙編》，天津古籍出版社，2008 年版，第 73 頁。

〔註14〕《魏書》卷七《孝文帝紀》，第 171 頁。

〔註15〕《魏書》卷一三《皇后傳》，第 321～322 頁。

比照朝廷中的卿相，確立後宮嬪妃的秩級，從而使北魏後宮制度更爲完善，嬪妃在後宮的等級、地位也更爲明確。如下表所示：

表1：北魏後宮嬪妃與朝廷官員對照表

後宮嬪妃	左昭儀右昭儀	三夫人	三嬪	六嬪	世婦	御女
前朝官員	大司馬	三公	三卿	六卿	中大夫	元士
品　級	第一品上	第一品中	從第一品下	第二品上	從第三品上	從第四品上

（注：北魏後宮改革發生於孝文帝太和年間，此時所實行的是《魏書·官氏志》中「前職員令」所載的官品。《魏書·官氏志》中所載的「後職員令」是孝文帝時期製定，正式施行於宣武帝時期的官品，筆者將在後文中就官員品級改變對後宮嬪妃地位的影響進行論述。）

與我國古代其他王朝一樣，北魏王朝的後宮中地位最高的也是皇后，後宮諸嬪妃中地位最高的是相當於一品官的昭儀，昭儀以下又設有夫人、嬪、世婦、御女等不同品級的嬪妃。

孝文帝還第一次對後宮女官進行了明確的規定。《魏書》卷一三《皇后傳》：

> 後置女職，以典内事。内司視尚書令、僕。作司、大監、女侍中三官視二品。監，女尚書，美人，女史、女賢人、書史、書女、小書女五官，視三品。中才人、供人、中使女生、才人、恭使宮人視四品，春衣、女酒、女饗、女食、奚官女奴視五品。

孝文帝將後宮女官按照品級進行了劃分，從而確定了她們在後宮中的地位。自此，女官制度作爲後宮制度的重要組成部分，正式出現於史書的記載中。

北魏前朝中的官員被按照品級劃定在國家中所處的等級、地位，孝文帝將後宮中的嬪妃、女官秩級與朝廷官員相聯繫，表明此時北魏後宮嬪妃也有了品級的劃分，這使得北魏後宮嬪妃的地位高下更爲明確。

孝文帝時期除了明確劃分後宮嬪妃的品級外，還首次製定了北魏後宮禮儀制度，並對後宮車輦、服飾制度進行了充實和完善。

孝文帝仿照西晉時期的後宮車輦制度，確定北魏後宮車輦制度。《魏書》卷一〇八《禮志四》記載：

> 乾象輦：羽葆，圓蓋華蟲，金雞樹羽，二十八宿，天階雲罕，

山林雲氣、仙聖賢明、忠孝節義、遊龍、飛鳳、朱雀、玄武、白虎、青龍、奇禽異獸可以爲飾者皆亦圖焉。太皇太后、皇太后、皇后，助祭郊廟則乘之。

小樓輦：軿八，衡輪色數與大樓輦同，駕牛十二。天子、太皇太后、皇太后郊廟，亦乘之。

象輦：左右鳳凰，白馬，仙人前卻飛行，駕二象。羽葆疏蘇，龍旂斾麾，其飾與乾象同。太皇太后、皇太后助祭郊廟之副乘也。

金根車：羽葆，疏，畫軿輪，革首，絑軒交落，左右騑。太皇太后、皇太后、皇后助祭郊廟，籍田先蠶，則乘之。長公主、大貴、公主、封君、諸王妃皆得乘，但右騑而已。

此外，「高祖太和中，始考舊典，以制冠服，百僚六宮，各有差次。」〔註16〕孝文帝以兩晉、南朝服飾爲主要參考，仿照兩晉以及南朝宋、齊服飾制度，對後宮服飾也進行了改革。《魏書》卷九四《閹官・張宗之傳》：

始宗之納南來殷孝祖妻蕭氏，劉義隆儀同三司思話弟思度女也，多悉婦人儀飾故事。太和中，初制六宮服章，蕭被命在內預見訪採，數蒙賜賚。

孝文帝在兩晉、南朝的後宮制度的基礎上，不僅完善了後宮等級制度，而且還創立了北魏後宮車輦、服飾以及女官制度。至此，北魏後宮制度臻於完善。

第四節　北魏後期的後宮制度

北魏後期大都沿用孝文帝時期的後宮制度。根據《魏書》以及出土墓誌銘文的記載，孝文帝時期規定的昭儀與世婦在此時並沒有設立，但卻增加了婕妤。婕妤是西晉九嬪之一，北魏後宮制度是仿照西晉後宮制度建立的，則此時婕妤也必是後宮九嬪之一。由此可知，宣武帝時期後宮分爲皇后、夫人與嬪三個等級。

昭儀作爲後宮嬪妃中地位最高的一類，從太武帝時期開始就一直在後宮中實行，雖然宣武帝一朝沒有設立該等級的嬪妃，但至孝明帝統治時期，該等級的嬪妃又重新出現於北魏後宮之中。《魏故胡昭儀墓誌銘》：

〔註16〕《魏書》卷一○八《禮志四》，第 2817 頁。

> 昭儀諱明相，安定臨涇人也。……聖朝散騎常侍征虜將軍使持
> 節豫州刺史誕之曾孫。散騎常侍征西將軍金紫光祿大夫使持節岐雍
> 二州刺史高平侯洪之孫。散騎常侍征虜將軍都督并州諸軍事使持節
> 并州刺史陰槃伯樂世之女。宣武皇帝崇訓皇太后之從姪。……遂以
> 懿德充選掖庭，拜左昭儀。〔註17〕

除昭儀外，世婦、嬪在孝明帝時期後宮中也仍然存在，但自道武帝建立後宮以來就一直設立於後宮中的夫人，在孝明帝時期卻並未實行。

在後宮車服制度方面，北魏後期也仍沿襲孝文帝時期的規定，只是在孝明帝時期對皇后的車輦略有改變。對此，《通典》卷六五《禮典・嘉禮十》皇太后皇后車輅條載：

> 後魏熙平中，有司穆紹議：皇后之輅，其從祭則御金根車，親
> 桑則御雲母車，並駕四馬。歸寧則御紫屬車，遊行御安車，弔問御
> 紺屬車，並駕三馬。

孝明帝僅對皇后的車輦進行了一些更為細緻的規定，後宮中其他嬪妃則仍採用孝文帝時期規定的車輦制度。

在後宮嬪妃的選拔方面，北魏前期由於對外戰爭的不斷進行，皇帝得以將戰敗政權的公主掠奪入後宮充當嬪妃。孝文帝時期，出於鞏固政權的需要，多會選納漢族門閥世族之家的女子入後宮。宣武帝、孝明帝時期，北魏後宮嬪妃的選拔，轉變為來自門閥世族之家與來自外戚之家的女子並重。但自孝莊帝開始，北魏王朝所選納的后妃，已不再為皇帝或者皇太后所控制，此時的后妃選拔已處於在外戚、權臣操縱下，成為他們執掌朝政大權、變皇帝為傀儡的手段。從嚴格意義上講，此時的後宮制度是孝明帝以前北魏後宮制度的扭曲形式。

特別是孝莊帝至孝武帝時期，北魏王朝動亂，皇位更替頻繁，在此情況下，北魏皇帝繼位後都只設皇后，而不再設立嬪妃，後宮等級也就無從談起。可以說，自孝莊帝時期開始，北魏後宮制度便已名存實亡。

〔註17〕參看趙超：《漢魏南北朝墓誌彙編》，天津古籍出版社，2008年版，第209頁。

第二章　北魏後宮等級制度及後宮人員的地位變化

　　北魏後宮制度創立於道武帝時期，經過太武帝時期的發展，到了孝文帝時期，北魏後宮制度已經臻於完善。北魏後宮中出現了嬪妃、女官、宮女等不同等級的女性，這些嬪妃、女官的等級差異，對她們日後的地位產生著重要的影響。

第一節　皇　后

　　皇后是我國古代王朝中地位最高的女性，作爲皇帝的嫡妻，她們「正位宮闈，同體天王。」〔註1〕皇后在後宮中的地位如同皇帝，有統御後宮的權利和責任。

一、皇后的地位

　　我國古代社會等級森嚴，不同等級的人有著不同的稱謂，與之相應，他們的妻子也有著不同的稱號。根據禮書記載「天子之妃曰后。諸侯曰夫人。大夫曰孺人。士曰婦人。庶人曰妻。」〔註2〕可見，在古代社會中，天子在國家中的地位最高，稱爲「王」，他們的妻子是國家地位最高的女性，稱爲「后」或「王后」，所謂「后，君也。明配至尊，爲海內小君。」〔註3〕在整個國家

〔註 1〕　《後漢書》卷一○《皇后紀》鄭玄注，第 397 頁。
〔註 2〕　《十三經注疏》第六《禮記正義》卷五《曲禮下》，第 1267 頁。
〔註 3〕　《十三經注疏》第六《禮記正義》卷五《曲禮下》注引《白虎通·嫁娶篇》，第 1267 頁。

中，天子與后也有不同的分工，「天子聽男教，后聽女順；天子理陽道，后治陰德；天子聽外治，后聽內職。……天子之與后。猶日之與月。陰之與陽。相須而後成者也。天子脩男教。父道也后脩女順。母道也。故曰。天子之與后。猶父之與母也。」〔註4〕天子掌管國家政事，后處理內廷事物，以輔助天子。天子與后的這種分工形式爲後代王朝世代相傳，成爲我國古代王朝集權的重要形式。

經歷了春秋、戰國的戰亂後，秦始皇統一了全國，建立了我國歷史上第一個統一的王朝——秦朝，他認爲自己功勞蓋過三皇、五帝，「名號不更，無以稱成功，傳後世。」〔註5〕因而將最高統治者的名稱由「王」改爲「皇帝」，與之相伴，最高統治者的妻子也就由「王后」改稱爲「皇后」了。

皇后在後宮中有著至高無上的地位，所謂「后亦君也。天曰皇天，地曰后土，故天子之妃，以后爲稱，取象二儀。」〔註6〕在我國古代王朝中，皇帝可以同時擁有眾多嬪妃姬妾，但在一般情況下，皇帝卻只能設立一位皇后，所謂「一帝一后，禮也。至荒亂之朝，則漫無法紀，有同時立數后者。」〔註7〕一帝一后作爲后宮典制，爲歷代王朝皇帝沿襲，這也是皇后地位高於嬪妃的直接體現。

北魏建立前，拓跋鮮卑尚處於部落制時代，經濟、文化比較落後，且沒有建立起統一的政權，其部帥的妻妾以「次第爲稱」，並沒有皇后存在。《魏書》卷一三《皇后傳》：

> 魏氏王業之兆雖始於神元，至於昭成之前，世崇儉質，妃嬪嬪御，率多闕焉，惟以次第爲稱。而章、平、思、昭、穆、惠、煬、烈八帝，妃后無聞。

道武帝建立北魏後，追諡他的先祖爲皇帝，並在這些皇帝的諸妃中，追諡下一任皇帝的生母爲該皇帝的皇后，「皇后」一稱由此出現於北魏後宮中。《魏書》卷一三《皇后傳》：

> 太祖追尊祖妣，皆從帝諡爲皇后，始立中宮，餘妾或稱夫人，多少無限，然皆有品次。

〔註4〕《十三經注疏》第六《禮記正義》卷六一《昏義》，第1681頁。

〔註5〕《史記》卷六《秦始皇本紀》，第236頁。

〔註6〕《漢書》卷九七《外戚傳上》顏師古注，第3935頁。

〔註7〕趙翼著，王樹民校正：《廿二史箚記校正》卷一五《魏齊周隋書並北史》一帝數后條，中華書局，1984年版，第331頁。

在北魏建立之初，道武帝就將後宮嬪妃劃分為兩級，皇帝的嫡妻稱為皇后，諸妾統稱為夫人。如同中原王朝中的皇后一樣，北魏皇后對後宮嬪妃也進行統率。《魏書》卷一〇八《禮志一》記載：

> 天賜二年夏四月，復祀天於西郊，……帝立青門內近南壇西，內朝臣皆位於帝北，外朝臣及大人咸位於青門之外，后率六宮從黑門入，列於青門內近北，並西面。廩犧令掌牲，陳於壇前。女巫執鼓，立於陛之東，西面。選帝之十族子弟七人執酒，在巫南，西面北上。女巫升壇，搖鼓。帝拜，后肅拜，百官內外盡拜。祀訖，復拜。拜訖，乃殺牲。執酒七人西向，以酒灑天神主，復拜，如此者七。禮畢而返。

從道武帝天賜二年（405）的西郊祭天中，「后率六宮從黑門入」，可以看出皇后是後宮中地位最高者，後宮諸嬪妃在皇后的帶領下參與此次祭祀。在祭祀過程中，首先是皇帝進行祭祀，隨後是皇后，然後才是朝廷官員，這也反映出了皇后在國家中的地位是在皇帝之下而在百官之上的。

二、皇后的地位變化

皇后是後宮中地位最高的女性，她們有著其他嬪妃、女官不可能擁有的權力與地位，但是她們的生活也並非一成不變，她們的命運隨著北魏歷史的發展產生了不同的變化。

1、北魏前期皇后的地位變化

史書記載「漢興，因秦之稱號，帝母稱皇太后，祖母稱太皇太后，適稱皇后，妾皆稱夫人。」﹝註8﹞則可知，漢代的皇太后是由帝母冊封而來。但實際上，皇太后的冊封卻並非嚴格按照這一規定。在漢代，新帝繼位時，如果生母在世，則冊封生母為皇太后；如生母不在世，則冊封先帝皇后為皇太后；如果新帝的生母與先帝皇后具在，則二人並為皇太后。漢代皇太后冊立這一做法，為後代王朝所繼承。

但在北魏王朝中，由於「魏故事，後宮產子將為儲貳，其母皆賜死。」﹝註9﹞的施行，造成多數皇帝在被選為太子之時，生母就已經被賜死，他們

﹝註8﹞　《漢書》卷九七《外戚傳上》，第3935頁。
﹝註9﹞　《魏書》卷一三《皇后・道武宣穆皇后劉氏傳》，第325頁。

登基後，便只能冊封先帝皇后爲皇太后。〔註10〕《魏書》卷一三《皇后・文成元皇后李氏傳》：

> 及生顯祖，拜貴人。太安二年，太后令依故事，令后具條記在南兄弟及引所結宗兄洪之，悉以付託。臨訣，每一稱兄弟，輒拊胸慟泣，遂薨。

《魏書》卷八九《酷吏・李洪之傳》：

> 會永昌王仁隨世祖南征，得元后姊妹二人。洪之以宗人潛相餉遺，結爲兄弟，遂便如親。頗得元后在南兄弟名字，乃改名洪之。及仁坐事誅，元后入宮，得幸於高宗，生顯祖。元后臨崩，昭太后問其親，因言洪之爲兄。與相訣經日，具條列南方諸兄珍之等，手以付洪之。遂號爲顯祖親舅。太安中，珍之等兄弟至都，與洪之相見，敍元后平生故事，計長幼爲昆季。

李氏本是文成帝後宮嬪妃之一的「貴人」，後由於兒子被選爲太子而被賜死，獻文帝繼位時，由於生母已經過世，他便只能冊封文成帝皇后馮氏爲皇太后。史書記載文成文明皇后馮氏「顯祖即位，尊爲皇太后。」〔註11〕此後，獻文帝逝世，孝文帝繼位，文明皇后便由皇太后成爲太皇太后。《魏書》卷一三《皇后・文成文明皇后馮氏傳》：

> 及高祖生，太后躬親撫養。是後罷令，不聽政事。太后行不正，內寵李弈，顯祖因事誅之，太后不得意。顯祖暴崩，時言太后爲之也。

> 承明元年，尊曰太皇太后，復臨朝聽政。

孝文帝生母李氏「姿德婉淑，年十八，以選入東宮。顯祖即位，爲夫人，生高祖。皇興三年薨，上下莫不悼惜。」〔註12〕由於孝文帝繼位時生母已死，且獻文帝生前並未選立皇后，這也就造成孝文帝時期北魏後宮沒有皇太后，

〔註10〕即「子貴母死」制，該制度爲漢武帝所創。漢武帝晚年，欲立年僅五歲的劉弗陵（即漢昭帝）爲太子，爲了防止劉弗陵生母趙婕妤（即鈎弋夫人）在其繼位後干預朝政，而將其賜死，漢武帝的這一做法並未爲後代帝王所沿襲，及至北魏道武帝時期，這一做法又再度出現於史書記載之中。北魏後期該制度被廢除，從而出現了新帝繼位生母與先帝皇后並爲皇太后的現象，對此筆者將在後文進行論述。

〔註11〕《魏書》卷一三《皇后・文成文明皇后馮氏傳》，第328頁。

〔註12〕《魏書》卷一三《皇后・獻文思皇后李氏傳》，第331頁。

僅存馮氏這一位太皇太后作爲此時北魏後宮的主宰。

2、北魏中期皇后的地位變化

佛教於西漢時期傳入我國，由於「佛出西域，外國之神，功不施民，非天子諸華所應祠奉。往漢明帝感夢，初傳其道。唯聽西域人立寺都邑，以奉其神，其漢人皆不得出家。」〔註13〕佛教傳入之初，並不爲統治者所接受，普及程度較低、信眾較少，且並無漢人出家。至東漢明帝時期佛教逐漸爲人們所接受，並開始出現出家之人，《大宋僧史略》載：「漢明帝聽陽城侯劉峻等出家。僧之始也。洛陽婦女阿潘等出家。此尼之始也。」〔註14〕自此以後，出家的僧尼逐漸增多。

魏晉以來隨著社會的持續動亂，人民對穩定生活的向往更加迫切，佛教的「眾生平等」、「因果循環」等觀念迎合了當時人們的渴求安定、幸福的願望，因此佛教在這一時期發展迅速，信眾以及僧尼人數急劇增加，但此時的佛教僅在中原大地傳播，至十六國時期，才開始傳入北方，並首先爲後趙接受，此後建立的北方政權也都逐漸信奉佛教。

十六國後期，拓跋鮮卑族建立了北魏王朝，並最終統一我國北方地區，結束了北方的割據混戰局面，爲佛教在北魏的進一步發展創造了有利條件。

拓跋鮮卑族最初避居於朔漠，未曾與西域或中原有所交往，對「浮圖之教，未之得聞，或聞而未信也。」〔註15〕道武帝定都平城之後，於天興元年（398）下詔：「於京城建飾容範，修整宮舍，令信向之徒，有所居止。」〔註16〕佛教由此開始進入北魏社會。

明元帝「遵太祖之業，亦好黃老，又崇佛法，京邑四方，建立圖像，仍令沙門敷導民俗。」〔註17〕經過明元帝的發展，到太武帝前期，佛教已成爲國內信眾人數最多的宗教。

太武帝繼位之初，「亦遵太祖、太宗之業，每引高德沙門，與共談論。於四月八日，輿諸佛像，行於廣衢，帝親御門樓，臨觀散花，以致禮敬。」〔註18〕但至太武帝後期，「得寇謙之道，帝以清淨無爲，有仙化之證，遂信

〔註13〕《高僧傳》卷九《神異上‧晉鄴中竺佛圖澄傳》，第352頁。

〔註14〕贊寧：《大宋僧史略上‧東夏出家》，收於釋道宣：《大正新修大藏經》第54冊，臺北：財團法人佛陀教育基金會出版部，1990年，第337頁。

〔註15〕《魏書》卷一一四《釋老志》，第3030頁。

〔註16〕《魏書》卷一一四《釋老志》，第3030頁。

〔註17〕《魏書》卷一一四《釋老志》，第3030頁。

〔註18〕《魏書》卷一一四《釋老志》，第3032頁。

行其術。時司徒崔浩，博學多聞，帝每訪以大事。浩奉謙之道，尤不信佛，與帝言，數加非毀，常謂虛誕，爲世費害。帝以其辭博，頗信之。」〔註19〕而此時又爆發了蓋吳起義，太武帝在寺中發現了兵器，由此認爲佛門弟子參與了叛亂，最終引發了他在全國範圍內大規模的滅佛，此後，佛教在北魏的發展受到了一定的抑制。

文成帝繼位後下詔：「今制諸州郡縣，於眾居之所，各聽建佛圖一區，任其財用，不制會限。其好樂道法，欲爲沙門，不問長幼，出於良家，性行素篤，無諸嫌穢，鄉里所明者，聽其出家。」〔註20〕文成帝的這些做法使佛教在北魏有所恢復和發展。

至孝文帝時期，佛教在北魏達到了空前繁榮。孝文帝不僅親建了建明寺、思遠寺、報德寺等佛寺，還在承明元年（476）八月「於永寧寺，設太法供，度良家男女爲僧尼者百有餘人，帝爲剃髮，施以僧服，令修道戒，資福於顯祖。」〔註21〕孝文帝親自剃度僧尼的行爲，對北魏境內臣民出家起到了推動作用。據史書記載，自文成帝興光年間至孝文帝承明年間，「京城內寺新舊且百所，僧尼二千餘人，四方諸寺六千四百七十八，僧尼七萬七千二百五十八人。」〔註22〕北魏佛教之興盛可見一斑。

在統治者的倡導下，北魏佛教信眾廣泛，在統治階層中，不僅皇帝信奉佛教，就連後宮嬪妃也無一不是佛教信徒。由於後宮佛教信眾眾多，一些比丘尼也入宮講經說法，如宣武靈皇后胡氏「姑爲尼，頗能講道。世宗初，入講禁中。」〔註23〕這也使佛教在後宮中得到廣泛傳播，特別是孝文帝還下令「六宮侍女皆持年三月六齋有慕道者放令出家。」〔註24〕這爲北魏后妃捨身寺院、出家爲尼創造了條件，也造成北魏中後期后妃出家現象頻繁出現。

根據史書記載，北魏皇后出家開始於孝文帝時期。《資治通鑒》卷一四〇《齊紀六》明帝建武三年條載：

> 秋，七月，魏廢皇后馮氏。初，文明太后欲其家貴重，簡馮熙
> 二女入掖庭：其一早卒；其一得幸於魏主，未幾，有疾，還家爲尼。

〔註19〕《魏書》卷一一四《釋老志》，第3033頁。
〔註20〕《魏書》卷一一四《釋老志》，第3036頁。
〔註21〕《魏書》卷一一四《釋老志》，第3039頁。
〔註22〕《魏書》卷一一四《釋老志》，第3039頁。
〔註23〕《魏書》卷一三《皇后·宣武靈皇后胡氏傳》，第337頁。
〔註24〕慧琳：《釋迦方志·教相篇八》，收於釋道宣：《大正新修大藏經》第51冊，臺北：財團法人佛陀教育基金會出版部，1990年版，第974頁。

及太后俎，帝立熙少女爲皇后。既而其姊疾愈，帝思之，復迎入宮，拜左昭儀，后寵浸衰。昭儀自以年長，且先入宮，不率妾禮。后頗愧恨，昭儀因譖而廢之。后素有德操，遂居瑤光寺爲練行尼。

孝文廢皇后馮氏於南朝齊建武三年（496）被廢，隨後出家瑤光寺，該年也正是北魏孝文帝太和十九年（495）〔註25〕。而《洛陽伽藍記》卷一《城內·瑤光寺》卻載：

世宗宣武皇帝所立，在閶闔城門御道北，東去千秋門二里。

既然瑤光寺爲宣武帝所建，那麼，孝文廢皇后馮氏爲何能在被廢後就出家於此？《魏書》卷一三《皇后·孝文廢皇后馮氏傳》：

孝文廢皇后馮氏，太師熙之女也。太和十七年，高祖既終喪，太尉元丕等表以長秋未建，六宮無主，請正內位。高祖從之，立后爲皇后。

《魏書》卷一○五《天象志四》：

（太和）十八年四月甲寅，熒惑入軒轅，后妃之戒也。是時，左昭儀得幸，方譖訴馮后，上蠱而惑之。……二十年七月辛巳，又掩塡星。是月，馮后竟廢，尋以憂死，而立左昭儀，是爲幽后。

可見，廢皇后馮氏於太和十七年（494）被立爲皇后，太和十八（495）年馮昭儀被孝文帝接回宮中並得寵，在馮昭儀的譖構下，馮后隨即被廢爲庶人，宣武帝於太和二十一年（497）被立爲太子。孝文廢皇后馮氏出家時正是宣武帝爲太子時期，由此，筆者認爲該寺在宣武帝爲太子時就已開始興建，但是並沒有完成，宣武帝繼位後才最終完工，因此史書才記載「世宗宣武皇帝所立」，馮氏便是在瑤光寺修建時期出家於此的。

關於瑤光寺所處地點及寺內設施，史書中都有明確的記載。《資治通鑑》卷一四八《梁紀四》武帝天監十五年條：

初，魏世宗作瑤光寺，未就，是歲，胡太后又作永寧寺，皆在宮側；又作石窟寺於伊闕口，皆極土木之美。

《洛陽伽藍記》卷一《城內·瑤光寺》：

瑤光寺，世宗宣武皇帝所立，在閶闔城門御道北，東去千秋門二里。有五層浮圖一所，去地五十丈。僊掌淩虛，鐸垂雲表，作工

〔註25〕根據《資治通鑑》的記載，馮皇后被廢時間爲北魏太和十九年，而《魏書》中則記載其被廢時間爲北魏太和二十年（496），應以北魏記載爲是。

之妙，埒美永寧。講殿尼房五百餘間，綺疏連亘，戶牖相通，珍木
香草，不可勝言。牛筋狗骨之木，雞頭鴨腳之草，亦悉備焉。椒房
嬪御，學道之所，掖庭美人，並在其中。亦有名族處女，性愛道場，
落髮辭親，來儀此寺，屏珍麗之飾，服修道之衣，投心入正，歸誠
一乘。

瑤光寺作爲北魏王朝最大的一個尼寺是宣武帝所建，寺內房間之多、裝飾之
華麗乃世所罕見。《魏書》卷九四《閹官・王遇傳》：

廢后馮氏之爲尼也，公私罕相供恤。遇自以常更奉接，往來祇
謁，不替舊敬，衣食雜物，每有薦奉。后皆受而不讓。又至其館，
遇夫妻迎送謁伏，侍立執臣妾之禮。

可見，皇后出家以後的生活幾乎與宮中無異，這也是眾多後宮人員選擇出家
作爲自己最終歸宿的主要原因。由此該寺也成爲了北魏後宮眾多皇后、嬪妃
以及北魏社會中上層婦女出家的首選。

我國古代社會中，有特殊地位及功勳的人一旦犯了重罪，統治者便通過
對他們賜死的方式進行解決。賜死，不僅可以對這些犯重罪的人進行處罰，
還可以保全皇家顏面，可謂是一舉兩得，因此，我國古代王朝中統治者多樂
於用這種方式，處理後宮中不便爲天下所知之事。

皇后在國家以及後宮中都有著特殊的地位，這就使統治者對於皇后的品
德要求較爲嚴格，一旦皇后有了失德的言行，便會被廢黜甚至賜死。孝文幽
皇后馮氏便是北魏王朝中唯一一位被賜死的皇后。《魏書》卷一三《皇后・孝
文幽皇后馮氏傳》：

文明太皇太后欲家世貴寵，乃簡熙二女俱入掖庭，時年十四。
其一早卒。后有姿媚，偏見愛幸。未幾疾病，文明太后乃遣還家爲
尼，高祖猶留念焉。歲餘而太后崩。高祖服終，頗存訪之，又聞后
素疹痤除，遣閹官雙三念璽書勞問，遂迎赴洛陽。及至，寵愛過初，
專寢當夕，宮人稀復進見。拜爲左昭儀，後立爲皇后。

孝文幽皇后馮氏乃是文明太后馮氏兄馮熙之女，初爲左昭儀，後被立爲皇后。
孝文帝南伐期間得知了馮氏的失德行爲，但「高祖素至孝，猶以文明太后故，
未便行廢。……高祖尋南伐，后留京師。雖以罪失寵，而夫人嬪妾奉之如法，
惟令世宗在東宮，無朝謁之事。」〔註26〕由於馮氏只是被幽，並未被廢，一

〔註26〕《魏書》卷一三《皇后・孝文幽皇后馮氏傳》，第334頁。

且孝文帝逝世，她便可以「如文明太后輔少主稱命」〔註27〕。為了防止馮氏在自己死後影響北魏朝政，孝文帝逝世前留下遺詔賜死馮氏，《魏書》卷七《孝文帝紀下》：

> （二十有三年三月）甲辰，詔賜皇后馮氏死。……夏四月丙午朔，帝崩於谷塘原之行宮，時年三十三。

馮氏死後被「殯以後禮。諡曰幽皇后，葬長陵塋內。」〔註28〕這樣可以避免皇室中的醜聞流傳出去，既保全了馮氏家族的顏面，也保全了皇室的尊嚴，最重要的是，孝文帝賜死馮氏可以防止她在自己死後，以皇太后名義干預北魏朝政，這對宣武帝繼位後北魏政局的穩定有著重要的意義。

3、北魏後期皇后的地位變化

如前文所述，自道武帝至孝文帝時期，北魏後宮中一直實施著「子貴母死」制度，這就造成新帝繼位時生母已經逝世，他們便只能冊封先帝的皇后為皇太后。宣武帝時期該制度被廢止，這就使得孝明帝繼位時生母尚在人世，因此，他繼位後便同時冊封生母胡氏與宣武帝皇后高氏為皇后。北魏歷史上第一次出現兩位皇太后同時存在。《魏書》卷一三《皇后·宣武皇后高氏傳》：

> 世宗納為貴人，生皇子，早夭，又生建德公主。後拜為皇后，甚見禮重。性妬忌，宮人希得進御。及肅宗即位，上尊號曰皇太后。尋為尼，居瑤光寺，非大節慶，不入宮中。

《魏書》卷一三《皇后·宣武靈皇后胡氏傳》：

> 后姑為尼，頗能講道。世宗初，入講禁中。積數歲，諷左右稱后姿行，世宗聞之，乃召入掖庭為承華世婦。……既誕肅宗，進為充華嬪。
>
> 及肅宗踐阼，尊后為皇太妃，後尊為皇太后。

孝明帝繼位之時，其生母胡氏與宣武皇后高氏都尚在人世。高氏在宣武帝時期已經被冊封為皇后，孝明帝繼位後，她便順理成章的被冊封為皇太后；另一方面，胡氏是宣武帝後宮嬪妃、孝明帝的生母，按照前代「帝母稱皇太后」〔註29〕的規定，她也是可以被封為皇太后的。但由於她最初的身份並非皇后，孝明帝便先將其封為皇太妃，然後再封為皇太后。

〔註27〕《魏書》卷一三《皇后·孝文幽皇后馮氏傳》，第334頁。
〔註28〕《魏書》卷一三《皇后·孝文幽皇后馮氏傳》，第335頁。
〔註29〕《漢書》卷九七《外戚傳》，第3935頁。

　　既然孝明帝時期同時存在兩位皇太后，那麼她們之間的地位高下又如何呢？《魏書》卷九《孝明帝紀》：

> 肅宗孝明皇帝，諱詡，世宗宣武皇帝之第二子，母曰胡充華。
> 永平三年三月丙戌，帝生於宣光殿之東北，有光照於庭中。延昌元
> 年十月乙亥，立爲皇太子。

> 四年春正月丁巳夜，即皇帝位。……二月庚辰，尊皇后高氏爲
> 皇太后。……己亥，尊胡充華爲皇太妃。

> （八月）丙子，尊皇太妃爲皇太后。

可見，孝明帝繼位之初便將宣武皇后高氏封爲皇太后，然後才將生母胡充華封爲了皇太妃，最後再將其封爲皇太后，而胡氏被封爲皇太后乃是高氏被封皇太后之後半年的事了。雖然二人同是皇太后，但由於高氏是宣武帝的皇后，而胡氏只是宣武帝的嬪，在冊封前高氏地位的地位遠高於胡氏，雖然孝明帝即位後二人同被冊封爲皇太后，但二人地位上的差異仍舊存在，這也可視爲皇后特殊地位的延續。〔註30〕

　　自孝文帝時期開始，隨著佛教的興盛，女性出家者逐步增加，甚至一些皇后也會選擇出家作爲自己的最終歸宿。北魏後期佛教的傳播更爲廣泛，加之此時北魏政局動蕩，這就造成皇后出家現象更爲普遍。《魏書》卷一三《皇后·宣武靈皇后胡氏傳》：

> 及武泰元年，尒朱榮稱兵渡河，太后盡召肅宗六宮皆令入道，
> 太后亦自落髮。

《魏書》卷一三《皇后·孝明皇后胡氏傳》：

> 孝明皇后胡氏，靈太后從兄冀州刺史盛之女。靈太后欲榮重門
> 族，故立爲皇后。……武泰初，后既入道，遂居於瑤光寺。

北魏末年尒朱榮叛亂，靈太后胡氏被迫帶領孝明帝後宮眾人一起出家，孝明皇后胡氏當在此行列中，根據胡氏出家地點爲瑤光寺，可知，靈太后以及孝明帝後宮嬪妃也都出家於此。如此，則北魏皇后中出家於瑤光寺者共有孝文廢皇后馮氏、宣武皇后高氏、宣武靈皇后胡氏與孝明皇后胡氏四人，如此眾多皇后出家是我國古代王朝歷史上的特有現象。

〔註30〕雖然後來高太后被胡太后逼迫出家，甚至被其迫害致死，這與二者背後所依
　　　　靠勢力的強弱相關，也是北魏政治鬥爭的結果，與二者之間在後宮中的地位
　　　　無關。

如前文所述，馮氏出家是由於被廢而出家，宣武靈皇后胡氏、孝明皇后胡氏則是由於北魏政治鬥爭被迫出家，而宣武皇后高氏則是由於後宮鬥爭失敗而出家。《魏書》卷一三《皇后·宣武皇后高氏傳》：

> 及肅宗即位，上尊號曰皇太后。尋爲尼，居瑤光寺，非大節慶，不入宮中。

《魏瑤光寺尼慈義墓誌銘》：

> 尼諱英，姓高氏，勃海脩人也。文昭皇太后之兄女。世宗景明四年納爲夫人。正始五年拜爲皇后。帝崩，志願道門，出俗爲尼。
> 〔註31〕

通過《墓誌》與《魏書》的記載可知，高氏在宣武帝時期被封爲皇后，並且執掌後宮，孝明帝繼位後，先後封宣武皇后高氏與生母胡氏爲皇太后。此時高肇外任不在朝中，使高氏失去了外戚的照應，在後宮又有孝明帝生母胡氏的存在，加之此時胡氏在外朝攏絡了于忠、崔光等官員，在內廷又有劉騰等內官的照應，擁有了與高氏抗衡的實力。高太后謀害胡太后計劃失敗後，胡氏聯合其周圍的官員進行了反撲，先設計誘殺高肇，將高氏陷於孤立無援的境地。爲了避免靈太后的打擊，高太后不得不選擇出家，以求得生存。

除以上兩種沿襲於北魏中期的皇后歸宿外，根據史書記載可以看到，北魏後期，隨著政權的分裂，一些皇后進入北齊政權中，並再嫁他人。《北史》卷一三《后妃上·孝武皇后高氏傳》：

> 孝武皇后高氏，齊神武長女也。帝見立，乃納爲后。及帝西幸關中，降爲彭城王韶妃。

《北史》卷一四《后妃下·彭城太妃尒朱氏傳》：

> 彭城太妃尒朱氏，榮之女，魏孝莊后也。神武納爲別室，敬重踰於妻妃，見必束帶，自稱下官。

《北史》卷一四《后妃下·彭城太妃尒朱氏傳附小尒朱氏傳》：

> 小尒朱者，兆之女也。初爲建明皇后。神武納之，生任城王。
> 未幾，與趙郡公琛私通，徙於靈州。後適范陽盧景璋。

以上記載可以看到，北魏末年權臣尒朱榮、尒朱兆、高歡的女兒都曾嫁給北魏皇帝，北魏滅亡後，兩位尒朱皇后都被高歡所納，成爲其後宮嬪妃，而高歡的女兒，即北魏孝武帝皇后，則嫁給了北魏皇室後裔。

〔註31〕參看趙超：《漢魏南北朝墓誌彙編》，天津古籍出版社，2008年版，第102頁。

　　北魏末年政局動蕩，加之此時掌權之人是鮮卑化明顯的漢人，並且這些皇后也都生長於鮮卑化家族之中，他們對漢族舊有的貞潔觀念比較淡漠，因而才會有皇后再嫁現象的存在。

　　綜上可知，北魏前期，皇后在皇帝逝世後的多被封爲皇太后。北魏中期開始，隨著佛教的盛行，一些皇后還由於種種原因而出家瑤光寺。北魏後期，除了延續前代皇后歸宿外，還有一些人在北魏分裂後，進入北齊政權，並再嫁他人。

第二節　嬪妃的等級及地位變化

　　自道武帝建立北魏後宮制度開始，北魏皇帝的妻妾就劃分爲了兩個等級，皇帝的正妻稱爲皇后，諸妾都稱爲夫人，但隨著後宮嬪妃人數的不斷增加，嬪妃中也有了不同的等級與地位的劃分，後宮等級制度隨之不斷細化。

一、嬪妃的等級

　　北魏後宮制度建立後，隨著政局的穩定，後宮嬪妃人數不斷增加，按照一定規章劃分嬪妃的地位逐漸成爲需要，後宮嬪妃等級制度隨之建立。

1、北魏前期嬪妃的等級

　　道武帝建立北魏後，追尊自己的先祖爲皇帝、皇后，並創立了後宮制度。《魏書》卷一三《皇后傳》：

　　　　太祖追尊祖妣，皆從帝諡爲皇后，始立中宮，餘妾或稱夫人，

　　多少無限，然皆有品次。

道武帝時期是後宮制度的初創時期，他將後宮嬪妃統稱爲夫人，並按照品次劃分她們在後宮中的地位，初步確定了後宮嬪妃的等級。

　　太武帝時期，隨著北魏對外征戰的不斷勝利，很多戰敗政權的女子被掠奪入後宮，造成北魏後宮人數迅速增加，前代皇帝所製定的後宮嬪妃等級，已經不能適應此時的需要，太武帝便在明元帝二級嬪妃的基礎上，對後宮嬪妃等級制度進行了增補。《魏書》卷一三《皇后傳》：

　　　　世祖稍增左右昭儀及貴人、椒房、中式數等，後庭漸已多矣。

　　實際上，「貴人」作爲後宮嬪妃中的一級，在明元帝時期就已經出現。《魏書》卷一○五《天象志》記載：

（泰常五年）五月，貴人姚氏薨，是爲昭哀皇后。

因此，太武帝時期實際增加的後宮嬪妃爲左右昭儀、椒房、中式，北魏後宮嬪妃等級至此變爲五等。《魏書》卷一八《太武五王傳》：

> 賀皇后生景穆皇帝。越椒房生晉王伏羅。舒椒房生東平王翰。
> 弗椒房生臨淮王譚。伏椒房生楚王建。闆左昭儀生南安王余〔註32〕。
> 其小兒、貓兒、眞、虎頭、龍頭並闕母氏，皆早薨，無傳。

《魏書》卷九九《盧水胡沮渠蒙遜傳》記載：

> 先是，世祖遣李順迎蒙遜女爲夫人，會蒙遜死，牧犍受蒙遜遺
> 意，送妹於京師，拜右昭儀。

太武帝後宮嬪妃有左昭儀、右昭儀與椒房。《魏書》卷一三《皇后·太武皇后赫連氏傳》：

> 太武皇后赫連氏，赫連屈丐女也。世祖平統萬，納后及二妹俱
> 爲貴人，後立爲皇后。

可見，太武帝時期後宮嬪妃中有兩位赫連貴人，她們與赫連皇后是姊妹，這說明明元帝時期設立的「貴人」這一等級的嬪妃，在太武帝時期仍在沿用。《魏書》卷一三《皇后·太武敬哀皇后賀氏傳》：

> 太武敬哀皇后賀氏，代人也。初爲夫人，生恭宗。神䴥元年薨，
> 追贈貴嬪，葬雲中金陵。後追加號諡，配饗太廟。

太武敬哀皇后賀氏本爲夫人，並死於「子貴母死」制，後被追封爲皇后，據此可見，太武帝後宮嬪妃有夫人一級。

綜上可知，太武帝時期後宮中新設有左右昭儀、夫人、椒房三個等級的嬪妃，而此時增加的「中式」，則未出現於史書的記載中。

還應注意的是，太武帝時期設立的左右昭儀，二者雖同屬於昭儀一級的嬪妃，但在地位上還是有細微差別的。《魏書》卷一○八《禮志四》：

> 金根車：羽葆，旒，畫輈輪，華首，綵軒交落，左右騑。太皇
> 太后、皇太后、皇后助祭郊廟，籍田先蠶，則乘之。長公主、大貴、
> 公主、封君、諸王妃皆得乘，但右騑而已。

在參與國家祭祀等活動時，太皇太后、皇太后、皇后與長公主、公主、封君、

〔註32〕《魏書》卷一○三《蠕蠕傳》記載：「延和三年二月，以吳提尚西海公主，又遣使人納吳提妹爲夫人，又進爲左昭儀。」蠕蠕姓郁久閭，孝文帝漢化改革後改爲閭氏。由此，筆者認爲此處的閭左昭儀便是茹茹公主。

王妃等人雖同乘金根車，但太皇太后、皇太后、皇后行於左，長公主等人行於右，這說明北魏王朝中是以左為尊的。由此我們可以推斷：在昭儀一級嬪妃內部，左昭儀的地位略高於右昭儀，而她們的地位又同高於此時後宮中的其他嬪妃。

文成帝在太武帝後宮嬪妃等級的基礎上，增加了「嬪」這一等級。《魏故高宗耿（壽姬）嬪墓誌銘》：

> 嬪諱壽姬，定州鉅鹿曲陽人也。姓行忠良，文謹人表，才美俱備，理儀可遵。奉文成皇帝為嬪。〔註33〕

由此可知，在文成帝時期就已經出現了嬪這一級別的嬪妃，但關於該級別的嬪妃與太武帝時期各級別嬪妃的地位高下，史書中並沒有明確的記載。《魏書》卷二〇《文成五王傳》：

> 孝元皇后生獻文皇帝。李夫人生安樂厲王長樂。曹夫人生廣川莊王略。沮渠夫人生齊郡順王簡。乙夫人生河間孝王若。悅夫人生安豐匡王猛。玄夫人生韓哀王安平，王早薨，無傳。

《魏書》卷一三《皇后‧文成文明皇后馮氏傳》：

> 文成文明皇后馮氏，長樂信都人也。父朗，秦、雍二州刺史、西城郡公，母樂浪王氏。后生於長安，有神光之異。朗坐事誅，后遂入宮。世祖左昭儀，后之姑也，雅有母德，撫養教訓。年十四，高宗踐極，以選為貴人，后立為皇后。

可見，文成帝時期，北魏後宮嬪妃已有夫人、嬪、貴人等級別，而太武帝時期設立的昭儀、椒房、中式在此時卻沒有設立。

獻文帝時期仍然沿用前代後宮嬪妃的名號，沒有任何增減。《魏書》卷一三《皇后‧獻文思皇后李氏傳》：

> 獻文思皇后李氏，中山安喜人，南郡王惠之女也。姿德婉淑，年十八，以選入東宮。顯祖即位，為夫人，生高祖。皇興三年薨，上下莫不悼惜。葬金陵。承明元年追崇號諡，配饗太廟。

獻文思皇后李氏生前是獻文帝後宮夫人，後被追封為皇后。據此可知，獻文帝後宮嬪妃等級中設有夫人。《魏書》卷二一《獻文六王傳上》：

> 李思皇后生孝文皇帝。封昭儀生咸陽王禧。韓貴人生趙郡靈王幹、高陽文穆王雍。孟椒房生廣陵惠王羽。潘貴人生彭城武宣王勰。

〔註33〕 參看趙超：《漢魏南北朝墓誌彙編》，天津古籍出版社，2008年版，第102頁。

高椒房生北海平王詳。

可見，獻文帝後宮嬪妃等級中還包括昭儀、貴人、椒房三級。此外，根據墓誌銘文的記載可知，獻文帝後宮嬪妃還有嬪。《大魏顯祖成嬪墓誌》：

> 大魏顯祖成嬪者，代郡平城人也。其氏冑之由，備陳於家譜矣。

> 君弱齡播聲，四德昭著，年十有五，入嬪於顯祖之宮。〔註34〕

綜上可知，獻文帝後宮嬪妃包括昭儀、夫人、嬪、貴人與椒房等五個等級，北魏後宮嬪妃等級基本完備。

2、北魏中期嬪妃的等級

孝文帝時期，北魏政治、經濟迅速發展，特別是隨著遷都以及漢化政策的不斷推行，北魏王朝進入了鼎盛時期，各項制度大都在此時有了進一步的改進、完善，後宮制度也是如此。

孝文帝改革後宮，正式確定了北魏後宮嬪妃的名號與等級、地位。他沿用前代後宮嬪妃的等級、名號，只是將夫人與嬪進行了細化，明確了三夫人與三嬪、六嬪的具體名號，還增加了世婦、御女等級別的嬪妃，而前代就已存在椒房、中式等級別的嬪妃，也在此時被孝文帝所廢止。《魏書》卷一三《皇后傳》：

> 高祖改定內官，左右昭儀位視大司馬，三夫人視三公，三嬪視

> 三卿，六嬪視六卿，世婦視中大夫，御女視元士。

根據前「職員令」〔註35〕的記載可知：大司馬官居第一品上；三公官居第一品中；三卿為第一品下、六卿居第二品上；中大夫官居從第三品上；元士官居從第四品。可見，在後宮諸嬪妃中昭儀的地位最高，三夫人次之，三嬪、六嬪再次之，再下面便是世婦與御女，由此形成了一個等級完備的後宮嬪妃等級制度。

孝文帝在此次後宮改革中首次提出了「三夫人」一稱，但史書中卻沒有具體列明她們的稱號，業已出土的墓誌銘文補充了正史記載的這一缺失。《魏故貴華恭夫人墓誌銘》：

> 魏故貴華夫人王普賢，徐州琅耶郡臨沂縣都鄉南仁里人也。氏

〔註34〕參看趙超：《漢魏南北朝墓誌彙編》，天津古籍出版社，2008 年版，第 78 頁。

〔註35〕《魏書》卷一一三《職官志》，第 2978 頁。孝文帝以前北魏官制規定三卿官居第一品下，六卿官居第二品上，孝文帝改革官制後，三卿與六卿都官居三品，從此三嬪與六嬪地位等同，合稱九嬪。

胄之萌，厥源遠矣。〔註36〕

《魏世宗嬪宣武皇帝第一貴嬪夫人司馬氏墓誌銘》：

> 夫人諱顯姿，河內溫人，豫郢豫青四州刺史烈公之第三女
> 也。……正始初敕遣長秋，納爲貴華。夫人攸歸遒止，能成百兩之
> 禮；潮服常清，弗失葛覃之訓。虔心奉后，令江氾再興；下墲嬪御，
> 使螽斯重作。帝觀其無嫉之懷，感其罔怨之志，未幾遷命爲第一貴
> 嬪夫人。〔註37〕

通過以上兩通墓誌銘文的記載可知：北魏後宮三夫人中包括貴華夫人、
貴嬪夫人兩類。司馬顯姿由貴華夫人上昇爲貴嬪夫人，說明雖同屬於夫人一
級的嬪妃，貴嬪夫人地位要略高於貴華夫人。

三夫人中的第三類夫人的稱號，史書以及出土文獻中都沒有明確的記
載。孟志偉先生考證：第三類夫人的稱號就是貴人夫人，〔註38〕筆者同意這
一提法。茲有以下史料可以說明：

《魏書》卷一三《皇后·宣武皇后高氏傳》：

> 宣武皇后高氏，文昭皇后弟偃之女也。世宗納爲貴人，生皇子，
> 早夭，又生建德公主。後拜爲皇后，甚見禮重。性妬忌，宮人希得
> 進御。及肅宗即位，上尊號曰皇太后。尋爲尼，居瑤光寺，非大節
> 慶，不入宮中。……神龜元年，太后出覲母武邑君。時天文有變，
> 靈太后欲以後當禍，是夜暴崩，天下冤之。喪還瑤光佛寺，嬪葬皆
> 以尼禮。

《魏瑤光寺尼慈義墓誌銘》：

> 尼諱英，姓高氏，勃海條人也。文昭皇太后之兄女。世宗景明
> 四年納爲夫人。正始五年拜爲皇后。帝崩，志願道門，出俗爲尼。
> 以神龜元年九月廿四日薨於寺。〔註39〕

將史書與墓誌銘文記載對比，我們會發現《魏書》和《墓誌》銘文中的記載有
些出入。其一，《魏書》記載高氏是文昭皇后弟高偃之女，而《墓誌》則記載

〔註36〕參看趙超：《漢魏南北朝墓誌彙編》，天津古籍出版社，2008年版，第69頁。

〔註37〕參看趙超：《漢魏南北朝墓誌彙編》，天津古籍出版社，2008年版，第120頁。

〔註38〕參看孟志偉：《北魏內官制度雜考》，載《北方論叢》，1997年第2期，第53
～54頁。

〔註39〕參看趙超：《漢魏南北朝墓誌彙編》，天津古籍出版社，2008年版，第102頁。

其爲文昭皇后兄女。對此，趙萬里先生考證：高偃乃爲文昭皇后之兄〔註40〕，則高氏乃文昭皇后兄女無疑。其二，《魏書》記載高氏初爲宣武帝後宮之貴人，而《墓誌》則記載其爲宣武帝之夫人。是否二者中間有一個記載有誤呢？

　　類似的矛盾也在《魏書》中出現。《魏書》卷一〇五《天象志三》載：「（泰常五年）六月，貴嬪杜氏薨，是爲密后。」根據墓誌的記載可知，貴嬪爲三夫人中的一類，史書中直接稱其爲「貴嬪」而非「貴嬪夫人」，這說明明元帝時期便已有這種簡化稱呼的方式。

　　《魏書》卷一〇五《天象志三》載：「（泰常五年）五月，貴人姚氏薨，是爲昭哀皇后。」《魏書》卷一三《皇后·明元昭哀皇后姚氏傳》則載：「太宗以後禮納之，後爲夫人。……泰常五年薨，帝追恨之，贈皇后璽綬，而後加謚焉。」由此，筆者推斷貴人夫人也可簡稱爲貴人或夫人。《宋書》卷四一《后妃傳》：

　　　　晉武帝採漢、魏之制，置貴嬪、夫人、貴人，是爲三夫人，位視三公。淑妃、淑媛、淑儀、修華、修容、修儀、婕妤、容華、充華，是爲九嬪，位視九卿。

《魏書》卷一三《皇后傳》：

　　　　高祖改定內官，左右昭儀位視大司馬，三夫人視三公，三嬪視三卿，六嬪視六卿。

　　孝文帝仿照漢、晉後宮制度設立了北魏後宮制度，其三夫人與九嬪地位與晉代相同。在晉武帝時期貴人就是三夫人之一，則北魏王朝中貴人應該也是後宮三夫人之一。

　　北魏後宮嬪妃中三夫人之下便是嬪。至於嬪正式出現於何時，史書中並沒有明確的記載。但通過出土墓誌銘文的記載可以看到，在明元帝時期，嬪已經出現於後宮之中。《大魏高宗文成皇帝嬪耿氏墓誌銘》：

　　　　嬪鉅鹿宋子人也。氏胄之來，其從遠矣。……高宗誕載，選御椒房，訓德內充，雍禮外著，乾光潛晦，任還天性。嬪固節不移，誓畢宮掖。上以母儀聿顯，委保嬪御。〔註41〕

　　關於嬪的等級與地位，前代禮書中已有所記載。《禮記·昏義》稱：

　　　　古者天子後立六宮。三夫人。九嬪。二十七世婦。八十一御妻。

〔註40〕參看趙萬里：《漢魏南北朝墓誌集釋》，科學出版社，1956年版，第6頁。
〔註41〕參看趙超：《漢魏南北朝墓誌彙編》，天津古籍出版社，2008年版，第73頁。

以聽天下之內治。以明章婦順。故天下內和而家理。天子立六官。

三公。九卿。二十七大夫。八十一元士。以聽天下之外治。以明章

天下之男教。

我們從中可以看到後宮嬪妃與前朝官員間的相互對應關係，但北魏以前這種

對應關係並未得到實際的應用。孝文帝改革後宮，規定的「三夫人視三公，

三嬪視三卿，六嬪視六卿，世婦視中大夫，御女視元士。」﹝註42﹞從而使《禮

記》中記載的後宮嬪妃與官員的對應關係，在北魏王朝中得以真正的應用。

根據「前職員令」﹝註43﹞的記載可知：孝文帝以前，三卿為從一品下、

六卿居二品上，二者地位高下就不言自明了。宣武帝時期開始實行孝文帝製

定的官品，自此，三卿與六卿，都官居三品﹝註44﹞。與之相應的三嬪與六嬪

的等級、地位也趨向一致，並開始合稱為九嬪。

有關九嬪中所包含的具體名號，《宋書》卷四一《后妃傳》載：

晉武帝採漢、魏之制，置貴嬪、夫人、貴人，是為三夫人，位

視三公。淑妃、淑媛、淑儀、修華、修容、修儀、婕妤、容華、充

華，是為九嬪，位視九卿。

這說明，在晉代就設立了九嬪，其具體名號包括淑妃、淑媛、淑儀、修

華、修容、修儀、婕妤、容華、充華九個。雖然北魏史書中關於九嬪的具體

名號沒有明確的記載，但通過史料間的相互印證，我們仍可以瞭解北魏後宮

九嬪中一些具體名號。《大魏高祖九嬪趙充華墓誌銘》：

華南陽白水人也。高祖孝文皇帝之九嬪，盧氏義陽長公主之母。

﹝註45﹞

趙氏是孝文帝後宮的嬪，屬於三嬪或是六嬪之一，但在她逝世之時，宣武帝

已經宣佈了新的官員品級，三卿與六卿的品級已經統一，合稱為九卿，後宮

中與之相對應的三嬪與六嬪也隨之統一，合稱九嬪。《魏書》卷四五《韋閬傳

附韋崇傳》的記載也印證了這一名號的存在：

（韋）崇年十歲，父卒，母鄭氏以入國，因寓居河洛。少為舅

兗州刺史鄭義所器賞。解褐中書博士，轉司徒從事中郎。高祖納其

﹝註42﹞《魏書》卷一三《皇后傳》，第321頁。

﹝註43﹞《魏書》卷一一三《官氏志》，第2978～2979頁。

﹝註44﹞北魏初規定三卿官居從第一品下，六卿官居第二品上。孝文帝改革官制，規
定三卿與六卿都官居三品。

﹝註45﹞參看趙超：《漢魏南北朝墓誌彙編》，天津古籍出版社，2008年版，第74頁。

女爲充華嬪。

《魏書》卷一二《孝靜帝紀》記載：

（武定三年）二月庚申，吐谷渾國奉其從妹以備後庭，納爲容

華嬪。

武定三年即西元 545 年，此時的北魏已經分裂爲東、西魏，孝靜帝實際上是東魏的皇帝，但此時其仍延續著北魏的各種定制。由此可知，北魏九嬪之中當有容華嬪一稱。

《魏書》卷六二《李彪傳》：

（李）彪有女，幼而聰令，彪每奇之，教之書學，讀誦經傳。

嘗竊謂所親曰：「此當興我家，卿曹容得其力。」彪亡後，世宗聞其

名，召爲婕妤，以禮迎引。婕妤在宮，常教帝妹書，誦授經史。

對於婕妤一級嬪妃的等級、地位，《魏書》、《北史》均沒有記載。但根據史書記載可知在晉代「淑妃、淑媛、淑儀、修華、修容、修儀、婕妤、容華、充華，是爲九嬪，位視九卿。」〔註46〕可見，婕妤是晉代後宮九嬪之一。由於北魏的各項制度大多沿襲中原王朝，特別是孝文帝改制以後實行全面的漢化，此後北魏王朝各項制度從名稱到內容無一不與中原王朝相同或相似，後宮制度也應如此。據此可知，婕妤應該也是後宮九嬪之一。根據北魏九嬪中的充華嬪簡稱爲充華，可知婕妤是婕妤嬪的簡稱。

由於史料記載的缺乏，目前只能考證出北魏後宮九嬪中三個名號：即充華、容華與婕妤，至於北魏後宮九嬪中其他六個名號，尚有待研究。

孝文帝時期改定後宮還規定「世婦視中大夫，御女視元士」。根據「前職員令」〔註47〕的記載可知：中大夫官居從三品上；元士官居從四品上。可見，世婦的地位低於嬪，御女的地位又低於世婦。根據史料的記載，世婦真正作爲一級嬪妃是在宣武帝時期，而由於傳世文獻、出土墓誌等對於御女一級嬪妃記載的缺失，關於御女的具體設立情況，尚有待研究。

3、北魏後期嬪妃的等級

宣武帝時期，仍舊沿用孝文帝時期的後宮制度。《魏故世宗宣武皇帝第一貴嬪夫人司馬氏墓誌銘》：

夫人諱顯姿，河內溫人，豫郢豫青四州刺史烈公之第三女

〔註46〕《宋書》卷四一《后妃傳》，第 1269 頁。
〔註47〕《魏書》卷一一三《官氏志》，第 2981～2983 頁。

也。……夫人承聯華之妙氣，育窈窕之靈姿；閑淑發於髫年，四德成於笄歲。至於婉娩織紝，早譽宗闈；潔白貞專，遠聞天閣。帝欽其令問，正始初敕遣長秋，納爲貴華。夫人攸歸遘止，能成百兩之禮；潮服常清，弗失萬覃之訓。虔心奉后，令江汜再興；下墉嬪御，使螽斯重作。帝觀其無嫉之懷，感其罔怨之志，未幾遷命爲第一貴嬪夫人。〔註48〕

《魏書》卷六六《崔亮傳》：

（崔）亮性公清，敏於斷決，所在並號稱職，三輔服其德政。世宗嘉之，詔賜衣馬被褥。後納其女爲九嬪，徵爲太常卿，攝吏部事。

由此可知，孝文帝時期劃定的三夫人、九嬪仍被宣武帝所沿用。

孝文帝改革後宮時設立了世婦，並規定「世婦視中大夫」。根據「前職員令」〔註49〕的記載可知：中大夫官居從第三品上。可見，世婦的等級、地位在嬪之下，而在御女之上。但在孝文帝後宮中，世婦卻並沒有眞正的付諸實施，宣武帝時期該級別的嬪妃首次冊封，並將其作爲後宮嬪妃中重要的一級。關於世婦在宣武帝時期的實施狀況，《北史》卷一四《后妃上・宣武靈皇后胡氏傳》：

后姑爲尼，頗能講道。宣武初，入講禁中，積歲，諷左右稱后有姿行。帝聞之，乃召入掖庭，爲充華世婦。……既誕明帝，進爲充華嬪。

這說明，北魏後宮世婦一級嬪妃包括有充華世婦，但《魏書》對此卻有著不同的記載。《魏書》卷一三《皇后・宣武靈皇后胡氏傳》：

后姑爲尼，頗能講道。世宗初，入講禁中。積數歲，諷左右稱后姿行，世宗聞之，乃召入掖庭爲承華世婦。……既誕蕭宗，進爲充華嬪。

根據《魏書》所載，宣武皇后胡氏入宮之初爲承華世婦，後又晉升爲充華嬪，與《北史》記載她由充華世婦晉升爲充華嬪相矛盾。但根據出土墓誌銘文的記載可知：北魏後宮嬪妃中的確設有充華嬪〔註50〕，是後宮九嬪之一。不同

〔註48〕參看趙超：《漢魏南北朝墓誌彙編》，天津古籍出版社，2008 年版，第 120 頁。

〔註49〕《魏書》卷一一三《官氏志》，第 2981 頁。

〔註50〕《魏故充華嬪盧氏墓誌銘》記載：「嬪諱令媛，范陽涿人，魏司空容城侯十一世孫，……年甫九齡，召充椒掖。」參看趙超：《漢魏南北朝墓誌彙編》，天

級別的嬪妃不會有相同的封號，故「充華」應是北魏後宮九嬪中的封號，而非世婦的封號。這種現象的出現，可能是由於《北史》傳抄錯誤，將胡氏「承華」世婦誤載爲「充華」世婦而造成的。但關於世婦這一等級的嬪妃是否還有別的名號，由於史料記載的缺乏，尚有待研究。

　　昭儀作爲後宮嬪妃中地位最高的一類，從太武帝時期開始就一直在後宮中實行，但宣武帝時期卻沒有設立，孝明帝時期，重新設立了該級別的嬪妃。《魏故胡昭儀墓誌銘》：

　　　　昭儀諱明相，安定臨涇人也。……聖朝散騎常侍征虜將軍使持節豫州刺史誕之曾孫。散騎常侍征西將軍金紫光祿大夫使持節岐雍二州刺史高平侯洪之孫。散騎常侍征虜將軍都督并州諸軍事使持節并州刺史陰槃伯樂世之女。宣武皇帝崇訓皇太后之從姪。〔註51〕

　　除昭儀外，世婦、嬪在孝明帝時期後宮中也仍然存在。《魏書》卷九四《閹官・張祐傳附張慶傳》：

　　　　神龜二年冬，靈太后爲肅宗採名家女，慶女入充世婦，未幾爲嬪，即又甥也。

　　《魏書》卷一三《皇后・孝明皇后胡氏傳》：

　　　　肅宗頗有酒德，專嬖充華潘氏，后及嬪御並無過寵。太后爲肅宗選納，抑屈人流。時博陵崔孝芬、范陽盧道約、隴西李瓚等女，但爲世婦。諸人訴訟，咸見忿責。

可見，孝明帝時期後宮嬪妃主要有昭儀、嬪、世婦三等，而自道武帝建立後宮以來就一直實行於後宮中的夫人，在孝明帝時期卻並未實行。

　　孝明帝死後北魏陷入了混亂之中，皇位更叠頻繁，各位皇帝的後宮嬪妃不再見於史書的記載之中。

二、嬪妃的地位變化

　　嬪妃在後宮中有著相對較高的地位，她們在後宮中過著衣食無憂的生活，而一旦皇帝駕崩，這些嬪妃的生活與命運則會隨之發生巨大的變化。

1、北魏前期嬪妃的地位變化

　　如前文所述，北魏王朝中賜死皇后的現象極爲罕見，僅於孝文帝時期發

津古籍出版社，2008 年版，第 128 頁。

〔註51〕　參看趙超：《漢魏南北朝墓誌彙編》，天津古籍出版社，2008 年版，第 209 頁。

生過一例，而賜死後宮嬪妃的現象卻自道武帝時期開始就時常發生。這主要是由於嬪妃的地位低於皇后，賜死嬪妃不會對朝政以及北魏社會產生重大影響。

通過對史料的對比、分析，我們可以發現，嬪妃被賜死主要是基於以下兩種原因。

第一，由於「子貴母死」制的實行，後宮嬪妃由於兒子被選立爲太子而被賜死。「子貴母死」制度爲漢武帝所創。漢武帝晚年，欲立年僅五歲的劉弗陵（即漢昭帝）爲太子，而賜死劉弗陵生母趙婕妤（即鈎弋夫人）。對此，漢武帝解釋爲「往古國家所以亂也，由主少母壯也。女主獨居驕蹇，淫亂自恣，莫能禁也。」〔註52〕漢武帝的這一做法並未爲後代帝王所沿襲，及至北魏道武帝時期，這一做法又再度出現於史書記載之中。

道武帝創立北魏後宮制度，規定「後宮產子將爲儲貳，其母皆賜死。」〔註53〕這造成北魏前、中期後宮嬪妃爲帝母者都以「子貴母死」制被賜死。第一個由於該制度被賜死的嬪妃，便是道武宣穆皇后劉氏。《魏書》卷三《明元帝紀》：

> 初，帝母劉貴人賜死，太祖告帝曰：「昔漢武帝將立其子而殺其母，不令婦人後與國政，使外家爲亂。汝當繼統，故吾遠同漢武，爲長久之計。」帝素純孝，哀泣不能自勝，太祖怒之。帝還宮，哀不自止，日夜號泣。

道武帝製定「子貴母死」制度與北魏特殊的歷史背景有關。北魏是鮮卑族建立的政權，在鮮卑族中，女子的地位較高，特別是在部族制時代，后妃大都依靠部族勢力，參與皇位的爭奪，並最終形成「母強子立」的皇位繼承模式，新帝也由此成爲后妃及其家族控制下的傀儡。爲了防止后妃干政現象在北魏王朝的再度上演，道武帝採用了漢武帝的這一做法，即在確定太子之時，賜死太子的生母，從而切斷外戚與皇帝連接的紐帶。〔註54〕

自道武帝時期開始，「子貴母死」制一直在北魏後宮中實行，直至宣武帝時期廢除，共有道武宣穆皇后劉氏、明元密皇后杜氏、太武敬哀皇后賀氏、景穆恭皇后郁久閭氏、文成元皇后李氏、獻文思皇后李氏等六人死於該制度

〔註52〕《史記》卷四九《外戚世家》，第1986頁。

〔註53〕《魏書》卷一三《皇后·道武宣穆皇后劉氏傳》，第325頁。

〔註54〕參看田餘慶：《北魏後宮子貴母死之制的形成和演變》，收於《拓拔史探》，三聯書店，2003年版，第15～30頁。

之下。這些人在被賜死以前都是夫人〔註55〕，屬於後宮中地位較高的嬪妃，但仍無法逃脫被賜死的命運，只能在兒子繼位後，被追封爲皇后。

第二，北魏後宮中還有一些嬪妃以罪賜死，這些嬪妃在死後不僅不能得到追封，甚至有的人還被史書刻意的抹去，以保全皇室的顏面。賜死後宮嬪妃之罪，無非兩種：

其一，後宮嬪妃參與皇位爭奪，由於奪位失敗而被賜死。《魏書》卷一六《道武七王・清河王紹傳》：

> 紹母夫人賀氏有譴，太祖幽之於宮，將殺之。會日暮，未決。
> 賀氏密告紹曰：「汝將何以救吾？」紹乃夜與帳下及宦者數人，踰宮犯禁。左右侍御呼曰：「賊至！」太祖驚起，求弓刀不獲，遂暴崩。

道武帝實行「子貴母死」制，造成了明元帝外奔，道武帝轉而想要立清河王拓跋紹爲太子，清河王之母賀夫人也將面臨被「賜死」的命運。但與明元帝母劉夫人不同，賀夫人有強大的部落勢力支持，使其有機會幫助清河王叛亂，道武帝也由此被殺。明元帝平定叛亂後，「賜紹母子死，誅帳下閹官、宮人爲內應者十數人，其先犯乘輿者，群臣於城南都街生臠割而食之。」〔註56〕

其二，後宮嬪妃有了失德的行爲，是被賜死的另一重要原因。《魏書》卷九九《盧水胡沮渠蒙遜傳》：

> 先是，世祖遣李順迎蒙遜女爲夫人，會蒙遜死，牧犍受蒙遜遺意，送妹於京師，拜右昭儀。
>
> 始罽賓沙門曰曇無讖，東入鄯善，自云「能使鬼治病，令婦人多子」，與鄯善王妹曼頭陀林私通。發覺，亡奔涼州。蒙遜寵之，號曰「聖人」。曇無讖以男女交接之術教授婦人，蒙遜諸女、子婦皆往受法。世祖聞諸行人，言曇無讖之術，乃召曇無讖。蒙遜不遣，遂發露其事，拷訊殺之。至此，帝知之，於是賜昭儀沮渠氏死，誅其宗族，唯萬年及祖以前先降得免。

沮渠氏於太武帝時期進入北魏後宮充當嬪妃，在她入宮前「曇無讖以男女交接之術教授婦人，蒙遜諸女、子婦皆往受法」，沮渠昭儀乃沮渠蒙遜之女、沮渠牧犍之妹，她也必定參與其中，這在北魏皇帝看來是後宮嬪妃失德的一種

〔註55〕《魏書》卷一三《皇后傳》記載，明元密皇后杜氏是後宮中的貴嬪、文成元皇后李氏是後宮中的貴人，貴嬪與貴人都屬北魏後宮三夫人之中的稱號，由此筆者直接將她們稱之爲夫人。

〔註56〕《魏書》卷一六《道武七王・清河王紹傳》，第390頁。

行爲，是後宮嬪妃嚴重的罪行，即便是發生於入宮前的失德行爲，也是不能被原諒的，沮渠氏由此被賜死。

還有一些嬪妃由於史書故意含糊其辭或者避而不談，後人甚至無法考知其被賜死的原因。《魏書》卷一七《明元七王·新興王俊傳》：

> 新興王俊，泰常七年封，拜鎮東大將軍。少善騎射，多才藝。
> 坐法，削爵爲公。俊好酒色，多越法度。又以母先遇罪死，而己被
> 貶削，恒懷怨望，頗有悖心。後事發，賜死，國除。

新興王拓跋俊之母本是明元帝後宮嬪妃，並「遇罪賜死」，但史書中對其所犯之罪並無任何記載，甚至連她的名字都沒有記載。

此外，通過《魏書》的記載我們可以看到這樣一個現象：北魏王朝後宮嬪妃如果有兒子被封王，皇帝逝世以後，她們便被封爲王太妃，並可以離開皇宮與兒子一同生活，這是北魏王朝後宮嬪妃歸宿中較好的一類。《魏書》卷二一《獻文六王傳》：

> 封昭儀生咸陽王禧。韓貴人生趙郡靈王幹、高陽文穆王雍。孟
> 椒房生廣陵惠王羽。潘貴人生彭城武宣王勰。高椒房生北海平王詳。

這裡所記載的獻文帝的諸位嬪妃，在獻文帝駕崩以後，無一例外的被封爲王太妃，並得以出宮與兒子一同生活。《魏書》卷二一《獻文六王·趙郡王幹傳》：

> （趙郡王幹）所生母薨，高祖詔曰：「太妃韓氏薨逝，情以傷慟。
> 太妃先朝之世，位擬九嬪，豫班上族，誕我同氣。念此孤稚，但用
> 感惻，明當暫往臨哭，可勒外備辦。」遣侍御史假節監護喪事，贈
> 綵八百匹。

通過這些記載可以看出：韓太妃原是獻文帝後宮之中的貴人夫人，是後宮三夫人之一，在獻文帝死後她便離開皇宮與兒子一同生活。雖然此時北魏王朝諸王並無眞正意義上的封國，但這卻並不影響王太妃的地位，在她們逝世後，皇帝還會派專人進行辦理。

能夠成爲王太妃，對於後宮嬪妃來說是最好的歸宿。但並不是每一個後宮嬪妃都有此機會的。後宮嬪妃成爲王太妃必須要具備兩個條件：其一，該嬪妃與皇帝生有兒子；其二，這個兒子能夠順利長大並被封爲王。此二者缺一不可，這也就使得北魏王朝後宮嬪妃能夠成爲王太妃者並不多。

除以上兩種歸宿外，多數後宮嬪妃在皇帝逝世後老死於後宮之中。《大魏

高宗文成皇帝嬪耿氏墓誌銘》：

> 嬪鉅鹿宋子人也。氏冑之來，其從遠矣。……高宗誕載，選御椒房，訓德內充，雍禮外著，乾光潛晦，任還天性。嬪固節不移，誓畢宮掖。上以母儀聿顯，委保嬪御。春秋七十有二，天祿永終。歲馭鶉火，月應林鍾，十九日丙申薨於京師。〔註57〕

根據墓誌銘文的記載可知文成帝嬪耿氏死於延昌三年（514），而文成帝死於和平六年（465），此時距文成帝逝世已四十九年，墓誌銘文記載她「固節不移，誓畢宮掖」，說明在獻文帝死後，她並未離開皇宮，而是獨自一人生活於皇宮之中。《大魏顯祖成嬪墓誌》：

> 大魏顯祖成嬪者，代郡平城人也。其氏冑之由，備陳於家譜矣。君弱齡播聲，四德昭著，年十有五，入嬪於顯祖之宮。英清茂於紫庭，蕭雍光於椒掖。春秋七十有二，以延昌四年正月乙巳朔九日癸丑薨於金墉舊宮。皇上矜悼，六宮哀慟，送終之事，靡非禮焉。〔註58〕

根據《魏書》的記載可知獻文帝死於承明元年（476），成嬪死於延昌四年（515），此時獻文帝已死三十九年，由成嬪「薨於金墉舊宮」可知，獻文帝死後她一直生活於後宮之中。

2、北魏中期嬪妃的地位變化

孝文帝時期，由於「子貴母死」制的繼續實施，仍有後宮嬪妃死於該制度之下。《魏書》卷一三《皇后・孝文貞皇后林氏傳》：

> 孝文貞皇后林氏，平原人也。叔父金閭，起自閹官，有寵於常太后，官至尚書、平涼公。金閭兄勝為平涼太守。金閭，顯祖初為定州刺史。未幾為乙渾所誅，兄弟皆死。勝無子，有二女，入掖庭。后容色美麗，得幸於高祖，生皇子恂。以恂將儲貳，太和七年后依舊制薨。高祖仁恕，不欲襲前事，而稟文明太后意，故不果行。諡曰貞皇后，葬金陵。及恂以罪賜死，有司奏追廢后為庶人。

林氏是孝文帝後宮嬪妃，由於兒子拓跋恂被立為太子而被賜死，她後被孝文帝追封為皇后。但與前代不同的是，此時「子貴母死」已不是防止后妃干政的做法，而成為後宮嬪妃爭權的重要手段，皇太后多會通過「子貴母死」制

〔註57〕參看趙超：《漢魏南北朝墓誌彙編》，天津古籍出版社，2008年版，第73頁。
〔註58〕參看趙超：《漢魏南北朝墓誌彙編》，天津古籍出版社，2008年版，第78頁。

賜死新帝的生母，以便控制皇帝，從而實現干預朝政的目的。

北魏中期，諸王有了真正意義上的封地，這也使一些嬪妃得以在皇帝死後出宮去兒子的封地，成為了王國太妃。《魏書》卷二二《孝文五王傳》：

> 林皇后生廢太子恂。文昭皇后生宣武皇帝、廣平文穆王懷。袁貴人生京兆王愉。羅夫人生清河文獻王懌、汝南文宣王悅。鄭充華生皇子恌，未封，早夭。

這些嬪妃在孝文帝死後大都出宮為王太妃。如清河王拓跋懌生母羅太妃原是孝文帝後宮的夫人，孝文帝死後其「捨六宮之稱，加太妃之號，為封君之母，尊崇一國。」「居王母之尊二十許載，兩裔藩后，並建大邦，子孫盈第，臣吏滿國。」〔註59〕

除此之外，孝文帝時期，還曾放歸一些嬪妃歸家。這些被放歸回家的嬪妃大多是沒有兒子或兒子早逝而沒有封王，有的甚者根本沒有子女。《魏書》卷八《宣武帝紀》：

> （太和二十三年）秋八月戊申，遵遺詔，高祖三夫人已下悉歸家。

《魏書‧皇后傳》記載：「高祖改定內官，左右昭儀位視大司馬，三夫人視三公，三嬪視三卿，六嬪視六卿，世婦視中大夫，御女視元士。」由此可知，在後宮嬪妃中，三夫人的地位僅低於昭儀，她們是北魏後宮地位較高的嬪妃，則孝文帝時期後宮嬪妃除昭儀外，都在此次放歸之列。相較於終老後宮，能夠回歸家中對無子的嬪妃來說無疑是一個較好的歸宿，但放歸嬪妃也僅於孝文帝時期出現過一次，並非嬪妃的通常歸宿。

3、北魏後期嬪妃的地位變化

宣武帝時期，隨著「子貴母死」制被廢止，北魏王朝中開始出現後宮嬪妃以帝母身份，得封皇太后的現象。「子貴母死」制於宣武帝時期被廢止，是由以下幾個原因造成的：

首先，「子貴母死」製造成了後宮嬪妃消極抵抗，皇子人數急劇減少。《魏書》卷一三《皇后‧宣武靈皇后胡氏傳》：

> 椒掖之中，以國舊制，相與祈祝，皆願生諸王、公主，不願生太子。……及肅宗在孕，同列猶以故事相恐，勸為諸計。后固意確然，幽夜獨誓云：「但使所懷是男，次第當長子，子生身死，所不辭也。」既誕肅宗，進為充華嬪。先是，世宗頻喪皇子，自以春秋長

〔註59〕《魏書》卷一○八《禮志四》，第2802頁。

矣，深加慎護。爲擇乳保，皆取良家宜子者。養於別宮，皇后及充
華嬪皆莫得而撫視焉。

「子貴母死」制的實行直接造成北魏後宮嬪妃不願生子，即便生下的皇子也
多早夭，這一狀況愈演愈烈，至宣武帝時期，出生的子女本就很少，即使出
生的皇子也頻頻夭折，直接造成了皇位繼承的困難，這也使皇帝產生了廢除
該制度的願望。

　　其次，宣武帝時期，沒有留有下令實施「子貴母死」、賜死後宮嬪妃之
人。根據史書的記載可知，北魏王朝下令執行「子貴母死」制的有兩類人：
其一，北魏初期下令執行「子貴母死」制的是在位皇帝，即太子的生父。如
對道武宣穆皇后劉氏下令執行「子貴母死」制的是道武帝〔註60〕，而對明元
密皇后杜氏下令執行「子貴母死」制的是明元帝〔註61〕。其二，從太武帝時
期開始，該制度的發令者開始轉爲皇太后。如：文成帝生母郁久閭氏是由太
武皇后赫連氏下令賜死的〔註62〕；獻文帝生母李氏是由文成昭太后常氏下令
賜死〔註63〕的；孝文帝生母李氏則是文成文明皇后下令賜死的〔註64〕。

　　當孝明帝被選爲太子之時，能賜死其生母者當是這一時期的皇太后，即
孝文帝的皇后。但孝文幽皇后馮氏由於失德行爲，在孝文帝逝世時就被賜死，
這就造成孝明帝被選爲太子之時，下令執行「子貴母死」者缺失，爲孝明帝
生母生存下來創造了條件。《資治通鑒》卷一四七《梁紀三》武帝天監十一年
條載：

　　冬，十月，乙亥，魏立皇子詡爲太子，始不殺其母。

《魏書》卷一三《皇后·宣武靈皇后胡氏傳》：

　　后姑爲尼，頗能講道。世宗初，入講禁中。積數歲，諷左右稱
后姿行，世宗聞之，乃召入掖庭爲承華世婦。……既誕肅宗，進爲
充華嬪。

　　及肅宗踐阼，尊后爲皇太妃，後尊爲皇太后。

孝明帝被封爲太子時，胡氏並未被賜死，孝明帝繼位後，胡氏以帝母身份被

〔註60〕《魏書》卷三《明元帝紀》，第49頁。
〔註61〕《魏書》卷一三《皇后·明元密皇后杜氏傳》，第326頁。
〔註62〕參看李憑：《北魏文成帝初年的三后之爭》，收於《北朝研究存稿》，2006年版，
　　　　第137～161頁。
〔註63〕《魏書》卷一三《皇后·文成元皇后李氏傳》，第331頁。
〔註64〕《魏書》卷一三《皇后·獻文思皇后李氏傳》，第331頁。

封爲皇太妃，並最終被封爲了皇太后。胡氏是北魏歷史上第一位，也是唯一一位以帝母身份，由嬪妃成爲皇太后的人。

嬪妃終老於後宮中的現象在北魏前、中期就已經出現，北魏後期這種現象仍然存在。《魏故世宗宣武皇帝第一貴嬪夫人司馬氏墓誌銘》：

> 夫人承聯華之妙氣，育窈窕之靈姿；閑淑發於髫年，四德成於笄歲。至於婉娩纖紃，早譽宗闈；潔白貞專，遠聞天閣。帝欽其令問，正始初敕遣長秋，納爲貴華。夫人攸歸遄止，能成百兩之禮；澣服常清，弗失葛覃之訓。虔心奉后，令江汜再興；下埤嬪御，使螽斯重作。帝觀其無嫉之懷，感其罔怨之志，未幾遷命爲第一貴嬪夫人。自世宗昇遐，情毀過禮，食減重膳，衣不色帛。方當母訓衆媵，班軌兩宮；而仁順無徵，春秋卅，正光元年十二月十九日薨於金墉。〔註65〕

根據《魏書》的記載可知宣武帝死於延昌四年（515），而司馬顯姿則死於正光元年（520），此時距宣武帝逝世已經五年，從「自世宗昇遐，情毀過禮，食減重膳，衣不色帛」以及「正光元年十二月十九日薨於金墉」的記載可知這五年她是生活於皇宮中的。

佛教自從傳入我國以後便逐步發展起來，至孝文帝時期，在皇帝的積極倡導下，北魏皇室大都信奉佛教，佛教在北魏的發展達到了鼎盛，特別是在皇后出家的帶動下，一些嬪妃出於對佛教的熱衷而選擇出家。

李彪之女李婕妤便是出於此原因而出家的。如前文所述，婕妤是北魏後宮九嬪之一，李婕妤於宣武帝時期進入後宮充當嬪妃，宣武帝死後其便出家爲尼。《魏書》卷六二《李彪傳》：

> 始彪奇志及婕妤，特加器愛，公私坐集，必自稱詠，由是爲高祖所責。及彪亡後，婕妤果入掖庭，後宮咸師宗之。世宗崩，爲比丘尼，通習經義，法座講說，諸僧歎重之。

孝明帝時期的政局動亂，也造成很多後宮嬪妃出家。《魏書》卷一三《皇后·宣武靈皇后胡氏傳》：

> 及武泰元年，尒朱榮稱兵渡河，太后盡召肅宗六宮皆令入道，太后亦自落髮。

由於北魏末年尒朱榮叛亂造成了政治上的動亂，爲了求得生存，孝明帝後宮

〔註65〕參看趙超：《漢魏南北朝墓誌彙編》，天津古籍出版社，2008年版，第120頁。

所有嬪妃在靈太后的帶領下一起出家瑤光寺，這也造成其後宮嬪妃無終老後宮的現象。此後，北魏皇位更叠頻繁，嬪妃終老後宮的現象便從此消失。

北魏末年政局動蕩，一些嬪妃爲了家族的利益，選擇在皇帝死後再嫁。《北史》卷四八《尒朱榮傳》：

> 榮女先爲明帝嬪，欲上立爲后，帝疑未決。給事黃門侍郎祖瑩曰：「昔文公在秦，懷嬴入侍。事有反經合義，陛下獨何疑焉？」上遂從之，榮意甚悅。

尒朱氏是孝明帝時期後宮嬪妃，尒朱榮叛亂爆發後，靈太后帶領孝明帝後宮嬪妃一起出家，或許因爲她是尒朱榮的女兒，才並未與靈太后以及孝明帝後宮嬪妃一起出家。此後，尒朱榮執掌北魏大權，爲了能使尒朱氏家族獨攬大權，尒朱榮又將她嫁給孝莊帝爲皇后。

第三節　女官的等級及地位變化

後宮是等級森嚴的地方，皇后和嬪妃是皇帝的妻妾，她們在後宮中有著相對較高的地位。爲了確保她們生活質量，便有了數倍甚至數十倍於她們人數的宮女爲她們服務，管理這些宮女、爲后妃生活服務的後宮女官也就隨之產生。

一、女官的等級

後宮是皇帝及其妻、妾們生活的地方，爲了保持皇室血統的純潔，後宮中的官員多由宦官和女官擔任。由於宦官不僅在後宮中任職，在朝廷中也有職務，對後宮任職的宦官，筆者將在後文進行論述，此處筆者僅對後宮女官等級進行考察。

我國古代女官包含較廣，廣義上的女官是指後宮嬪妃，以及從事具體後宮管理事務的官員，而狹義的女官則專指與皇帝無配偶名分，且從事管理事務、爲后妃生活服務的女性官員。北魏孝文帝時期正式設立女官制度，自此嬪妃、女官分離，成爲兩個不同體系。本節所論述的女官是狹義的女官。

女官制度相關記載始於《周禮》。《周禮・春官・世婦》記載：「世婦每宮卿二人。下大夫四人。中士八人。女府二人。女史二人。奚十有六人。」由於《周禮》記載的很多制度都是理想化的設想，並未真正在周代實施過，女

官制度也是如此。

女官眞正出現始於三國時期。《三國志》注引《魏略》：「帝常遊宴在內，乃選女子知書可付信者六人，以爲女尙書，使典省外奏事，處當畫可。」〔註66〕可見，在曹魏時期已經設立女尙書，這是關於女官的最早記載。但此時女官人數較少、執掌不明，女官制度尙未正式確立。

此後各代大都設有女官，但並沒有形成制度。女官制度眞正出現則是在南朝宋時期。南朝宋明帝「留心後房，擬外百官，備位置內職」〔註67〕並將後宮內職分爲七品，自此後宮女職開始有了品級的劃分。但此時嬪妃、女官尙未正式分離。

我國歷史上第一次將嬪妃、女官正式分離，確立後宮女官制度，始於北魏孝文帝時期。《魏書》卷一三《皇后傳》：

> 後置女職，以典內事。內司視尙書令、僕。作司、大監、女侍中三官，視二品。監、女尙書，美人，女史、女賢人、書史、書女、小書女五官，視三品。中才人、供人、中使女生、才人、恭使宮人視四品，春衣、女酒、女饗、女食、奚官女奴視五品。

根據「前職員令」〔註68〕的記載可知尙書令、僕射都是從一品官，則內司是北魏後宮女官中地位最高的一級。內司以下，按照女官的官品分爲四個級別，同一等級的女官內部又包括不同的幾類女官，北魏女官等級劃分之詳細可見一斑。

關於這些官員的等級以及相關擔任者，史書中沒有相關的記載，出土的墓誌銘文記載正好補充了史書記載的這一缺失。《大魏宮內司高唐縣君楊氏墓誌》：

> 皇始之初，南北兩分，地擁王澤，逆順有時，時來則改，以歷城歸誠，遂入宮耳。年在方笄，性志貞粹，雖遭流離，純白獨著，出入紫闈，諷稱婉而。是以文昭太皇太后選才人充宮女，又以忠謹審密，擇典內宗七祏，孝敬天然，能使邊豆靜嘉。遷細謁小監。女功糾綜，巧妙絕羣，又轉文繡太監。化率一宮，課藝有方，上下順厚，改授宮大內司。宣武皇帝以揚忠勳先後，宿德可矜，賜爵縣君，

〔註66〕《三國志》卷三《魏書・明帝紀》注引《魏略》，第104～105頁。
〔註67〕《南朝宋會要・帝系》內職篇，第16頁。
〔註68〕《魏書》卷一一三《官氏志》，第2978頁。

邑兮高唐。〔註69〕

楊氏死於孝明帝正光二年（521），時年七十，由此可以推知楊氏生於太武帝太平眞君十二年（451），那麼，道武帝皇始年間，楊氏尚未出生，則墓誌中有關楊氏生年、卒年的記載必有一個錯誤。對此，趙萬里先生考證：「魏之歷城爲齊州東魏郡治所，齊州即劉宋之冀州，獻文帝皇興元年（467）始歸魏，則此處的『皇始』當爲『皇興』。」〔註70〕

楊氏於獻文帝皇興元年入宮，孝文昭皇后高照容分別在太和七年（484）、十二年（489）、十三年（490）先後生育宣武帝、元懷及元瑛〔註71〕三人，太和十七年（494）孝文幽皇后馮氏被接回皇宮，並得寵於皇帝，文昭太后由是失寵而居洛陽，則「文昭太皇太后選才人充宮女」必發生於太和十七年以前，由此可知：至少在孝文帝中期楊氏已經成爲了才人，是北魏後宮四品女官，然後楊氏又由才人升爲宮女、小監、太監（即大監），關於「宮女」，史書中沒有記載，趙萬里先生認爲：此處的「宮女」當爲「女尙書」一類〔註72〕。楊氏先任小監，爲後宮諸監之一，乃三品女官，後又升爲大監，是後宮二品女官。最後，她又被提升爲內司，官品升爲了從一品，她也成爲北魏後宮女官中地位最高者。

除上文提及的內司外，北魏後宮中還設有作司、女尙書以及女侍中等官職。孝文帝規定：「作司、大監、女侍中三官，視二品。」〔註73〕根據《魏書》以及墓誌的記載，此三類官職，在北魏後宮中設立的較多。《張安姬墓誌銘》：

> 諱字安姬，兗東平人也。故兗州刺史張基之孫。濟南太守張憘之女。年十三，因遭羅難，家戮沒宮。年廿，蒙除御食監。屬心自守，莅務有稱。後除文繡大監，於時度當明件。上知其能，復除宮作司。〔註74〕

《劉華仁墓誌銘》：

> 監諱字華仁，定中山人也，故太原太守劉銀之孫，深澤、北平二縣令劉齊之女。家門傾覆，幼履宮庭，冥因有期，蒙遭蘇門之業。

〔註69〕參看趙超：《漢魏南北朝墓誌彙編》，天津古籍出版社，2008年版，第126頁。
〔註70〕參看趙萬里：《漢魏南北朝墓誌集釋》，科學出版社，1956年版，第10頁。
〔註71〕參看羅新、葉煒：《新出魏晉南北朝墓誌疏證》，中華書局，2006年版，第89頁。
〔註72〕參看趙萬里：《漢魏南北朝墓誌集釋》，科學出版社，1956年版，第10頁。
〔註73〕《魏書》卷一三《皇后傳》，第321頁。
〔註74〕參看趙超：《漢魏南北朝墓誌彙編》，天津古籍出版社，2008年版，第123頁。

稟性聰叡，忭懷曉就，志密心恭，蒙馳紫幄。積勳累効，款策四紀，寵賞無惡之庚，賜宮典稟大監。春秋六十有二，春正月，卒於洛陽宮。內愍宿心，持旨贈第一品。〔註75〕

由張安姬擔任文繡大監、劉華仁擔任典稟大監可知，大監是該官職的總稱，其內部設有具體職務。《夫人諱元華字遺姬墓誌》：

父太常卿。器量淵博，超忽絕世，時人讒潛，詔敕除齊州刺史。情以不分，遂在州岳治計立不果，即時瓦盡。長女華，少有令姿。主上太武皇帝聞之，即召內侍。逕歷五帝，後蒙除細謁大監。〔註76〕

可見，北魏後宮大監中還有細謁大監一職。目前可考北魏後宮大監共有三類，即文繡大監、典稟大監和細謁大監，可以補充史書中的相關記載。且根據墓誌銘文記載可知，北魏後宮女官的擔任者多是由於家人犯罪而被沒入皇宮的女子，但女侍中的擔任者卻並非如此。《魏書》卷四〇《陸俟傳附陸昕之傳》：

（陸）昕之，字慶始，風望端雅。襲爵，例降為公。尚顯祖女常山公主，拜駙馬都尉。……公主奉姑有孝稱，神龜初，與穆氏頓丘長公主並為女侍中。

《魏書》卷八三《外戚下·胡國珍傳》：

元叉妻拜為女侍中，封新平郡君，又徙封馮翊君。

作司、大監、女侍中雖同為二品女官，但作司、大監的擔任者是以罪入宮的宮女，而女侍中的擔任者卻是公主或外戚家族中人，從擔任者的身份可以推斷，女侍中的地位必定高於作司和大監。

孝文帝時期規定的三品女官包括：監、女尚書、美人、女史、女賢人、書史、書女、小書女等。《劉阿素墓誌銘》：

監諱字阿素，齊州太原人也。……春秋六十有七，秋八月卒於洛陽宮。冬十月遷窆於陵山。同火人典御監秦阿女等，痛金蘭之奄契，悲紅顏而逃年，乃刊玄石，述像德音。〔註77〕

由此可知，北魏後宮有典御監一職，為三品女官，是後宮諸監之一。《傅母王遺女墓誌》：

夫幽州當陌高，字雒陽，官為深澤令，與刺史競功亢衡，互相

〔註75〕參看趙超：《漢魏南北朝墓誌彙編》，天津古籍出版社，2008年版，第122頁。
〔註76〕參看趙超：《漢魏南北朝墓誌彙編》，天津古籍出版社，2008年版，第131頁。
〔註77〕參看趙超：《漢魏南北朝墓誌彙編》，天津古籍出版社，2008年版，第114頁。

陵壓。以斯難躓，遂入宮焉。女質稟婦人，性粹貞固，雖離禁隸，
執志彌純，尤辨鼎和，是以著稱。故顯祖文明太皇太后擢知御膳。
至高祖幽皇后，見其出處益明，轉當御細達。世宗順后，善其宰調
酸甜，滋味允中，又進嘗食監。至高太后，以女歷奉三后，終始靡
愆，蔣訓紫闥，光諷唯闈，故超昇傅姆焉。〔註78〕

《緱光姬墓誌》：

> 第一品家監緱夫人之墓誌銘……夫人字光姬，齊郡衛國人也，
> 宋使持節都督青、徐、齊三州諸軍事，齊州刺史永之孫，寧朔齊郡
> 太守宣之女，大魏冠軍將軍、齊州刺史顯之姑，自述年在繦抱之中
> 已有成人之志，未及言歸遂離家難，……監自委身宮掖出入□闈，
> 風流納賞，每被優異然，□父兄沈辱，無心榮好，弊衣踈食，亥形
> 實口至於廣席疇多，語及平生眷言家事，淚隨聲同，單尚其風操，
> 僚亦慕其眞□是□，聖人崇異委□事業，用允於懷，即賜品第一，
> 班秩清楚。〔註79〕

可見，監也是官職的總稱，其內部設有典御監、嘗食監、家監等具體職務，
補充了史書的相關記載。

除前文所述的諸監外，北魏後宮三品女官還包括女尚書。《魏故官御作女
尚書馮（迎男）女郎之誌》：

> 女郎姓馮，諱迎男，西河介人也。父顯，爲州別駕。因鄉曲之
> 難，家沒奚官。女郎時年五歲，隨母配宮。愼言宦過，蓋其天姓，
> 窈窕七德，長而彌甚。年十一，蒙簡爲宮學生，博達墳典，手不釋
> 卷。聰穎洞鑒，朋中獨異。十五蒙授宮內御作女尚書，幹涉王務，
> 貞廉兩存，稱茲女功，名烈俱備。〔註80〕

《女尚書王氏諱僧男墓誌》：

> 男父以雄俠罔法，渡馬招辜，由斯尤戾。唯男與母，伶丁奈
> 藜，獨入宮焉。時年有六。聰令韶朗，故簡充學生。惠性敏悟，
> 日誦千言，聽受訓詁，一聞持曉。官由行陟，超昇女尚書，秩班

〔註78〕參看趙超：《漢魏南北朝墓誌彙編》，天津古籍出版社，2008年版，第124頁。
〔註79〕參看趙君平：《邙洛碑誌三百種》，中華書局，2004年版，第97頁。
〔註80〕參看趙超：《漢魏南北朝墓誌彙編》，天津古籍出版社，2008年版，第123頁。

品三。〔註81〕

女尚書是後宮三品女官，馮迎男、王僧男二人由宮學生升爲女尚書，宮學生
似也是後宮官員，但關於其官品，史書中沒有任何記載，趙萬里先生認爲：
宮學生即史書中所載的三品女官小書女。〔註82〕倘若如此，小書女與女尚書
同爲三品女官，二人由小書女而升爲女尚書，說明三品女官內部，監、女尚
書的地位高於女史、女賢人、書史、書女、小書女五官。

關於五品女官春衣、女酒、女饗、女食、奚官女奴等職，史書以及出土
的墓誌中都沒有記載，對於這些女官的設立情況，尚有待研究。

二、女官的地位變化

後宮女官與朝廷男性官員在地位上有著明顯區別，她們雖名義上爲官，
實際上只是皇帝、后妃的侍從，她們的歸宿與一般宮女差異不大。

北魏後宮女官的來源主要分爲兩類：一是北魏皇室宗親以及外戚家族的
女子；二是由於家人犯罪而被沒入皇宮的女性。由於這兩類人的出身以及擔
任女官的過程不同，她們的歸宿也有著明顯的差別。

北魏宗親、外戚家族的女子，由於家族在北魏王朝中特殊的地位，北魏
皇帝爲了表示對她們個人及其家族的恩寵，而冊封她們爲女官。《魏故儀同三
司閭公之夫人樂安郡公主元氏墓誌銘》：

> 公主諱仲英，河南洛陽人也。顯祖獻文皇帝之孫，太尉咸陽王
> 之女。稟祥星月，毓采幽閑，風德高華，光儀麗絕。年十有五，作
> 嬪閭氏。女節茂於公宮，婦道顯於邦國。永熙在運，詔除女侍中。
> 倍風闈壺，實諧內教。而餘慶不永，春秋五十五，興和二年二月十
> 五日薨於第。〔註83〕

樂安郡公主元英死於東魏孝靜帝興和二年（540），時年五十五，則可推知她
生於孝文帝太和九年（486），與墓誌記載「顯祖獻文皇帝之孫，太尉咸陽王
之女」的身份相符。她在宣武帝景明元年（500）出嫁，在孝武帝永熙年間被
封爲女侍中，此時她已經四十多歲。而「興和二年二月十五日薨於第」則說

〔註81〕參看趙超：《漢魏南北朝墓誌彙編》，天津古籍出版社，2008年版，第124頁。
〔註82〕參看趙萬里：《漢魏南北朝墓誌集釋》，科學出版社，1956年版，第7頁。
〔註83〕參看趙超：《漢魏南北朝墓誌彙編》，天津古籍出版社，2008年版，第338頁。

明在擔任女侍中後，她仍生活於家中，並未由此生活於皇宮中。

《魏故持節征虜將軍營州刺史長岑侯韓使君賄夫人高氏墓銘》：

> 夫人勃海絛人也。左光祿大夫勃海郡開國敬公飈之長女，侍中
> 尚書令司徒大將軍平原郡開國公肇侍中司空澄城郡開國穆公顯之元
> 姊。夫人妹以儀軒作聖，姪女裹月留光，並配乾景，用敷地訓。……
> 至景明三年，宣武皇帝以夫人皇姨之重，兼韻動河月，遂賜湯沐邑，
> 封遼東郡君。又以椒幃任要，宜須翼輔，授內侍中，用委宮掖。獻
> 可諫否，節凝圖篆。……春秋七十有一，正光四年歲在癸卯十一月
> 十九日，抱疾薨於洛陽延壽里。〔註84〕

高氏死於孝明帝正光四年（524），時年七十一，則可推知其生於太武帝太平
真君三年（443）。宣武帝繼位後對其母孝文昭皇后高氏進行了追封，並開始
重用高氏外戚家族，高夫人是文昭皇后之姐，由此得到了宣武帝的優待被封
爲女侍中。根據她「抱疾薨於洛陽延壽里」可以推斷，在擔任女侍中後，高
氏仍生活於家中。

通過以上墓誌銘的記載可以看出，北魏皇室宗親以及外戚家族中的女
子，主要擔任的女官是女侍中，她們被封女官後仍可居住家中，過著正常的
家庭生活，因而，她們對宮中的具體事物參與的較少，能夠被封爲女侍中，
只是皇帝對這些人及其家族的一種優待。

在後宮中真正從事管理工作的是那些由於家人犯罪而被沒入皇宮充當宮
女，並最終通過個人努力被封爲女官者。她們入宮時身份低微，雖然後來被
選爲女官，卻終生不能離宮，無法擁有正常的家庭生活，只能終老於後宮之
中。《魏故官御作女尚書馮（迎男）女郎之誌》：

> 女郎姓馮，諱迎男，西河介人也。父顯，爲州別駕。因鄉曲之
> 難，家沒奚官。女郎時年五歲，隨母配宮。慎言寡過，蓋其天姓，
> 窈窕七德，長而彌甚。年十一，蒙簡爲宮學生，博達墳典，手不釋
> 卷。聰穎洞鑒，朋中獨異。十五蒙授宮內御作女尚書，幹涉王務，
> 貞廉兩存，稱菭女功，名烈俱備。……春秋五六，寢疾不喻，昊天
> 不弔，奄辭明世。大魏正光二年三月十八日亡於金墉宮。初沃落蒝，
> 始紅墜色，酸感路人，痛纏近戚。其月廿六日窆於洛陽之山陵。母
> 弟號悼，親侶哽喧。〔註85〕

〔註84〕參看趙超：《漢魏南北朝墓誌彙編》，天津古籍出版社，2008年版，第153頁。
〔註85〕參看趙超：《漢魏南北朝墓誌彙編》，天津古籍出版社，2008年版，第123頁。

馮迎男死於孝明帝正光二年（521），時年五十六，則可推知其生於文成帝和平六年（465），皇興四年（470）她便因鄉曲之難被沒入皇宮，後經過其個人的不懈努力，於延興六年（476）被封爲女尚書，成爲了北魏後宮女官中地位較高者。墓誌銘文中「干涉王務」的記載，說明其是眞正管理後宮事務的女官。從「大魏正光二年三月十八日亡於金墉宮。」以及「母弟號悼，親侶哽噎。」的記載可以推知，馮迎男自入宮後便沒有離開過皇宮，以至於她沒有子嗣，並最終死於皇宮之中，只能由國家籌辦葬禮，並由母弟送葬。這與皇室宗親以及外戚家族中的女子爲女官者，有著明顯的差別。

從宮女中選拔的女官，與公主、外戚家族中女子充當女官的差別，在《張安姬墓誌銘》中也有所反映：

> 諱字安姬，兗東平人也。故兗州刺史張基之孫。濟南太守張憘之女。年十三，因遭羅難，家戮沒宮。年廿，蒙除御食監。屬心自守，蒞務有稱。後除文繡大監，於時度當明件。上知其能，復除宮作司。春秋六十有五，因抱纏疹，綢繆彌久，醫察白方，轉加增愍。昊天不弔，奄焉上世。春二月，卒於洛陽宮。內愍宿勤，旨贈第一品。〔註86〕

張安姬死於孝明帝正光二年（521），時年六十五，可推知其生於文成帝太安二年（456），並於獻文帝皇興三年（469）被沒入皇宮，後由於其自身的努力而升爲大監、作司，官居二品，成爲北魏後宮女官中地位較高者。張安姬自孝文帝時期進宮，至孝明帝時期逝世，一直生活於後宮中，未能出宮。

孝文逝世時留下遺詔，放歸後宮宮人，這使後宮女官的歸宿發生了改變。《魏書》卷八《宣武帝紀》：

> （太和二十三年）秋八月戊申，遵遺詔，高祖三夫人已下悉歸家。

《魏書·皇后傳》記載：「高祖改定內官，左右昭儀位視大司馬，三夫人視三公，三嬪視三卿，六嬪視六卿，世婦視中大夫，御女視元士。」由此可知，在後宮嬪妃中，三夫人地位僅低於昭儀，則孝文帝時期後宮嬪妃除昭儀外，都在此次放歸之列。女官的地位遠遠低於嬪妃，她們也都在此次放歸之列。能夠回歸家中，對女官來說是最好的歸宿，但這僅於孝文帝時期出現過一次，並非常制。

〔註86〕參看趙超：《漢魏南北朝墓誌彙編》，天津古籍出版社，2008 年版，第 123 頁。

第四節　宮女的來源及地位變化

宮女也稱爲宮人，是我國古代王朝後宮中人數最多、地位最低的一類女性。她們在後宮中從事勞動，受後宮女官的直接管理，爲皇帝、皇后以及後宮嬪妃的生活服務。

一、宮女的來源

北魏宮女來源廣泛，從地域上看，不僅有北魏統治區的女子，也有來自北魏統治區以外其他政權的女子；從入宮原因上看，不僅有因所在政權被北魏打敗而被掠奪進入皇宮的女子，還有因爲家人犯罪而被沒入皇宮的女子。綜合這些宮人廣泛、複雜來源類型，可以發現北魏王朝不同的歷史時期，其宮人的來源也有所不同。

北魏前期，統治者通過不斷地對外征戰掠奪了大量的人口，因此，這一時期北魏的宮人以掠奪戰敗政權中的女子爲主。《魏書》卷八六《孝感・乞伏保傳》：

> 乞伏保，高車部人也。父居，顯祖時爲散騎常侍，領牧曹尚書，賜爵寧國侯。以忠謹慎密，常在左右，出內詔命。賜宮人河南宗氏，亡後，賜以宮人申氏，宋太子左率申坦兄女也。

《宋書》卷六五《申恬傳附申坦傳》：

> 申恬字公休，魏郡魏人也。曾祖鍾，爲石虎司徒。高祖平廣固，恬父宣、宣從父兄永皆得歸國，並以幹用見知。永曆青、克二州刺史。高祖踐阼，拜太中大夫。……永子坦，自巴西、梓潼太守遷梁、南秦二州刺史。

可以推知宮人申氏是南朝宋刺史申恬之女。根據《宋書》的記載，北魏與宋作戰時間爲宋元嘉二十二（466）到二十六年（450），即北魏太武帝太平眞君年間，申氏可能由此被北魏所俘，置於宮中充當宮女。《大魏宮內司高唐縣君楊氏墓誌銘》：

> 內司楊氏，恒農華泠人也。漢太尉彪之裔冑，北濟州刺史屈之孫，平原太守景之女。因祖隨宦，爰旅清河。皇始之初，南北兩分，地擁王澤，逆順有時，時來則改，以歷城歸誠，遂入宮耳。年在方笄，性志貞粹，雖遭流離，純白獨著，出入紫闈，諷稱婉而。[註87]

〔註87〕　參看趙超：《漢魏南北朝墓誌彙編》，天津古籍出版社，2008 年版，第 126 頁。

趙萬里先生考證：皇始年間楊氏尚未出生，而歷城於獻文帝皇興元年（467）才歸魏，則此處的「皇始」當為「皇興」〔註88〕。由此可知，楊氏為南朝宋人，由於其所居地為北魏所有，而於獻文帝時期進入北魏後宮充當宮女。

明元帝時期北魏法制逐步創設，後宮出現了由於家人犯罪而被沒入皇宮的宮女。《魏書》卷一三《皇后·明元密皇后杜氏傳附世祖保母竇氏傳》：

世祖保母竇氏，初以夫家坐事誅，與二女俱入宮。操行純備，進退以禮。太宗命為世祖保母。

世祖保母竇氏由於夫家犯罪，而與女兒一同被沒入皇宮為宮女，並由於「進退以禮，太宗命為世祖保母」，則其入宮當在明元帝時期。她也是北魏史書記載中，最早由於家人犯罪而被沒入皇宮者。此後，「高宗乳母常氏，本遼西人。太延中，以事入宮。」〔註89〕「太延」為太武帝時期的年號，則常氏由於家人犯罪，於太武帝時期被沒入皇宮為宮女。但由於此時北魏法制尚不完備，以這種原因進入後宮的宮女，在北魏前期並不多見。

獻文帝時期開始，北魏對外戰爭減少，統治者開始重視國內的法制建設，隨著法制的發展，這一時期由於家人犯罪而被沒入皇宮為宮女的人數增多。《魏故官御作女尚書馮（迎男）女郎之誌》：

女郎姓馮，諱迎男，西河介人也。父顯，為州別駕。因鄉曲之難，家沒奚官。女郎時年五歲，隨母配宮。……春秋五六，寢疾不喻，昊天不弔，奄辭明世。大魏正光二年三月十八日亡於金墉宮。

〔註90〕

馮迎男由於家人犯罪，五歲便被沒入皇宮。她死於正光二年（521），時年五十六歲，則她出生於文成帝和平六年（465），據此可推知馮迎男入宮時間為獻文帝皇興四年（470）。

宣武帝時期的各項制度，大都延續前代皇帝的做法，宮女的選拔也大抵如此。但由於史書以及出土文獻記載的匱乏，有關這一時期宮女來源的具體變化還有待研究。

〔註88〕參看趙萬里：《漢魏南北朝墓誌集釋》，科學出版社，1956年版，第10頁。

〔註89〕《魏書》卷一三《皇后·景穆恭皇后郁久閭氏傳附高宗乳母常氏傳》，第327頁。

〔註90〕參看趙超：《漢魏南北朝墓誌彙編》，天津古籍出版社，2008年版，第123頁。

二、宮女的地位變化

宮女雖地位很低，但是由於她們長期生活於後宮中，有機會接近皇帝，這對宮女最終的歸宿有著重要的影響。一些宮女由於自己的才智而被選為嬪妃或女官，由此提高自己在後宮中的地位。

1、北魏前期宮女的地位變化

北魏前期，後宮制度尚未完備，這一時期很多宮女被選為了嬪妃，由此提升她們在後宮中的地位。《魏書》卷一九《景穆十二王傳》：

> 魏舊太子後庭未有位號，高宗即位，恭宗宮人有子者，並號為椒房。

這裡所說的宮人便是景穆帝後宮中的宮女，由於景穆帝死於政變之中，並未真正繼位稱帝，文成帝繼位後便將這些有子的宮人封為椒房，她們由此成為後宮嬪妃，提升了自己在後宮中的地位。

此外，對北魏歷史有著重要影響的文成文明皇后馮氏，也是這一時期從宮女逐步提昇地位的。《魏書》卷一三《皇后·文成文明皇后馮氏傳》：

> 文成文明皇后馮氏，長樂信都人也。父朗，秦、雍二州刺史、西城郡公，母樂浪王氏。后生於長安，有神光之異。朗坐事誅，后遂入宮。世祖左昭儀，后之姑也，雅有母德，撫養教訓。年十四，高宗踐極，以選為貴人，後立為皇后。

馮氏是由於家人犯罪而被沒入皇宮，則其入宮之初必然是宮女的身份。但由於馮氏之姑是太武帝後宮昭儀，在後宮中有著相對較高的地位。在馮昭儀的教導和幫助下，馮氏被選為了貴人，擺脫了宮女的身份，提升了自己在後宮中的地位，後來又通過個人的不懈努力，她又被封為皇后、皇太后、太皇太后，成為北魏宮女歸宿最好的一個。

除了被選為嬪妃外，北魏前期由於戰爭頻繁，掠奪於戰敗政權中的宮女人數增多，而戰爭也消耗了北魏大量的人口，為了增加勞動力、促進國家人口的增長，這一時期還有皇帝將宮人直接賜婚給宮外的無妻貧民。《魏書》卷一一○《食貨志》：

> 太宗永興中，頻有水旱，詔簡宮人非所當御及非執作伎巧，自餘出賜鰥民。

這是史書記載的北魏歷史上第一次大規模放出宮人。這些被賜婚的宮人多是沒有技能，且不被皇帝寵愛者，她們被賜婚給宮外貧民，由此開始了在宮外

的生活。

太武帝延續了明元帝放出宮人的做法。《魏書》卷四《太武帝紀上》：

> （太延元年春正月）癸未，出太祖、太宗宮人，令得嫁。

此次太武帝放出了道武帝、明元帝時期後宮中的宮人，令她們自由婚嫁。這些宮人在皇帝逝世後就一直生活於宮中，年齡相對較大。與明元帝規定宮人婚姻對象相比，太武帝的做法無疑為這些宮人出宮後的生活留有了較大的餘地。

2、北魏中期宮女的地位變化

孝文帝也延續北魏前期放出宮人的做法。《魏書》卷七《孝文帝紀上》：

> （太和二年春二月）丁亥，行幸代之湯泉。所過問民疾苦，以宮人賜貧民無妻者。

> （太和三年）二月辛巳，帝、太皇太后幸代郡溫泉，問民疾苦，鰥貧者以宮女妻之。

《魏書》卷七《孝文帝紀下》：

> （太和十有三年）九月丁未，出宮人以賜北鎮人貧鰥無妻者。

孝文帝將宮人賜婚給宮外無妻的貧民，這些宮人出宮後多過著貧困的生活，由於這種婚姻是由皇帝所賜，她們根本無從選擇和擺脫這種婚姻。

此外，孝文帝還放出宮人，任其自由婚嫁。《魏書》卷七《孝文帝紀上》：

> （太和五年）二月辛卯朔，大赦天下。賜孝悌力田、孤貧不能自存者穀帛有差；免宮人年老者還其所親。

《魏書》卷七《孝文帝紀下》：

> （太和十有一年）冬十月辛未，詔罷起部無益之作，出宮人不執機杼者。

孝文帝此次放出的也是年老或者沒有技能的宮人，任其自由婚嫁。相對於由皇帝賜婚於宮外的貧民，這些宮人的命運也是相對較好的，最低限度她們有婚姻的自主權，有機會通過婚姻改變自己的命運。

除了延續前代放出宮人的做法外，孝文帝還將一些宮人直接賜給宦官為妻。《魏書》卷九四《閹官·王琚傳》：

> 初琚年七十餘，賜得世祖時宮人郭氏，本鍾離人，明嚴有母德，內外婦孫百口，奉之肅若嚴君，家內以治。

郭氏是太武帝時期的宮人，孝文帝將其賜給宦官王琚為妻，此時據太武帝逝

世至少已有二十五年，也就是說郭氏在後宮中至少已經生活了二十餘年，其不僅年紀較大，而且在皇宮多年，使她失去了出宮生活的基本能力，孝文帝將她賜婚於宦官，作爲最終的歸宿。

此外，孝文帝時期，國家法制逐步完善，由於家人犯罪而被沒入皇宮中爲宮女的人數增加，加之此時後宮制度逐步完善，少有宮女被提升爲嬪妃。但隨著女官制度於此時建立，一些宮女通過個人的努力被選拔爲女官。《張安姬墓誌銘》：

> 大魏正光二年歲在辛丑，三月己巳朔，廿九日丁酉。宮第一品張墓誌銘諱字安姬，兗東平人也。故兗州刺史張基之孫。濟南太守張慟之女。年十三，因遭羅難，家戮沒宮。年廿，蒙除御食監。屬心自守，莅務有稱。後除文繡大監，於時度當明件。上知其能，復除宮作司。……春秋六十有五，因抱纏疹，綢繆彌久，醫察白方，轉加增慼。昊天不弔，奄焉上世。春二月，卒於洛陽宮。〔註91〕

張安姬十三歲被沒入皇宮，由她於正光二年（521）逝世，時年六十五歲，可推知其入宮時間是獻文帝皇興年間，由於個人的努力，太和年間她便被提升爲女官，改變了自己在後宮的地位。

孝文帝時期，佛教迅速發展，據史書記載，自文成帝興光年間至孝文帝承明年間，「京城內寺新舊且百所，僧尼二千餘人，四方諸寺六千四百七十八，僧尼七萬七千二百五十八人。」〔註92〕北魏佛教之興盛可見一斑。當時北魏後宮中上至皇太后、皇后，下至宮女無一不信奉佛教。

此時，北魏王朝中開始出現皇后出家現象，在皇后出家的帶動下，後宮嬪妃、女官以至於宮女多有出家的要求，在此情況下，孝文帝「於鄴造安養寺。召四方僧。六宮侍女皆持年三月六齋有慕道者放令出家。」〔註93〕這爲北魏宮女捨身寺院、出家爲尼創造了條件，也成爲北魏中期宮女地位變化中重要的一種。

3、北魏後期宮女的地位變化

北魏後期，政局混亂，此時的宮人被作爲獎賞，賜給有功將士。《魏書》

〔註91〕 參看趙超：《漢魏南北朝墓誌彙編》，天津古籍出版社，2008 年版，第 123頁。

〔註92〕 《魏書》卷一一四《釋老志》，第 3039 頁。

〔註93〕 慧琳：《釋迦方志·教相篇八》，收於釋道宣：《大正新修大藏經》第 51 冊，臺北：財團法人佛陀教育基金會出版部，第 974 頁。

卷一〇《孝莊帝紀》載：

> （武泰二年秋七月）乙亥，宴勞天柱大將軍尒朱榮、上黨王天
> 穆及北來督將於都亭，出宮人三百、繒錦雜綵數萬匹，班賜有差。

北魏末年戰亂不斷，為了穩定政局，孝明帝以宮人為獎勵，鼓勵軍功、拉攏作戰將官，這也成為北魏後期大多數宮女的最終歸宿。

第三章　後宮選拔制度

　　道武帝創立了北魏後宮制度，此後隨著後宮制度的不斷完善，後宮等級更加分明，後宮人員的選拔方式也呈現出不同的特點。

第一節　皇后的選拔制度

　　皇后是皇帝的正妻，也是後宮中地位最高的女性。皇后的選立對後宮以至整個國家都有著的重要的意義，歷來統治者都對皇后的選拔極為重視。

一、北魏前期皇后的選拔

　　北魏前期，拓跋鮮卑族剛剛脫離部落制時代不久，一些鮮卑舊俗在北魏社會中仍有著一定的應用。採用「手鑄金人」的方式選立皇后，就是鮮卑舊俗在北魏社會生活中的實際應用。

　　以「手鑄金人」的方式對皇后的選立進行預測，在北魏流傳已久。《魏書》中稱其為「魏故事，將立皇后，必令手鑄金人，以成者為吉，不成則不得立也。」〔註1〕究竟這種預測方式出現於何時，史書中並沒有明確的記載。

　　《晉書》卷一一○《慕容儁載記》記載，冉閔殺石祇建立冉魏政權後，遣常煒朝聘於前燕慕容儁，慕容儁使其記室封裕詰之日：「又聞閔鑄金為己象，壞而不成，奈何言有天命？」〔註2〕可見，在十六國時期，通過「手鑄金人」方式對重大事件進行預測就已經出現。前燕是先於北魏建立的鮮卑族政權，

〔註1〕　《魏書》卷一三《皇后傳》，第321頁。
〔註2〕　《晉書》卷一一○《慕容儁載記》，第2832頁。

從慕容儁對「鑄金人」成敗的重視情況看，「手鑄金人」是鮮卑族人十分重視的預測方式。

北魏的前身代國，也是建立於十六國時期的鮮卑族政權，同處於十六國時期的兩個鮮卑政權，其各項制度必然相似，因此，「手鑄金人」也必然存在於代國政權中。對此，蔡幸娟先生指出：「立后占卜金人」乃北方游牧民族之慣俗，不限於立后，亦不始於北魏，更非北魏立后之定制。在國家草創，攘外（五胡諸強國）安內（部落舊族）鞏固王權為要，與佛老盛行之政治、社會發展下，實有占卜金人冊立皇后之可能與需要。〔註3〕《魏書》卷一三《皇后·道武皇后慕容氏傳》：

> 道武皇后慕容氏，寶之季女也。中山平，入充掖庭，得幸。左丞相衛王儀等奏請立皇后，帝從群臣議，令后鑄金人，成，乃立之，告於郊廟。

以「手鑄金人」的方式選立皇后，在道武帝創立後宮制度之時，開始應用於北魏後宮之中，並為後代皇帝所沿用，因而稱為「魏故事」。由於道武帝「身居創業之主，舉凡軍國大事之處置，或援故事、或循舊制、或為創制，皆為後代奠定許多不可更改之祖宗家法與制度。」〔註4〕《資治通鑑》卷一一一《晉紀三三》安帝隆安四年條：

> 初，魏主珪納劉頭眷之女，寵冠後庭，生子嗣。及克中山，獲燕主寶之幼女。將立皇后，用其國故事，鑄金人以卜之，劉氏所鑄不成，慕容氏成，三月，戊午，立慕容氏為皇后。

從中可以看出，北魏皇帝選立皇后的程序，即皇帝首先選定嬪妃作為皇后的候選人，然後通過她們鑄金人的成敗進行占卜，如果鑄金人成功，便可以被立為皇后，反之，則被視為不詳的預兆，她將從此失去了被立為皇后的資格。

關於北魏「手鑄金人」預測的具體實施方法，以及此時所鑄金人的具體樣式，史書中並沒有詳細的記載。但是通過相關史料的記載，我們仍可大體瞭解其預測方式。《洛陽伽藍記校注》卷一《城內·永寧寺》：

> 榮即共穆結異姓兄弟。穆年大，榮兄事之；榮為盟主，穆亦拜榮。於是密議長君諸王之中，不知誰應當璧。遂於晉陽，人各鑄像

〔註3〕 參看蔡幸娟：《北魏立后立嗣故事與制度研究》，載《國立臺灣成功大學歷史學報》，1990年第3期。

〔註4〕 參看蔡幸娟：《北魏立后立嗣故事與制度研究》，載《國立臺灣成功大學歷史學報》，1990年第3期，第258～259頁。

不成，唯長樂王子攸像，光相具足，端嚴特妙。是以榮意在長樂。
遣蒼頭王豐入洛，詢以為主。長樂即許之，共剋期契。

《魏書》卷七四《尒朱榮傳》：

> 榮既有異圖，遂鑄金為己像，數四不成。時幽州人劉靈助善卜
> 占，為榮所信，言天時人事必不可爾。榮亦精神恍惚，不自支持，
> 久而方悟，遂便愧悔。於是獻武王、榮外兵參軍司馬子如等切諫，
> 陳不可之理。……於是還奉莊帝。

以上的記載說明北魏王朝中對重大事件進行吉凶預測時，所鑄的金人是預測
者自己的人像，並將所鑄金人的成敗視為事件吉凶的預兆。

此外，《資治通鑒》卷一五二《梁紀八》武帝大通二年條又載：

> 尒朱榮與元天穆議，以彭城武宣王有忠勳，其子長樂王子攸，
> 素有令望，欲立之。又遣從子天光及親信奚毅、倉頭王相入洛，與
> 尒朱世隆密議。天光見子攸，具論榮心，子攸許之。天光等還晉陽，
> 榮猶疑之，乃以銅為顯祖諸孫各鑄像，唯長樂王像成。

可見，北魏王朝實際上是用銅而不是黃金來鑄造人像，史書中所記載的「金
人」指的是金色的人像。

由此，我們可以得出這樣一個結論：北魏王朝通過「手鑄金人」對重大
事件的成敗進行預測的方式，出現於道武帝時期。皇帝在選立皇后時，命被
選立之人用銅鑄自己的人像進行預測，並將其所鑄人像的成敗作為事件吉凶
的預兆，決定皇后的人選。

北魏「手鑄金人」制在後宮中的實施，使一些有寵於皇帝的嬪妃，由於
鑄金人失敗而與皇后之位失之交臂，明元昭哀皇后姚氏就是其中之一。《魏
書》卷一三《皇后·明元昭哀皇后姚氏傳》：

> 明元昭哀皇后姚氏，姚興女也，興封西平長公主。太宗以后禮
> 納之，後為夫人。后以鑄金人不成，未昇尊位，然帝寵幸之，出入
> 居處，禮秩如后焉。是後猶欲正位，而后謙讓不當。泰常五年薨，
> 帝追恨之，贈皇后璽綬，而後加謚焉。葬雲中金陵。

從這些記載中可以看出，姚氏進宮之初，明元帝有意立她為皇后，因而「以
後禮納之」，但是在北魏要成為皇后必須經過「手鑄金人」測試，姚氏由於沒
有鑄成金人，未能成為皇后。雖然明元帝後來想要封她為皇后，但她最終並
未接受。究其原因，可能是未鑄成金人而立後者不會被人們承認，甚至可能

會給自己帶來巨大壓力和政治困境。

　　不管出於怎樣的考慮，姚氏最終沒有被立為皇后。明元帝為了表示恩寵，在她死後將其追封為皇后，並「贈皇后璽綬，而後加諡焉。」〔註 5〕此後又將她以皇后的身份葬於北魏的皇陵——金陵之中。這種現象在北魏後宮中是不多見的，一方面反映了姚氏當時的受寵程度，同時也反映了通過「手鑄金人」的方式對事件吉凶進行預測在當時人們心中的地位，及其對整個北魏社會發展的意義。

　　同時，通過史書的記載可知，北魏前期，由於政治、經濟、文化的落後，各項制度尚不完備，此時的皇后選拔僅以「手鑄金人」的成敗為標準，並不重視皇后的出身。《魏書》卷一三《皇后‧道武皇后慕容氏傳》：

　　　　道武皇后慕容氏，寶之季女也。中山平，入充掖庭，得幸。左丞相衛王儀等奏請立皇后，帝從群臣議，令后鑄金人，成，乃立之，告於郊廟。

《魏書》卷一三《皇后‧太武皇后赫連氏傳》：

　　　　太武皇后赫連氏，赫連屈丐女也。世祖平統萬，納后及二妹俱為貴人，後立為皇后。高宗初崩，祔葬金陵。

道武皇后慕容氏、太武皇后赫連氏都是出身於十六國時期少數民族政權的公主，後由於所在政權被北魏打敗而被掠奪入後宮，並最終被選為皇后。慕容氏、赫連氏二人被立為皇后，或可以認為是北魏皇帝出於政權穩固、攏絡戰敗被俘人員的考慮，並非完全不考慮皇后的出身。那麼，文成文明皇后馮氏被選立為皇后，則更為直接的反映出北魏前期，皇后的選拔不注重出身。《魏書》卷一三《皇后‧文成文明皇后馮氏傳》：

　　　　文成文明皇后馮氏，長樂信都人也。父朗，秦、雍二州刺史、西城郡公，母樂浪王氏。后生於長安，有神光之異。朗坐事誅，后遂入宮。

文成文明皇后馮氏由於家人犯罪而被沒入皇宮，她入宮時的身份必定是宮女，但由於「世祖左昭儀，后之姑也。雅有母德，撫養教訓。」〔註 6〕馮氏最終被文成帝選為貴人，後又被冊封為皇后，這是北魏前期皇帝不注重皇后出身的最直接明證。

〔註 5〕《魏書》卷一三《皇后‧明元昭哀皇后姚氏傳》，第 325 頁。
〔註 6〕《魏書》卷一三《皇后‧文成文明皇后馮氏傳》，第 328 頁。

二、北魏中期皇后的選拔

　　自道武帝創立北魏後宮開始，北魏皇后的選立都是通過「手鑄金人」方式選立的。但至孝文帝時期，隨著北魏漢化的逐步深入、北魏皇權的不斷加強，後宮制度更爲規範，皇后的選拔更加注重出身門第，通過「手鑄金人」方式選立皇后也於此時被廢止。《魏書》卷一三《皇后·孝文廢皇后馮氏傳》：

> 　　孝文廢皇后馮氏，太師熙之女也。太和十七年，高祖既終喪，
> 太尉元丕等表以長秋未建，六宮無主，請正內位。高祖從之，立后
> 爲皇后。

馮氏是文明太后的侄女，出身馮氏外戚家族，由於文明太后的緣故，該家族在北魏王朝中地位較高，孝文帝於該家族中選立皇后，正是北魏皇帝注重皇后出身的開始。

　　同時，孝文帝時期開始實行俸祿制、均田制和三長制，並遷都於洛陽，這些措施使中央直接掌握了官吏和基層民眾，擴大了北魏王朝的統治力度，中央集權由此得以加強，這就使得北魏皇帝能夠以個人的意志決定皇后的選立。

　　孝文幽皇后馮氏就是孝文帝依照個人的意志，執意所立的。《魏書》卷一三《皇后·孝文幽皇后馮氏傳》：

> 　　孝文幽皇后，亦馮熙女。……文明太皇太后欲家世貴寵，乃簡
> 熙二女俱入掖庭，時年十四。其一早卒。后有姿媚，偏見愛幸。未
> 幾疾病，文明太后乃遣還家爲尼，高祖猶留念焉。歲餘而太后崩。
> 高祖服終，頗存訪之，又聞后素疹痤除，遣閹官雙三念璽書勞問，
> 遂迎赴洛陽。及至，寵愛過初，專寢當夕，宮人稀復進見。拜爲左
> 昭儀，後立爲皇后。

　　《魏書》卷四七《盧玄傳附盧淵傳》：

> 　　是時，高祖將立馮后，方集朝臣議之。高祖先謂淵曰：「卿意以
> 爲何如？」對曰：「此自古所慎，如臣愚意，宜更簡卜。」高祖曰：
> 「以先后之姪，朕意已定。」淵曰：「雖奉敕如此，然於臣心實有未
> 盡。」及朝臣集議，執意如前。

以上的記載可見孝文帝對幽皇后的喜愛程度。在選立皇后之時，朝臣想要通過占卜的方式進行預測〔註7〕，孝文帝否定了這一做法，並按照自己的意願，

〔註 7〕此處的占卜當爲「手鑄金人」。

成功的冊立馮氏爲皇后。自此開始，北魏皇后的選拔由通過占卜預測方式，轉變以皇帝的喜好爲主，並注重皇后的出身。

三、北魏後期皇后的選拔

宣武帝時期開始，北魏皇后的選拔逐漸成爲北魏朝廷內部政治勢力角逐的媒介，此時皇后的選立更加注重出身。雖然孝文帝時期實行全面的漢化，但卻沒有門閥世族女子被選爲皇后，這也直接造成北魏後期門閥世族家族的女子在皇宮中沒有強大的勢力，她們只能充當嬪妃，而無一人被立爲皇后。出身於鮮卑貴族以及外戚家族中的女子，以其高貴的出身以及家族中人在皇宮中的勢力，成爲此時皇后的主要選拔對象。

孝文帝仿照漢族門閥世族制度，對鮮卑貴族以及歸附的漢門閥家族進行了劃定，從而形成了北魏王朝的門閥世族。《魏書》卷一一三《官氏志》：

> 太和十九年，詔曰：「代人諸胄，先無姓族，雖功賢之胤，混然未分。故官達者位極公卿，其功衰之親，仍居猥任。比欲製定姓族，事多未就，且宜甄擢，隨時漸銓。其穆、陸、賀、劉、樓、于、嵇、尉八姓，皆太祖已降，勳著當世，位盡王公；灼然可知者，且下司州、吏部勿充猥官，一同四姓。」

由此，鮮卑貴族穆、陸、賀、劉、樓、于、嵇、尉八姓，與漢門閥崔、盧、鄭、王四姓成爲北魏第一流門閥世族，自孝文帝時期開始，北魏后妃大都出於以上幾個家族。宣武順皇后于氏便出身於鮮卑八大姓中的于氏家族。《魏書》卷一三《皇后·宣武順皇后于氏傳》：

> 宣武順皇后于氏，太尉烈弟勁之女也。世宗始親政事，烈時爲領軍，總心膂之任，以嬪御未備，因左右諷諭，稱后有容德，世宗乃迎入爲貴人。時年十四，甚見寵愛，立爲皇后，謁於太廟。

《魏書》卷八三《外戚下·于勁傳》：

> 于勁，字鍾葵，太尉拔之子。頗有武略。以功臣子，又以功績，位沃野鎮將，賜爵富昌子，拜征虜將軍。世宗納其女爲后，封太原郡公。妻劉氏，爲章武郡君。後拜征北將軍、定州刺史。卒，贈司空，諡曰恭莊公。自栗磾至勁，累世貴盛，一皇后、四贈公、三領軍、二尚書令、三開國公。

于氏家族自道武帝時期歸附，並以軍功列於鮮卑八大姓之中。順皇后于氏在

宣武帝親政之初便被選爲貴人，並由於出身較高，且得到了宣武帝的寵愛，而被立爲皇后。

北魏後期，皇后的選拔以外戚家族者居多。宣武帝生母「孝文昭皇后高氏，司徒公肇之妹也。」〔註8〕高氏在孝文帝時期，被時爲昭儀的馮氏所害，宣武帝繼位後，對高氏家族極爲優待，不僅選高肇侄女爲嬪，還「委任高肇，疏薄宗室，好桑門之法，不親政事。」〔註9〕朝政遂被高肇所控制，北魏宗室力量受到了很大的削弱，高氏外戚勢力從此擡頭，爲了保持高氏家族在北魏的地位，正始四年（507）「高肇欲其家擅寵，乃鴆殺于后及皇子昌，而立高嬪爲后。」〔註10〕于氏死後，高肇促使宣武帝立其侄女爲皇后。《魏書》卷一三《皇后·宣武皇后高氏傳》：

> 宣武皇后高氏，文昭皇后弟偃之女也。世宗納爲貴人，生皇子，
> 早夭，又生建德公主。後拜爲皇后，甚見禮重。

《資治通鑑》卷一四七《梁紀三》天監七年條：

> 魏高后之立也，彭城武宣王勰固諫，魏主不聽。

關於此處的「魏主不聽」，筆者認爲：不僅是宣武帝任用高肇、疏薄宗室的表現，更主要的是由於宣武帝對高氏的寵愛，加之此時家族地位上升，從而使高氏順利的被宣武帝選爲皇后。

宣武帝死後，「太尉高陽王先居西柏堂，專決庶事，與領軍於忠密欲除之。潛備壯士直寢邢豹、伊甕生等十餘人於舍人省下。肇哭梓宮訖，於百官前引入西廊，清河王懌、任城王澄及諸王等皆竊言目之。肇入省，壯士扼而拉殺之。下詔暴其罪惡，又云刑書未及，便至自盡，自餘親黨，悉無追問，削除職爵，葬以士禮。」〔註11〕此後，孝明帝繼位後，生母胡氏被封爲皇太后，宣武皇后高氏被迫出家，高氏外戚家族由此衰落，胡氏外戚家族隨之興起。

爲了維持和擴大胡氏家族的勢力，靈太后仿傚文明太后的做法，爲孝明帝選納其家族中的女子爲皇后。《魏書》卷一三《皇后·孝明皇后胡氏傳》：

> 孝明皇后胡氏，靈太后從兄冀州刺史盛之女。靈太后欲榮重門
> 族，故立爲皇后。肅宗頗有酒德，專嬖充華潘氏，后及嬪御並無過

〔註8〕《魏書》卷一三《皇后·孝文昭皇后高氏傳》，第335頁。
〔註9〕《資治通鑑》卷一四六《梁紀二》天監五年條，第4556頁。
〔註10〕《魏書》卷一〇五《天象志四》，第2431頁。
〔註11〕《魏書》卷八三《外戚下·高肇傳》，第1831頁。

寵。……武泰初，后既入道，遂居於瑤光寺。

孝明皇后胡氏並不被孝明帝所喜愛，只是由於靈太后的緣故而被選立爲皇后。孝明帝死後，靈太后另立幼主，企圖繼續執掌朝政，但尒朱榮發動的軍事政變打破了靈太后的計劃，此後，北魏陷入混亂之中，皇位更叠頻繁，朝政大權落入權臣手中，此時的皇后選拔也被這些朝臣所控制。

北魏後期權臣通過選送自己家族中的女子進入皇宮，並迫使皇帝立其爲皇后，以此維持和擴大其家族在北魏的權力，這種皇后選拔方式始自尒朱榮時期。《洛陽伽藍記校箋》卷一《城內‧永寧寺》：

> 榮即共穆結異姓兄弟。穆年大，榮兄事之；榮爲盟主，穆亦拜
> 榮。於是密議長君諸王之中，不知誰應當璧。遂於晉陽，人各鑄像
> 不成，唯長樂王子攸像，光相具足，端嚴特妙。是以榮意在長樂。
> 遣蒼頭王豐入洛，詢以爲主。長樂即許之，共剋期契。

「河陰之變」後，尒朱榮選立新君即孝莊帝，但北魏的朝政仍被尒朱榮所控制，爲了提升尒朱氏家族的地位，尒朱榮迫使孝莊帝選立其女爲皇后。《北史》卷四八《尒朱榮傳》：

> 榮女先爲明帝嬪，欲上立爲后，帝疑未決。給事黃門侍郎祖瑩
> 曰：「昔文公在秦，懷嬴入侍。事有反經合義，陛下獨何疑焉？」上
> 遂從之，榮意甚悅。

尒朱榮之女在孝明帝時期就已被選納入後宮爲嬪，孝明帝死後，尒朱榮掌握了北魏大權，因此她並沒有隨同靈太后以及孝明帝的其他嬪妃一同出家。孝莊帝繼位後，尒朱榮迫使孝莊帝立其女爲皇后，但由於尒朱氏曾是孝明帝嬪妃，孝莊帝有所猶豫，後迫於尒朱榮的壓力，孝莊帝不得已，只能立尒朱氏爲后。從而出現「帝既外逼於榮，內逼皇后，恒怏怏不以萬乘爲樂，唯幸寇盜未息，欲使與榮相持」〔註12〕的狀況。

而後，尒朱榮爲孝莊帝所殺。尒朱榮死後，尒朱兆殺孝莊帝，另立節閔帝，朝政爲尒朱兆所把持，爲了維持尒朱家族的權利，他效法尒朱榮的做法，迫使節閔帝選立自己的女兒爲皇后。《魏書》卷七五《尒朱兆傳》：

> 世隆請前廢帝納兆女爲后，兆乃大喜。

北魏末年，尒朱氏家族被滅，高歡掌握了北魏朝政大權，他也同樣迫使在他控制下的孝武帝立他的女兒爲皇后。《北史》卷一三《后妃‧孝武皇后高

〔註12〕《資治通鑒》卷一五四《梁紀十》武帝中大通二年條，第4778頁。

氏傳》：

> 　　孝武皇后高氏，齊神武長女也。帝見立，乃納爲后。及帝西幸
> 關中，降爲彭城王韶妃。

《資治通鑒》卷一五五《梁紀十一》武帝中大通四年條：

> 　　魏主納丞相歡女爲后，命太常卿李元忠納幣於晉陽。

此後，隨著孝武帝的出關，北魏王朝走向了分裂，由權臣主宰皇后選立的狀況卻仍在分裂後的東魏與西魏延續。

第二節　嬪妃的選拔制度

後宮嬪妃是皇帝的妾，她們在後宮中的地位雖低於皇后，卻也是後宮中的主人，因此皇帝對於嬪妃的選拔也是較爲重視的。隨著北魏歷史發展，皇帝所選納的嬪妃也呈現出階段性特點。

一、北魏前期嬪妃的選拔

鮮卑族在部落制基礎上建立了北魏政權。北魏建立之初實力相對較弱，皇帝通過與國內部族以及周邊政權聯姻的方式，不僅穩定了國內的政局，還爲對外戰爭取得了外援，爲北魏後來的強大奠定了基礎。

由於北魏前期嬪妃主要來源於鮮卑或烏桓部族、周邊民族政權以及北魏統治區內，這也就決定了對於不同來源的嬪妃，選拔標準也有所不同。

1、鮮卑或烏桓部族

東胡是我國古代北方少數民族，因匈奴自稱爲「胡」，該民族又在匈奴之東，故曰東胡。東胡於戰國末期崛起，漢初爲匈奴冒頓單于所滅，其眾遂分爲兩支。南支以其大人健者之名號烏桓（亦作烏丸）。即史稱東胡餘類保烏桓山者也，其北則仍鮮卑其名，即史稱爲東胡之別支依鮮卑山者也。〔註13〕

隨著歷史的發展，烏桓、鮮卑內部又分爲不同的部族，由於這些部族血緣上的近親關係，使他們更容易通過通婚的方式締結聯盟，以壯大部族實力。北魏建立前，拓跋部就已開始與同屬東胡族系的一些部族聯姻。道武帝建國後，東胡族系中的部族制仍然存在，道武帝便通過聯姻的方式，繼續維持與

〔註13〕參看卞鴻儒：《歷史上東北民族之研究》，載《東北叢刊》，1930 年第 2 期，第
　　　10～11 頁。

東胡部族的聯盟。

北魏初期，與拓跋鮮卑進行聯姻的鮮卑部族主要包括賀蘭部和段部，其中與拓跋鮮卑關係最爲密切的是賀蘭部。

北魏建立以前，賀蘭部就與拓跋部有著密切的婚姻關係。史載「時烈帝居於舅賀蘭部，帝遣使求之。賀蘭部帥藹頭，擁護不遣。」〔註14〕據此可知，烈帝（道武帝所追封）生母出自賀蘭部。此外，道武帝的母親也出於該部，而北魏平文帝與昭城帝的女兒也都嫁入了賀蘭部。《魏書》記載：「昭成崩，諸部乖亂，獻明后與太祖及衛、秦二王依訥。訥總攝東部爲大人……與諸人勸進，太祖登代王位於牛川。」〔註15〕由於二部間密切的婚姻關係，以及賀蘭部在道武帝復國時的巨大作用，道武帝建國後仍很重視與賀蘭部的通婚。《魏書》卷一六《道武七王·清河王紹傳》：

> 紹母即獻明皇后妹也，美而麗。初太祖如賀蘭部，見而悅之，告獻明后，請納焉，后曰：「不可，此過美不善，且已有夫。」太祖密令人殺其夫而納之，生紹，終致大逆焉。

道武帝避居賀蘭部期間，見到了賀氏並將其納爲妃，道武帝建國後，將後宮分爲皇后與夫人兩級，賀氏由此被封爲夫人。

段部鮮卑是東部鮮卑的一支，本出自段國，亦號段部，蓋以部爲氏。〔註16〕在東晉時期強盛一時，後在慕容鮮卑的打擊下走向了衰落，北魏後宮嬪妃中也有該部後裔。《魏書》卷一六《道武七王傳》：

> 段夫人生廣平王連、京兆王黎。

可見，廣平王、京兆王之母段夫人便是段部鮮卑後人。

北魏前期，除與鮮卑族內部的部族進行聯姻外，也注重與其他東胡部族進行聯姻，其中與北魏關係最密切、聯姻最頻繁便是烏桓。

烏桓也稱烏丸，最初與鮮卑同屬東胡民族，東漢末年由於匈奴的打擊而分爲兩個不同的民族。《三國志》卷三〇《烏丸鮮卑東夷傳》注引《魏書》曰：

> 烏丸者，東胡也。漢初，匈奴冒頓滅其國，餘類保烏凡山，因以爲號焉。

> 鮮卑亦東胡之餘也，別保鮮卑山，因號焉。其言語習俗與烏丸同。

〔註14〕《魏書》卷一《序紀·烈帝紀》，第 11 頁。

〔註15〕《魏書》卷八三《外戚上·賀訥傳》，第 1812 頁。

〔註16〕參看姚微元：《北朝胡姓考》，中華書局，2007 年版，第 263 頁。

東漢時期，一部分烏桓投降了漢朝，併入居塞內，他們經過較長時間以後，都同化於漢族。但也有一部分烏桓人留居塞外，投降了鮮卑，並與匈奴、鮮卑逐漸同化。〔註17〕至北魏時期，烏丸已經不再是一個民族，而是一個民族混合體。《魏書》卷一一三《官氏志》：

> 其諸方雜人來附者，總謂之「烏丸」，各以多少稱酋、庶長，分為南北部，復置二部大人以統攝之。

獨孤氏是烏丸族中一個較大的部族。《新唐書》卷七五《宰相世系表五下》：

> 獨孤氏出自劉氏。後漢世祖生沛獻王輔，輔生釐王定，定生節王丏。丏二子：廣、庱。庱，洛陽令。生穆，穆生度遼將軍進伯，擊匈奴，兵敗被執，囚之孤山下。生尸利，單于以為谷蠡王，號獨孤部。尸利生烏利。二子：去卑、猛。猛生副論。副論生路孤，路孤生眷，眷生羅辰，從後魏孝文徙洛陽，為河南人，初以其部為氏，位定州刺史、永安公。

可見，獨孤氏出自劉氏，後以部落為姓，孝文帝改鮮卑姓為漢姓，獨孤氏又改為劉氏。《魏書》卷二三《劉庫仁傳》記載：

> 建國三十九年，昭成暴崩，太祖未立，苻暨以庫仁為陵江將軍、關內侯，令與衛辰，分國部眾而統之。自河以西屬衛辰，自河以東屬庫仁。

獨孤部是烏桓部族之一。劉眷是劉庫仁之弟，「為北部大人，帥部落歸國。」〔註18〕劉庫仁死後，劉眷繼任獨孤部部帥，而宣穆皇后劉氏正是劉眷之女、劉羅辰之妹，那麼，劉氏必然是出自烏丸獨孤部的女子。《魏書》卷一三《皇后·道武宣穆皇后劉氏傳》：

> 道武宣穆皇后劉氏，劉眷女也。登國初，納為夫人，生華陰公主，後生太宗。后專理內事，寵待有加，以鑄金人不成，故不得登后位。

劉氏在道武帝建國之初就進入北魏後宮為嬪妃，由於鑄金人失敗，而未能封為皇后，後又由於兒子被選為太子，而死於道武帝製定的「子貴母死」制之下，明元帝繼位後，她才由帝母身份被追封為皇后。《魏書》卷二三《劉庫仁

〔註17〕 參看馬長壽：《烏桓與鮮卑》，廣西師範大學出版社，2006年版，第126頁。
〔註18〕 《魏書》卷八三《外戚上·劉羅辰傳》，第1813頁。

傳》：

> （劉）眷第二子羅辰，性機警，有智謀，謂眷曰：「比來行兵，
> 所向無敵，心腹之疾，願早圖之。」眷曰：「誰也？」曰：「從兄顯，
> 忍人也，爲亂非旦則夕耳。」眷不以爲意。其後，徙牧於牛川，庫
> 仁子顯，果殺眷而代立。羅辰奔太祖，事在《外戚傳》。

《魏書》卷二三《劉庫仁傳附劉奴眞傳》：

> 族人奴眞領部來附。……染幹聞其殺兄，率騎討之，奴眞懼，
> 徙部來奔太祖。太祖自迎之，遣使責止染幹。奴眞感恩，請奉妹充
> 後宮，太祖納之。

據此可知，道武帝後宮中還應有一位獨孤氏女子，此人乃劉奴眞之妹，而北朝史書中卻無此女子的任何相關記載，田餘慶先生指出：劉奴眞就是劉羅辰，即劉眷之子。〔註19〕則此處所載的劉奴眞之妹便是道武宣穆皇后劉氏。

　　與北魏通婚的烏桓族人，除獨孤氏外還有王氏。由於烏桓內徙較早，此時已經沒有嚴格的部落組織，形成「其諸方雜人來附者，總謂之『烏丸』，各以多少稱酋、庶長，分爲南北部，復置二部大人以統攝之。」〔註20〕出現部落與家族同時存在的現象也不足爲奇。

　　王氏是烏桓族中的一個大姓氏，在三國時期就已經出現了。《三國志》卷二六《魏書·牽郭傳》：

> 鮮卑大人步度根、泄歸泥等與軻比能爲隙，將部落三萬餘家詣
> 郡附塞。敕令還擊比能，殺比能弟苴羅侯，及叛烏丸歸義侯王同、
> 王寄等，大結怨仇。是以招自出，率將歸泥等討比能於雲中故郡，
> 大破之。

至十六國時期，以王龍爲代表的烏桓王氏開始定居於建安、龍城一帶，成爲遼西烏桓中的一支。〔註21〕

　　「王建，廣寧人也。祖姑爲平文後，生昭成皇帝。伯祖豐，以帝舅貴重。豐子支，尚昭成女，甚見親待。建少尚公主。」〔註22〕「平文皇后王氏，廣寧人也。年十三，因事入宮，得幸於平文，生昭成帝。」〔註23〕姚微元先生

〔註19〕參看田餘慶：《拓跋史探》，三聯書店，2003年版，第83頁。
〔註20〕《魏書》卷一一三《官氏志》，第2972頁。
〔註21〕《十六國春秋輯補》卷四六《後燕·慕容盛錄》，第364頁。
〔註22〕《魏書》卷三〇《王建傳》，第709頁。
〔註23〕《魏書》卷一三《皇后·平文皇后王氏傳》，第323頁。

考證：魏平文後王氏、王建……皆烏丸族人。〔註24〕廣寧亦屬遼西，據此可知，拓拔鮮卑與烏桓王氏家族有著密切的婚姻關係。道武帝建國後，二者間的婚姻關係仍舊存在。《魏書》卷一六《道武七王傳》：

> 大王夫人生陽平王熙，王夫人生河南王曜。

根據《皇后傳》的記載可知：道武帝以前諸后大都來自胡族，並都有部族背景，如劉皇后出自烏桓獨孤部，賀夫人出自鮮卑賀蘭部，段夫人出自鮮卑段部，可以推知大王夫人、王夫人必然也是出自胡族，並且還是有一定部族背景的女子，而烏桓王氏又是與拓跋鮮卑頻繁通婚的家族，由此可以推斷：道武帝後宮中的大王夫人、王夫人是來自烏桓王氏的女子。

綜上所述，北魏前期選自烏桓或鮮卑部族的嬪妃，發生於道武帝時期，出自部帥之家的女子是此時嬪妃選拔的唯一標準，道武帝通過與部帥之家聯姻，實現了穩定國內政局的目的。

道武帝後期，北魏國內局勢已經穩定，道武帝隨之通過離散部落、分土定居的方式，徹底消除了境內的部落制殘餘，北魏軍事實力迅速增強，並擁有足夠的實力進行對外戰爭。由此，北魏拉開了對外征戰的序幕，周邊政權的女子也由於戰爭的原因進入了北魏後宮。

2、周邊少數民族政權

北魏與周邊少數民族政權聯姻，開始於明元帝時期。《晉書》卷一一八《姚興載紀下》：

> 先是，魏主拓跋珪送馬千匹，求婚於興，興許之。以魏別立后，遂絕婚，故有柴壁之戰。

道武帝時期，後秦和北魏就曾要通過締結婚姻的形式建立聯盟，但由於道武帝另立皇后而未成功，而後雙方關係一度惡化，並發生了「柴壁之戰」，此戰中後秦戰敗，並開始向北魏朝貢，至明元帝時期，後秦重提聯姻之事，北魏方面也想通過聯姻緩和雙方的關係，姚氏便由此進入了北魏後宮之中。《魏書》卷三《明元帝紀》：

> （天賜五年）十一月癸酉，大饗於西宮。姚興遣使朝貢，來請進女，帝許之。

> （神瑞二年）冬十月壬子，姚興使散騎常侍、東武侯姚敞，尚書姚泰，送其西平公主來，帝以后禮納之。

〔註24〕參看姚微元：《北朝胡姓考》，中華書局，2007年版，第278頁。

關於後秦的族屬，《晉書》卷一一六《姚弋仲載紀》：

> 姚弋仲，南安赤亭羌人也。其先有虞氏之苗裔。禹封舜少子於西戎，世爲羌酋。

姚弋仲是羌族人，而姚弋仲之孫便是後秦國主姚興，明元昭哀皇后姚氏又是姚興之女，則其必然也是羌族人，她也是第一位進入北魏後宮的周邊政權的公主。姚氏公主的身份，使她在北魏後宮中有著與其他嬪妃不同的待遇。《魏書》卷一三《皇后‧明元昭哀皇后姚氏傳》：

> 明元昭哀皇后姚氏，姚興女也，興封西平長公主。太宗以后禮納之，後爲夫人。后以鑄金人不成，未昇尊位，然帝寵幸之，出入居處，禮秩如后焉。是後猶欲正位，而后謙讓不當。泰常五年薨，帝追恨之，贈皇后璽綬，而後加諡焉。

姚氏入宮之初，明元帝「以后禮納之」，也就是說從一開始她就成爲了皇后的候選人，但由於姚氏鑄金人不成而未能成爲皇后，只能作爲後宮嬪妃生活於後宮之中。

太武帝時期北魏的軍事實力增強，隨著對外戰爭的不斷進行，周邊政權逐漸被北魏吞併。這就使得周邊政權的公主或是由於戰爭被掠奪入北魏後宮，或是政權歸附而選送公主進入北魏後宮。

東漢時期東胡分裂，其中烏桓與鮮卑是實力最強的兩個民族，此後，鮮卑族內部部落間不斷融合，從而形成了東部鮮卑、拓跋鮮卑與西部鮮卑三大類。東部鮮卑又分爲慕容鮮卑、宇文鮮卑與段部鮮卑，其中文化最爲發達、建立政權最早就是慕容鮮卑。

慕容鮮卑、拓跋鮮卑同屬鮮卑民族，二者有著天然的聯繫，這就使得雙方更容易締結聯盟，兩者間的聯姻在十六國時期就已出現。

十六國時期，慕容皝（字元眞）建立了前燕，這不僅是慕容部建立的第一個政權，也是當時北方地區一個較爲強大的政權，前燕與拓跋部所建立的代國政權的聯姻在此時就已經開始。《魏書》卷一三《皇后‧昭成皇后慕容氏傳》：

> 昭成皇后慕容氏，元眞之女也。初，帝納元眞妹爲妃，未幾而崩。元眞復請繼好，遣大人長孫秩逆后，元眞送于境上。后至，有寵，生獻明帝及秦明王。

《魏書》卷一《序紀‧昭成帝紀》：

> 七年春二月，遣大人長孫秩迎后慕容氏元眞之女於境。夏六月，
> 皇后至自和龍。秋七月，慕容元眞遣使奉聘，求交婚，帝許之，九
> 月，以烈帝女妻之。

前燕皇帝慕容皝先後將自己的妹妹與女兒嫁入代國之中，他自己也娶代國公
主爲妻。在慕容皇后死後，「（二十五年）十一月，慕容暐薦女備後宮」〔註25〕，
前燕政權三位公主相繼嫁入代國，二者間的關係之密切可見一斑。

北魏建立後，慕容鮮卑與拓跋鮮卑間的婚姻關係仍然存在，但此時慕容
鮮卑政權的公主已不再是出於鞏固聯盟的目的進入北魏後宮，而是由於所在
政權與北魏間的戰爭失敗，而被掠奪到北魏後宮之中。

前燕被前秦滅亡後，慕容皝之子慕容垂「僭稱皇帝於中山，自號大燕。」
〔註26〕此即後燕。皇始二年（397），後燕都城中山被道武帝所破，道武皇后
慕容氏便是如此被掠奪入北魏。《魏書》卷一三《皇后·道武皇后慕容氏傳》：

> 道武皇后慕容氏，寶之季女也。中山平，入充掖庭，得幸。左
> 丞相衛王儀等奏請立皇后，帝從群臣議，令后鑄金人，成，乃立之，
> 告於郊廟。

慕容垂死後，慕容寶繼位，北魏道武帝皇后慕容氏正是後燕國主慕容寶的女
兒，道武帝滅亡後燕以後，便將她作爲戰利品掠奪到北魏，置於後宮之中充
當嬪妃，後由於她鑄金人成功，而被封爲皇后。

後燕滅亡後，慕容氏又建立了南燕，在南燕與北魏的戰爭中，也有一些
女子被掠奪入北魏後宮。史載「初，慕容破後，種族仍繁。天賜末，頗忌而
誅之。時有遺免，不敢複姓，皆以「輿」爲氏。延昌末，詔復舊姓，而其子
女先入掖庭者，猶號慕容，特多於他族。」〔註27〕可見，北魏後宮中慕容氏
女子爲數眾多。《魏書》卷一七《明元六王傳》：

> 大慕容夫人生樂平戾王丕。慕容夫人生樂安宣王範。

明元帝後宮中的兩位慕容夫人，必出自鮮卑慕容氏政權，但究竟是出於後燕
還是南燕政權，由於史書中沒有相關記載，尚有待考證。

除鮮卑、烏桓外，蠕蠕作爲東胡的一個分支，在十六國時期也建立了自
己的政權，並不斷的與北魏進行聯姻。《魏書》卷一〇三《蠕蠕傳》：

〔註25〕《魏書》卷一《序紀·昭成帝紀》，第 14 頁。
〔註26〕《魏書》卷二《道武帝紀》，第 21 頁。
〔註27〕《魏書》卷五〇《慕容白曜傳》，第 1123 頁。

蠕蠕，東胡之苗裔也，姓郁久閭氏。始神元之末，掠騎有得一
奴，髮始齊眉，忘本姓名，其主字之曰木骨閭。「木骨閭」者，首禿
也。木骨閭與郁久閭聲相近，故後子孫因以爲氏。……木骨閭死，
子車鹿會雄健，始有部衆，自號柔然，而役屬於國。後世祖以其無
知，狀類於蟲，故改其號爲蠕蠕。

蠕蠕即柔然，其與鮮卑一樣出於東胡族系，郁久閭氏爲其統治者的姓氏。蠕
蠕首領阿那瓌曾言：「臣先世源由，出於大魏。」〔註28〕據此可知，蠕蠕族實
爲鮮卑之分支。

道武帝時期蠕蠕就與北魏摩擦不斷，雙方戰事時有發生，太武帝時期不
斷對蠕蠕用兵，加之此時蠕蠕政權內部高車部族反抗，蠕蠕走向了衰落，開
始歸附北魏。《魏書》卷一〇三《蠕蠕傳》：

大檀者，社崙季父僕渾之子，先統別部，鎮於西界，能得衆心，
國人推戴之，號牟汙紇升蓋可汗，魏言制勝也。

（神䴥二年）大檀部落衰弱，因發疾而死，子吳提立，號敕連
可汗，魏言神聖也。四年，遣使朝獻。

此後，蠕蠕國主向北魏朝貢，雙方間的聯姻由此開始。《魏書》卷一〇三
《蠕蠕傳》：

延和三年二月，以吳提尚西海公主，又遣使人納吳提妹爲夫人，
又進爲左昭儀。

蠕蠕國主吳提娶北魏公主，北魏太武帝也迎娶蠕蠕公主爲左昭儀。左昭儀是
此時北魏後宮地位最高的嬪妃，足見北魏皇帝對雙方聯姻的重視。

太武帝時期還與匈奴、漢、羯等族建立的政權，締結了婚姻關係。太武
皇后赫連氏原是匈奴政權大夏的公主，大夏被北魏打敗後她便被掠奪入北魏
後宮。大夏國主赫連勃勃原姓劉，是匈奴族鐵弗部的後人，至赫連勃勃時「自
謂其祖從母姓爲劉，非禮也。古人氏族無常，乃改姓赫連氏，言帝王係天爲
子，其徽赫與天連也。」〔註29〕有關鐵弗部的族屬，《魏書》卷九五《鐵弗
劉虎傳》：

鐵弗劉虎，南單于之苗裔，左賢王去卑之孫，北部帥劉猛之從
子。居於新興慮虒之北。北人謂胡父鮮卑母爲「鐵弗」，因以爲號。……

〔註28〕《魏書》卷一〇三《蠕蠕傳》，第2299頁。
〔註29〕《資治通鑒》卷一一六《晉紀》義熙九年條，第3659頁。

虎死。子務桓代領部落，遣使歸順。

《魏書》卷九五《鐵弗劉虎傳附劉衛辰傳》：

> 衛辰，務桓之第三子也。既立之後，遣子朝獻，昭成以女妻衛辰。

> 帝討衛辰，大破之，收其部落十六七焉。衛辰奔苻堅，堅送還朔方，遣兵戍之。

可見，鐵弗部是匈奴與鮮卑的混血，鐵弗劉虎爲南單于之後，則鐵弗部必是匈奴的一個部落。至劉虎孫劉衛辰時，苻堅滅亡代國，並命獨孤部劉庫仁與鐵弗部劉衛辰分而治之，劉衛辰在受到北魏的打擊之時，被苻堅送至朔方，而朔方是烏丸聚居區，從這個意義上說鐵弗屬烏丸族。

關於這一矛盾的現象，唐長孺先生考證：南匈奴所居的五原、西河與烏丸所居的雁門、朔方相鄰，通過戰爭、征服、婚姻，二者之間已經難以分別，所以稱爲烏丸，就是因爲烏丸已是「雜人」、「雜胡」的泛稱。鐵弗部自劉虎曾孫赫連勃勃建立大夏，自稱匈奴嫡派，便再無人稱之爲烏丸。〔註30〕

由此可知，大夏政權是十六國時期五胡之一的匈奴所建立的政權。太武皇后赫連氏及其姊妹都是大夏國的公主，由於戰爭大夏被北魏打敗，而被太武帝掠奪入北魏的。《魏書》卷一三《皇后・太武皇后赫連氏傳》：

> 太武皇后赫連氏，赫連屈丐女也。世祖平統萬，納后及二妹俱爲貴人，後立爲皇后。

赫連屈丐就是十六國時期大夏國的皇帝赫連勃勃，《北史》卷九三《僭僞附庸・赫連屈丐傳》記載：「屈丐本名勃勃，明元改其名曰屈丐。北方言屈丐者卑下也。」「屈丐」是北魏皇帝對赫連勃勃的蔑稱。赫連勃勃在與北魏作戰中失敗，其三個女兒被掠奪入北魏爲嬪妃，其長女由於鑄金人成功而被封爲皇后。《魏書》卷四《太武帝紀上》中也記載了這段史實：

> （始光四年六月）乙巳，車駕入城，虜昌羣弟及其諸母、姊妹、妻妾、宮人萬數，府庫珍寶車旗器物不可勝計，擒昌尚書王買、薛超等及司馬德宗將毛脩之、秦雍人士數千人，獲馬三十餘萬匹，牛羊數千萬。

《資治通鑒》卷一二○《宋紀二》文帝元嘉四年條：

> 魏主納夏世祖三女爲貴人。

〔註30〕參看唐長孺：《魏晉南北朝史論叢》，河北教育出版社，2000年版，第414頁。

以上記載說明，太武帝滅亡大夏國以後，將赫連昌的諸母、姊妹、妻妾、宮人等掠奪入北魏。赫連昌是赫連勃勃之子，太武皇后赫連氏及其妹妹都是赫連勃勃的女兒，即赫連氏三姊妹都是赫連昌的姊妹，她們都是在這場戰爭中被掠奪入北魏後宮的。

太武帝時期，北魏後宮嬪妃除了通過戰爭直接掠奪來的周邊政權的公主外，還有一些政權，或通過聯姻與北魏締結聯盟、壯大實力，或由於為北魏戰敗，而以聯姻方式表示臣服，以保存實力、求得生存。

北燕政權在與北魏作戰中失敗，為了向北魏求和，北燕國主馮文通將女兒送入北魏皇宮，此即太武帝左昭儀馮氏。北燕國主馮跋是漢人，馮昭儀也是北魏後宮中的第一位漢族嬪妃。《魏書》卷九七《海夷馮跋傳附馮文通傳》：

> 延和元年，世祖親討之，文通嬰城固守。文通營丘、遼東、成周、樂浪、帶方、玄菟六郡皆降，世祖徙其三萬餘戶於幽州。文通尚書郭淵勸其歸誠進女，乞為附庸，保守宗廟。……文通遣其尚書高顒請罪，乞以季女充掖庭。世祖許之，徵其子王仁入朝，文通不遣。

《魏書》卷一三《皇后·文成文明皇后馮氏傳》：

> 文成文明皇后馮氏，長樂信都人也。父朗，秦、雍二州刺史、西城郡公，母樂浪王氏。后生於長安，有神光之異。朗坐事誅，后遂入宮。世祖左昭儀，后之姑也，雅有母德，撫養教訓。

北燕在與北魏的戰爭中失敗，北燕皇帝馮文通將女兒嫁入北魏，表示臣服、換取和平，此即太武帝左昭儀馮氏。正是在馮昭儀的照顧和保護下，文明皇后才能夠從後宮中脫穎而出，可以說馮昭儀的入宮對北魏歷史的發展有著重要影響。

北涼是羯族政權，先後稱臣於晉、宋，後又依附北魏，並與北魏以聯姻的方式鞏固雙方的關係。《魏書》卷九九《盧水胡沮渠蒙遜傳附沮渠牧犍傳》：

> 先是，世祖遣李順迎蒙遜女為夫人，會蒙遜死，牧犍受蒙遜遺意，送妹於京師，拜右昭儀。改稱承和元年。……牧犍尚世祖妹武威公主，遣其相宋繇表謝，獻馬五百匹、黃金五百斤。

北魏太武帝迎娶北涼公主為嬪妃，北涼國主也迎娶北魏公主為后，二者由此結成了緊密的聯盟。但在北魏逐步滅亡周邊政權後，太武帝也發兵北涼，「城拔，牧犍與左右文武面縛請罪，詔釋其縛。徙涼州民三萬餘家於京師。」〔註31〕太

〔註31〕《魏書》卷九九《盧水胡沮渠蒙遜傳附沮渠牧犍傳》，第2208頁。

武帝的這一做法，無疑保存了北涼的一部分殘餘勢力，爲後來沮渠牧犍的反叛創造了條件。《魏書》卷九九《盧水胡沮渠蒙遜傳附沮渠牧犍傳》：

> 初，官軍未入之間，牧犍使人斫開府庫，取金銀珠玉及珍奇器物，不更封閉。小民因之入盜，鉅細蕩盡。有司求賊不得。眞君八年，其所親人及守藏者告之，上乃窮竟其事，搜其家中，悉得所藏器物。又告牧犍父子多畜毒藥，前後隱竊殺人乃有百數；姊妹皆爲左道，朋行淫佚，曾無愧顏。始罽賓沙門曰曇無讖，東入鄯善，自云「能使鬼治病，令婦人多子」，與鄯善王妹曼頭陀林私通。發覺，亡奔涼州。蒙遜寵之，號曰「聖人」。曇無讖以男女交接之術教授婦人，蒙遜諸女、子婦皆往受法。……帝知之，於是賜昭儀沮渠氏死，誅其宗族，唯萬年及祖以前先降得免。

北涼滅亡，沮渠牧犍雖戰敗，但北涼殘餘勢力仍對北魏有著潛在的威脅，隨著沮渠牧犍反叛被告發，沮渠氏宗族中除沮渠萬年與沮渠祖外，全部都被賜死，沮渠昭儀也在此次事件中被賜死，與其說沮渠昭儀是由於受到沮渠牧犍事件的影響，不如說太武帝爲了消滅北涼的殘餘勢力，從而將沮渠氏在北魏的勢力連根拔起，沮渠昭儀作爲北涼殘餘勢力的代表，被太武帝賜死也就是必然的了。

太武帝後期十六國政權相繼覆滅，北魏統一了我國北方地區，隨後北魏又開始與西域諸政權聯姻，文成帝夫人于氏也由此得以進入北魏後宮。《魏帝先朝故于夫人墓誌》：

> 世曾祖文成皇帝故夫人者，西城宇闐國主女也。雖殊化異風，飲和若一。〔註32〕

趙萬里先生指出：這裡的「西城」應爲「西域」，「宇闐國」即《魏書》中記載的「于闐國」。〔註33〕于夫人便是北魏王朝爲與周邊少數民族政權締結聯盟而選入後宮的來自西域于闐國的一位公主。

于闐國是吐谷渾尉遲部政權。吐谷渾出自慕容鮮卑，其首領名吐谷渾，後以此爲號。姚微元先生指出：尉遲部原住大非川，在吐谷渾境內，當爲吐谷渾所屬部落之一。〔註34〕後逐漸分爲兩部分，一部於道武帝時期投降北魏，

〔註32〕參看趙超：《漢魏南北朝墓誌彙編》，天津古籍出版社，2008年版，第180頁。

〔註33〕參看趙萬里：《漢魏南北朝墓誌集釋・高宗夫人于仙姬墓誌並蓋》，科學出版社，1956年版，第8頁。

〔註34〕參看姚微元：《北朝胡姓考》，中華書局，2007年版，第211頁。

入居雲中，並以部落名爲姓，即尉遲氏，成爲了北魏王朝的所屬部之一。北魏王朝所屬尉遲部，便是道武帝時期歸附北魏的，此後隨著部落離散制的實行，尉遲部後人便以部落名爲氏。《周書》卷二一《尉遲迥傳》：

> 尉遲迥字薄居羅，代人也。其先，魏之別種，號尉遲部，因而姓焉。

尉遲部的另一部分於「眞君中，世祖詔高涼王那擊吐谷渾慕利延，慕利延懼，驅其部落渡流沙。那進軍急追之，慕利延遂西入于闐，殺其王，死者甚眾。」〔註35〕尉遲部遂成爲于闐國統治者。從這個意義上說，于闐國也可算是鮮卑族政權。《魏書》卷一○二《西域·于闐傳》載：

> 自高昌以西，諸國人等深目高鼻，唯此一國，貌不甚胡，頗類華夏。

于闐國人與一般西域人長相上的區別，說明他們有著明顯的東方血統，這也是于闐爲尉遲部所統之國的一個佐證。

根據《魏帝先朝故于夫人墓誌》的記載，文成帝于夫人是于闐國公主。太武帝時期，尉遲部進入于闐國成爲國主後，便以國爲姓，改爲于氏。文成帝時期，于闐與北魏建立了聯繫，並開始向北魏朝貢，于夫人由此進入北魏後宮之中。

綜上所述，北魏王朝中出自周邊其他少數民族政權的嬪妃，或是由於戰爭而被直接掠奪進入北魏後宮，或是由於政權被北魏打敗，而作爲求和的籌碼而進入北魏後宮，或是充當各自政權與北魏王朝締結聯盟的橋梁，而被選送到北魏後宮成爲嬪妃。這些來自周邊少數民族政權的女子，包括鮮卑、匈奴、羯、羌、蠕蠕以及漢族等眾多民族，說明此時嬪妃選拔並無民族的限制，公主身份是周邊政權女子進入北魏後宮爲嬪妃的唯一標準。

3、北魏統治區內

北魏前期除選自烏桓、鮮卑部帥家族的女子，以及周邊政權的公主外，還在統治區內選拔女子進入後宮爲嬪妃。選拔統治區內女子進入後宮充當嬪妃，開始於明元帝時期。《魏書》卷一三《皇后·明元密皇后杜氏傳》：

> 明元密皇后杜氏，魏郡鄴人，陽平王超之妹也。初以良家子選入太子宮，有寵，生世祖。及太宗即位，拜貴嬪。泰常五年薨，諡曰密貴嬪，葬雲中金陵。世祖即位，追尊號諡，配饗太廟。

〔註35〕《魏書》卷一○二《西域·于闐傳》，第2263頁。

《魏書》卷八三《外戚上・杜超傳》：

> 杜超，字祖仁，魏郡鄴人，密皇后之兄也。少有節操。泰常中，
> 爲相州別駕。奉使京師，時以法禁不得與后通問。始光中，世祖思
> 念舅氏，以超爲陽平公，尚南安長公主，拜駙馬都尉，位大鴻臚卿。

密皇后死於泰常五年（421），泰常以前史書中沒有杜超爲官的記載，而泰常中杜超才爲官，說明杜氏之子拓拔燾繼位後，杜超才被封王，杜氏由「良家子」選入太子宮，更說明杜氏家族在北魏並沒有勢力，只是國內的一般平民而已。此後的北魏皇帝也都有選拔統治區內女子爲嬪妃的做法。

北魏是我國古代一個重要的少數民族政權，建立之初，統治區內以鮮卑族居民爲主，但隨著戰爭的不斷推進，北魏吞併了十六國時期其他政權的土地，這在擴大北魏版圖的同時，也造成了北魏政權內民族眾多、成份複雜，此時北魏統治者所選拔的嬪妃包括北魏統治區內所有民族的女子。《魏書》卷一三《皇后・太武敬哀皇后賀氏傳》：

> 太武敬哀皇后賀氏，代人也。初爲夫人，生恭宗。神䴥元年薨，
> 追贈貴嬪，葬雲中金陵。後追加號諡，配饗太廟。

《魏書》卷八三《外戚上・賀迷傳》：

> 賀迷，代人。從兄女世祖敬哀皇后，皇后生恭宗。初，后少孤，
> 無父兄近親，唯迷以從父故蒙賜爵長鄉子。

賀氏是鮮卑賀蘭部後人，北魏建立過程中賀蘭部發揮了重要的作用，但北魏建立後，出於鞏固政權的需要，道武帝通過「離散諸部，分土定居，不聽遷徙，其君長大人，皆同編戶」〔註36〕的方式，瓦解了賀蘭部，但此時的賀蘭部尙有殘餘勢力存在，而後隨著賀蘭部支持下的清河王拓跋紹弑父奪位的失敗，賀蘭部最後的殘餘勢力也被消滅。太武昭哀皇后賀氏入宮之時，賀蘭部已經徹底瓦解，眾多賀蘭部人被殺，因此才會有「后少孤，無父兄近親」的狀況，賀氏僅是作爲國內平民女子進入北魏後宮。《大魏高宗文成皇帝嬪耿氏墓誌銘》：

> 嬪鉅鹿宋子人也。氏胄之來，其從遠矣。標名族於西周，炳炎
> 宗於東漢。其先漢大將軍新興侯耿況之後也。祖誕，燕朝使持節鎭
> 東將軍幽州刺史。父樂，聖世威遠將軍博陵太守。……高宗誕載，

〔註36〕《魏書》卷八三《外戚上・賀訥傳》，第 1812 頁。

選御椒房，訓德內充，雍禮外著，乾光潛晦，任還天性。〔註37〕

根據墓誌的記載，耿嬪先祖是東漢將軍，可知耿氏是漢人無疑，其父歸降北魏，成為北魏官員，耿氏於文成帝初年被選入後宮為嬪妃。《魏書》卷一三《皇后·景穆恭皇后郁久閭氏傳》：

> 景穆恭皇后郁久閭氏，河東王毗妹也。少以選入東宮，有寵。真君元年，生高宗。世祖末年薨。高宗即位，追尊號諡。葬雲中金陵，配饗太廟。

《魏書》卷八三《外戚上·閭毗傳》：

> 閭毗，代人。本蠕蠕人，世祖時自其國來降。毗即恭皇后之兄也。皇后生高宗。

閭毗本蠕蠕人，他在太武帝時期歸附北魏，到北魏以後，其妹被選入太子宮，並生有一子（即文成帝），但由於景穆帝未繼位而逝世，郁久閭氏也就沒有得到相應的封號，而是在文成帝繼位後，她才以帝母身份被追封為皇后，從而確定她在後宮中的地位。

景穆帝時期後宮有昭儀斛律氏。《魏故比丘尼統慈慶墓誌銘》：

> 尼俗姓王氏，字鍾兒，太原祁人，宕渠太守更象之女也。……於時宗父坦之出宰長社，率家從職，爰寓豫州。值玄瓠鎮將汝南人常珍奇據城反叛，以應外寇。王師致討，掠沒奚官，遂為恭宗景穆皇帝昭儀斛律氏躬所養恤，共文昭皇太后有若同生。〔註38〕

關於斛律氏的族屬，《魏書》卷一○三《高車傳》載：

> 高車，蓋古赤狄之餘種也，初號為狄歷，北方以為勒勒，諸夏以為高車、丁零。其語略與匈奴同而時有小異，或云其先匈奴之甥也。其種有狄氏、袁紇氏、斛律氏、解批氏、護骨氏、異奇斤氏。
>
> 無都統大帥，當種各有君長，為性粗猛，黨類同心，至於寇難，翕然相依。……後徙於鹿渾海西北百餘里，部落強大，常與蠕蠕為敵，亦每侵盜於國家。太祖親襲之，大破其諸部。

姚微元先生考證：斛律氏本高車斛律部人，魏道武帝時，其帥倍侯利率部眾歸魏，因為氏焉。〔註39〕景穆帝昭儀斛律氏便是隨倍侯利歸附北魏的高車族

〔註37〕參看趙超：《漢魏南北朝墓誌彙編》，天津古籍出版社，2008年版，第73頁。
〔註38〕參看趙超：《漢魏南北朝墓誌彙編》，天津古籍出版社，2008年版，第146頁。
〔註39〕參看姚微元：《北朝胡姓考》，中華書局，2007年版，第329頁。

斛律部後人，並隨著道武帝離散部落的實行而淪爲北魏統治區內的平民。《顯祖獻文皇帝第一品嬪侯夫人墓誌銘》：

> 夫人本姓侯骨，其先朔州人，世酋部落。其遠祖之在幽都，常從聖朝，立功累葉。祖侯萬斤，第一品大酋長。考伊莫汗，世祖之世，爲散騎常侍，封安平侯，又遷侍中尚書，尋出鎮臨濟，封曰南郡公。孝文皇帝徙縣伊京，夫人始賜爲侯氏焉。〔註40〕

《魏書》卷一一三《官氏志》記載「胡古口引氏，後改爲侯氏。」姚微元先生考證：胡古口引氏，當爲胡引氏，爲羯族人〔註41〕。他們以部落名爲姓，隨著孝文帝時期改漢姓的實行而改爲侯氏。侯夫人先人「世酋部落」，說明她也是被離散的部落後人，則其也必然爲羯族人。

以上的記載可以看出，北魏在選拔後宮嬪妃時，並無民族的限制，此時北魏後宮嬪妃不僅有鮮卑女子，還有漢、蠕蠕、高車等族的女子。在北魏國內眾多女子中，選拔後宮嬪妃必然要有一定的標準。《魏書》卷一三《皇后·明元密皇后杜氏傳》：

> 明元密皇后杜氏，魏郡鄴人，陽平王超之妹也。初以良家子選入太子宮，有寵，生世祖。及太宗即位，拜貴嬪。

可見，北魏所選拔嬪妃是有著「良家子」身份的北魏女子。有關北魏「良家子」身份的界定，《魏書》中沒有明確的記載。但通過史書中的相關記載我們可以推斷出「良家子」的大體狀況。《魏書》卷五《文成帝紀》：

> （和平四年八月）壬申，詔曰：「前以民遭飢寒，不自存濟，有賣鬻男女者，盡仰還其家。或因緣勢力，或私行請託，共相通容，不時檢校，令良家子息仍爲奴婢。今仰精究，不聽取贖，有犯加罪。若仍不檢還，聽其父兄上訴，以掠人論。」

這說明在北魏王朝中「良家子」是非奴婢的平民。《魏書》卷一一三《官氏志》載：

> 建國二年，初置左右近侍之職，無常員，或至百數，侍直禁中，傳宣詔命。皆取諸部大人及皆取諸部大人及豪族良家子弟儀貌端嚴，機辯才幹者應選。

這則史料說明北魏王朝「良家子弟」中的一些人是有一定經濟實力與社會地

〔註40〕參看趙超：《漢魏南北朝墓誌彙編》，天津古籍出版社，2008年版，第42頁。
〔註41〕參看姚微元：《北朝胡姓考》，中華書局，2007年版，第82頁。

位的人，這也可以視爲「良家子」的又一種特徵。此外，《北史》卷五九《寇洛傳》：

> 寇洛，上谷昌平人也。累世爲將吏。父延壽，魏和平中，以良
> 家子鎮武川，因家焉。

《周書》卷一四《賀拔勝傳》：

> 賀拔勝字破胡，神武尖山人也。其先與魏氏同出陰山。有如回
> 者，魏初爲大莫弗。祖爾頭，驍勇絕倫，以良家子鎮武川，因家焉。

以上的兩則史料說明「良家子」可以是鮮卑族居民，也可以是其他民族居民，「良家子」身份沒有民族的限制。寇延壽、賀爾頭等人都出身於官宦之家，他們都是由於家族顯赫的社會地位以「良家子」的身份任職爲官，這也反映出了北魏王朝中一些官宦子弟也是「良家子」中的一員。

如此我們可以推斷：北魏王朝中的「良家子」多是非奴婢的平民，甚至有的還是出身於具有一定社會地位、經濟實力的家族之中。可見，北魏王朝中「良家子」是一種相對較高身份。《魏書》卷一三《皇后·獻文思皇后李氏傳》：

> 獻文思皇后李氏，中山安喜人，南郡王惠之女也。姿德婉淑，
> 年十八，以選入東宮。顯祖即位，爲夫人，生高祖。

《魏書》卷八三《外戚上·李惠傳》：

> 李惠，中山人，思皇后之父也。父蓋，少知名，歷位殿中、都
> 官二尚書，左將軍，南郡公。

> 惠弱冠襲父爵，妻襄城王韓頹女，生二女，長即后也。

思皇后是以王女的身份選入北魏後宮的。可見，下至北魏平民，上至朝臣乃至諸王之女都可以以「良家子」身份選入北魏後宮爲嬪妃。

此外，北魏後宮宮女也可以被選爲嬪妃。《魏書》卷一三《皇后·文成文明皇后馮氏傳》：

> 文成文明皇后馮氏，長樂信都人也。父朗，秦、雍二州刺史、
> 西城郡公，母樂浪王氏。后生於長安，有神光之異。朗坐事誅，后
> 遂入宮。世祖左昭儀，后之姑也，雅有母德，撫養教訓。年十四，
> 高宗踐極，以選爲貴人，後立爲皇后。

馮氏由於父親犯罪而被沒入皇宮爲宮女，她不可能擁有「良家子」的身份，但是由於身處後宮，與統治者相對較近，加之其姑即太武帝左昭儀從中協助，

她也能夠參與北魏嬪妃的選拔，並由此被選爲嬪妃，甚至最後還被封爲了皇后，成爲北魏後宮地位最高者。《魏書》卷九四《閹宦・劉騰傳》：

> 劉騰，字青龍，本平原城民，徙屬南兗州之譙郡。幼時坐事受刑，補小黃門，轉中黃門。

> 後與茹皓使徐克，採召民女。及還，遷中給事，稍遷中尹、中常侍，特加龍驤將軍。

如此看來，北魏王朝中採選民女進入後宮充當嬪妃的現象是十分普遍的，採選對象不僅包括少數民族，也包括了漢族的女子。劉騰、茹皓於孝文帝時主持國內採召民女之事，而選拔民女爲嬪妃之事在明元帝時期就已出現，由此可以推知，北魏主持採召民女的官員可以由宦官或皇帝信任之朝臣充任。

綜上所述，文成帝至獻文帝時期，北魏與周邊政權的戰爭已經結束，此時後宮嬪妃的選拔以國內女子爲主。北魏選拔於國內的嬪妃，並沒有民族的限制，但必須是擁有「良家子」身份。還有一些宮女雖沒有「良家子」身份，但由於身處後宮，也能以這個便利條件被選爲嬪妃。因此，可以說此時北魏嬪妃的選拔已經從開始的爲穩定國家政局而選，逐步轉變成統治者爲了個人的喜好而選，北魏嬪妃選拔制度逐步走向了完善和成熟。

二、北魏中期嬪妃的選拔

北魏前期，統治者在「非我族類，其心必異」思想的影響下，嬪妃的選拔以少數民族爲主。孝文帝時期，北魏國內外政局有了新的發展，外部的戰爭已經基本結束，內部經濟、文化迅速發展，而此時的南朝政權卻頻繁更叠，這也造成大量的漢人爲了躲避戰爭而逃往北魏，逃亡於北魏的中原門閥世族，不僅帶來了漢族文化傳統，也帶來了中原門閥世族制度，門閥制度隨之開始在北魏盛行。

孝文帝根據漢族門閥確定的標準，即政治上的累世貴顯、經濟上的依附關係，以及文化上的家學世，確定了清河崔氏、范陽盧氏、滎陽鄭氏、太原王氏四家在北魏世家大族的地位。隴西李氏由於缺乏顯赫的魏晉「世資」，入魏之初並未得到以上四大門閥世族在社會上的地位。但由於李沖受到孝文帝寵信，而使其「顯貴門族，務益六姻，兄弟子姪，皆有爵官，一家歲祿，萬匹有餘。是其親者，雖復癡聾，無不超越官次。」〔註42〕由此提升了隴西

〔註42〕《魏書》卷五三《李沖傳》，第1187頁。

李氏的門庭，爲隴西李氏成爲北魏國內漢族門閥中的一流大族奠定了基礎。

孝文帝時期還仿照漢族門閥世族制度，根據先祖建國時所立功勳的大小，以及後代在北魏官職的大小，對國內的鮮卑貴族也進行了門閥劃分。《魏書》卷一一三《官氏志》載：

> 代人諸冑，先無姓族，雖功賢之胤，混然未分。故宦達者位極公卿，其功衰之親，仍居猥任。比欲製定姓族，事多未就，且宜甄擢，隨時漸銓。其穆、陸、賀、劉、樓、于、嵇、尉八姓，皆太祖已降，勳著當世，位盡王公；灼然可知者，且下司州、吏部勿充猥官，一同四姓。

由此，鮮卑穆、陸、賀、劉、樓、于、嵇、尉等八姓，與漢族清河崔氏、滎陽鄭氏、范陽盧氏、太原王氏、隴西李氏等漢族五大姓，同列爲北魏門閥大族之中。那些對北魏有著較大貢獻以及三世以內在北魏處於高官者，孝文帝也將其列入世族之內，其地位相當於漢族一般的門閥世族。

自魏晉以來，在門閥世族制度的制約下，世庶天隔已經普遍爲人們所接受，二者不能同處共事，自然更不可能有婚姻關係，此時的婚姻被禁錮在同一等級、地位的世族之間，形成了一個穩固的婚姻圈，世族之家不以能與皇室結親爲榮，相反，皇室卻希望通過與世族結親，促進鮮卑族與漢族間的融合，推動鮮卑族文化的發展。

北魏前期，王室的主要聯姻對象是「功勳八姓」，爲了加速漢化的推廣，解決北魏國內少數民族與漢族之間尖銳的民族矛盾，孝文帝倡導鮮卑族與漢族通婚。通過這種方式提高了皇室在漢族士人中的影響力，擴大了統治基礎〔註43〕，實現鮮卑族與漢族更好的融合。

文成帝於和平四年（464）十二月就已下詔，對不同等級的人婚姻對象進行了劃定：

> 婚姻者，人道之始。……尊卑高校，宜令區別。然中代以來，貴族之門多不率法，或貪利財賂，或因緣私好，在於苟合，無所擇選，令貴賤不分，巨細同貫，塵穢清化，虧損人倫，將何以宣示典謨，垂之來裔。令制皇族、師傅、王公侯伯及士庶之家，不得與百工、伎巧、卑姓爲婚，犯者加罪。〔註44〕

〔註43〕 參看陳爽：《世家大族與北朝政治》，中國社會科學出版社，1998 年版，第 63 頁。

〔註44〕 《魏書》卷五《文成帝紀》，第 122 頁。

孝文帝於太和二年（478）下詔對此禁令進行了重申：

> 婚娉過禮，則嫁娶有失時之弊；厚葬送終，則生者有糜費之苦。
> 聖王知其如此，故申之以禮數，約之以法禁。迺者，民漸奢尚，婚
> 葬越軌，致貧富相高，貴賤無別。又皇族貴戚及士民之家，不惟氏
> 族，下與非類婚偶。先帝親發明詔，爲之科禁，而百姓習常，仍不
> 肅改。朕今憲章舊典，祗案先制，著之律令，永爲定準。犯者以違
> 制論。〔註45〕

由此，孝文帝初步將婚姻的等級進行了劃定，規定不同等級的人禁止通婚，
爲後來門閥制度下婚姻門第等級的實施奠定了基礎。

孝文帝首先下詔爲其六個弟弟選納王妃，由此拉開了鮮卑皇室與中原世
族聯姻的序幕。《魏書》卷二一《獻文六王・咸陽王禧傳》：

> 以皇子茂年，宜簡令正，前者所納，可爲妾媵。將以此年爲
> 六弟娉室。長弟咸陽王禧可娉故潁川太守隴西李輔女，次弟河南
> 王幹可娉故中散代郡穆明樂女，次弟廣陵王羽可娉驃騎諮議參軍
> 滎陽鄭平城女，次弟潁川王雍可娉故中書博士范陽盧神寶女，次
> 弟始平王勰可娉廷尉卿隴西李沖女，季弟北海王詳可娉吏部郎中
> 滎陽鄭懿女。

孝文帝爲六弟選聘的王妃中，只有一人來自鮮卑貴族，其餘則來自隴西李氏、
滎陽鄭氏、范陽盧氏這些門閥大族之家。作爲鮮卑貴族的代表，孝文帝自己
也選納漢族女子進入後宮，首先被選入北魏後宮的漢族女子，也是來自五大
門閥家族的女子。《資治通鑒》卷一四〇《齊紀六》明帝建武三年條：

> 魏主雅重門族，以范陽盧敏、清河崔宗伯、滎陽鄭羲、太原王
> 瓊四姓，衣冠所推，咸納其女以充後宮。隴西李沖以才識見任，當
> 朝貴重，所結姻婭，莫非清望；帝亦以其女爲夫人。

孝文帝與這些大族進行聯姻，對北魏國內鮮卑與漢族門閥大族的聯姻起到了表
率作用。這些家族的女子進入皇宮之後，都被封爲等級較高的嬪妃，其中隴西
李氏家族的女子被封爲了夫人，清河崔氏、滎陽鄭氏、范陽盧氏、太原王氏四
大門閥家族的女子被封爲嬪。在北魏後宮中嬪的地位低於夫人〔註46〕，這說明

〔註45〕 《魏書》卷七《孝文帝紀上》，第 145 頁。
〔註46〕 《魏書》卷一三《皇后傳》記載：「三夫人視三公，三嬪視三卿，六嬪視六卿。」

了孝文帝對於隴西李氏的看重，也反映出了隴西李氏在五大姓中特殊的地位。

表 2：孝文帝時期后妃表

后 妃	姓氏	籍貫	出 身	子 女	史料來源	備 注
貞皇后	林氏	平原	叔父林金閭，父林勝	廢太子	《魏書》卷一三《皇后·孝文貞皇后林氏傳》	孝文帝追封爲皇后，後又被追廢
廢皇后	馮氏	長樂	太師馮熙之女，姑爲文明太后		《魏書》卷一三《皇后·孝文廢皇后馮氏傳》	出家瑤光寺
幽皇后	馮氏	同上	同上		《魏書》卷一三《皇后·孝文幽皇后馮氏傳》	被孝文帝賜死
昭皇后	高氏	渤海	司徒公高肇之妹	宣武帝 廣平王 長樂公主	《魏書》卷一三《皇后·孝文昭皇后高氏傳》	高照容，爲馮幽皇后所害
左昭儀	馮氏	長樂	太師馮熙之女，姑爲文明太后		《魏書》卷八三《外戚上·馮熙傳》	
貴人	袁氏			京兆王	《魏書》卷二二《孝文五王傳》	
夫人	羅氏			清河王 汝南王	《魏書》卷二二《孝文五王傳》	
夫人	李氏	隴西	李沖之女		《魏書》卷五三《李沖傳》	
嬪	鄭氏	滎陽	鄭羲之女	元恌	《魏書》卷二二《孝文五王傳》、卷五六《鄭羲傳》	充華嬪
嬪	鄭氏	滎陽	鄭胤伯之女		《魏書》卷五六《鄭羲傳附鄭胤伯傳》	
嬪	王氏	太原	王瓊之女		《魏書》卷三八《王慧龍傳附王瓊傳》	
嬪	崔氏	清河	崔休之妹		《魏書》卷六九《崔休傳》	

由於三公的地位高於三卿和六卿，可以認定夫人的地位高於嬪。

嬪	盧氏	范陽	祖爲盧玄，父盧敏		《魏書》卷四七《盧玄傳附盧敏傳》	
嬪	趙氏	南陽		義陽長公主	《漢魏南北朝墓誌彙編・大魏高祖九嬪趙充華墓誌》	充華嬪
嬪	韋氏	京兆	韋崇之女		《魏書》卷四五《韋閬傳附韋崇傳》	充華嬪
嬪	崔氏	博陵	崔挺之女		《魏書》卷五七《崔挺傳》	
	林氏	平原	叔父林金閭，父林勝		《魏書》卷一三《皇后・孝文貞皇后林氏傳》	貞皇后姊妹，名號、等級不詳

　　如上表所示：孝文帝後宮的十七位后妃中就有十五位漢族女子，其中六位出自漢族門閥大世族之家，包括：清河崔氏一人、滎陽鄭氏二人、范陽盧氏一人、太原王氏一人、隴西李氏一人。除選拔門閥大世族的女子進入皇宮外，孝文帝也從一般的漢門閥世族中選拔嬪妃，博陵崔氏、京兆韋氏、渤海高氏三個門閥家族的女子也被孝文帝選入北魏後宮之中。

　　博陵崔氏雖然歸魏較早，但他們在北魏的地位卻與五姓有著明顯的區別。《魏書》卷二一《獻文六王上・高陽王雍傳》：

　　　　元妃盧氏薨後，更納博陵崔顯妹，甚有色寵，欲以爲妃。世宗
　　初以崔氏世號「東崔」，地寒望劣，難之，久乃聽許。

孝文帝爲高陽王元雍選納范陽盧神寶之女爲妃，在盧氏死後，元雍想要選納博陵崔氏女爲妃，但由於博陵崔氏「地寒望劣」，他的這一請求遭到了宣武帝的反對，這也是博陵崔氏地位低於五姓的鮮明表現。但作爲漢族門閥世族的一員，孝文帝也從這一家族中選納嬪妃。《魏書》卷五七《崔挺傳》：

　　　　（崔挺）舉秀才，射策高第，拜中書博士，轉中書侍郎。以工
　　書，受敕於長安書文明太后父燕宣王碑，賜爵泰昌子。轉登聞令，
　　遷典屬國下大夫。以參議律令，賜布帛八百匹、穀八百石、馬牛各
　　二。尚書李沖甚重之。高祖以挺女爲嬪。

博陵崔挺雖也是北魏高官並有爵位，但由於博陵崔氏地位較低，很難與皇室聯姻。只是由於崔挺得到了李沖的賞識，而李沖又是孝文帝極爲信任之人，崔挺之女才得以進入北魏後宮爲嬪妃。

　　京兆韋氏「世爲三輔冠族」，是東晉時期的門閥大族，太武帝時期進入北

魏，但他們在北魏門閥世族中的地位卻遠低於東晉時期，沒有進入最高門閥家族的序列，但由於其家族固有的社會地位，孝文帝亦從該家族中選納嬪妃。《魏書》卷四五《韋閬傳附韋崇傳》：

> （韋）閬從子崇，字洪基。……崇年十歲，父卒，母鄭氏以入國，因寓居河洛。少爲舅克州刺史鄭義所器賞。解褐中書博士，轉司徒從事中郎。高祖納其女爲充華嬪。

雖然博陵崔氏、京兆韋氏等門閥家族地位低於五姓，但出身於這些家族的嬪妃在北魏後宮的地位，卻與選拔於清河崔氏、范陽盧氏、榮陽鄭氏、太原王氏這些北魏一流的門閥大族中的嬪妃相同。

孝文帝時期除了選拔漢門閥世族家的女子爲嬪妃外，還從外戚家族中選拔女子進入後宮。《魏書》卷一三《皇后·孝文幽皇后馮氏傳》：

> 文明太皇太后欲家世貴寵，乃簡熙二女俱入掖庭，時年十四。其一早卒。歲餘而太后崩。后有姿媚，偏見愛幸。未幾疾病，文明太后乃遣還家爲尼，高祖猶留念焉。歲餘而太后崩。高祖服終，頗存訪之，又聞后素疹痊除，遣閹官雙三念璽書勞問，遂迎赴洛陽。及至，寵愛過初，專寢當夕，宮人稀復進見。拜爲左昭儀，後立爲皇后。

文成帝逝世後，其皇后馮氏於獻文、孝文帝時期兩度聽政。由此，馮氏家族在北魏的地位迅速提高。馮太后爲了維持馮氏家族的地位，先後將其兄馮熙三個女兒選入了皇宮，其中一個被直接封爲了皇后，即孝文廢皇后馮氏，馮熙的其他兩個女兒也先後被封爲左昭儀，其中一人早卒，另一人後也被封爲皇后，即孝文幽皇后馮氏。史書稱「高祖前後納熙三女，二爲后，一爲左昭儀。由是馮氏寵貴益隆，賞賜累鉅萬。」〔註47〕

此外，孝文帝時期後宮中也有選自國內平民或普通官員家族的嬪妃。《文昭皇后高照容墓誌》：

> 皇太后高氏，諱照容，冀州勃海脩人。高祖孝文皇帝之貴人，世宗宣武皇帝之母也。〔註48〕

《魏書》卷一三《皇后·孝文昭皇后高氏傳》：

〔註47〕《魏書》卷八三《外戚上·馮熙傳》，第 1820 頁。
〔註48〕參看羅新、葉煒：《新出魏晉南北朝墓誌疏證》，中華書局，2006 年版，第 89 頁。

> 孝文昭皇后高氏，司徒公肇之妹也。父颺，母蓋氏，凡四男三
> 女，皆生於東裔。高祖初，乃舉室西歸，達龍城鎮，鎮表后德色婉
> 豔，任充宮掖。及至，文明太后親幸北部曹，見后姿貌，奇之，遂
> 入掖庭，時年十三。

文昭皇后被選入後宮之時，高氏家族剛剛進入北魏，該家族既非漢門閥大族，
又非外戚家族，高氏只是由於「德色婉豔」而被文明太后選入後宮，成為孝
文帝後宮貴人。宣武帝繼位後追封生母高氏為皇后，並寵任高肇，高氏家族
開始興盛。《魏書》卷八三《外戚下·高肇傳》：

> （高）肇出自夷土，時望輕之。及在位居要，留心百揆，孜孜
> 無倦，世咸謂之為能。世宗初，六輔專政，後以咸陽王禧無事構逆，
> 由是遂委信肇。肇既無親族，頗結朋黨，附之者旬月超昇，背之者
> 陷以大罪。

李憑先生考證：高家本是高句麗族，由於北朝人注重出身地望和門第，官員
的政治地位與此相關，高肇怕被人知道自家出身在中原人看來地望偏遠的高
麗，而攀附渤海高氏，以提升高氏家族的門第。〔註49〕

此外，孝文貞皇后林氏也同樣是作為北魏臣民而被選入後宮之中的。《魏
書》卷一三《皇后·孝文貞皇后林氏傳》：

> 孝文貞皇后林氏，平原人也。叔父金閭，起自閹官，有寵於常
> 太后，官至尚書、平涼公。金閭兄勝為平涼太守。金閭，顯祖初為
> 定州刺史。未幾為乙渾所誅，兄弟皆死。勝無子，有二女，入掖庭。
> 后容色美麗，得幸於高祖，生皇子恂。

通過孝文昭皇后高氏以及孝文貞皇后林氏入宮的記載，我們可以發現這
樣一個現象：二人入宮都在孝文帝繼位前，此時門閥世族尚未實行，因而二
人雖非出身於門閥世族家族，卻仍被封為等級較高的嬪妃。馮太后逝世後，
孝文帝真正執掌朝政，自此開始，門閥世族制度開始在北魏盛行，北魏後宮
嬪妃的選拔轉以漢族門閥世族家族的女子為主。

三、北魏後期嬪妃的選拔

北魏後期政局動蕩，皇位更替頻繁，特別是孝明帝以後，北魏皇帝在位

〔註49〕 參看李憑：《北魏兩位高氏皇后族屬考》，收於《北朝研究存稿》，2006年版，
第163～180頁。

時間普遍很短，並無選納嬪妃的行為，因此，北魏後期實際上只有是宣武帝與孝明帝選拔過嬪妃。如下表所示：

表 3：北魏後期嬪妃表

帝號	嬪妃	姓氏	籍貫	出　身	冊封原因	子女	史　料　來　源	備　注
宣武帝	夫人	王氏	琅琊	太中大夫王道矜之女	宣武帝所封		《漢魏南北朝墓誌彙編·魏故貴華恭夫人墓誌銘》	王普賢，貴華夫人
	夫人	司馬氏	河內	豫郢豫青四州刺史烈公之第三女	同上		《漢魏南北朝墓誌彙編·魏故世宗第一貴嬪夫人司馬氏墓誌銘》	司馬顯姿，第一貴嬪夫人
	夫人	王氏	琅琊	王肅之女	同上		《魏書》卷六三《王肅傳》	
	嬪	崔氏	清河	崔亮之女	同上		《魏書》卷六六《崔亮傳》	
	嬪	李氏	趙郡	李續寶之女	同上		《漢魏南北朝墓誌彙編·魏故世宗宣武皇帝嬪墓誌》	
	嬪	李氏	頓丘	李彪之女	同上		《魏書》卷六二《李彪傳》	婕妤是北魏九嬪之一，後出家
孝明帝	左昭儀	胡氏	安定臨涇	靈太后之從侄	靈太后所封		《漢魏南北朝墓誌彙編·魏故胡昭儀墓誌》	胡明相，後出家
	嬪	潘氏			孝明帝所封	皇女（名不詳）	《魏書》卷一三《皇后傳》	充華嬪，後出家
	嬪	王氏	琅琊臨沂	王紹之女	同上		《魏書》卷六三《王肅傳附王紹傳》	
	嬪	張氏	安定石唐	張慶之女，祖為張祐	同上		《魏書》卷九四《閹官傳·張祐傳附張慶傳》	
	嬪	尒朱氏	北秀	尒朱榮之女	同上		《北史》卷四八《尒朱榮傳》	孝莊帝納為皇后，後再嫁高歡為彭城太妃
	嬪	盧氏	范陽	盧孝伯之長女，祖盧淵	同上		《漢魏南北朝墓誌彙編·魏故充華嬪盧氏墓誌銘》	盧令媛，充華嬪為北魏後宮諸嬪之一
	世婦	崔氏	博陵	崔孝芬之女	靈太后所封		《魏書》卷一三《皇后傳》	
	世婦	盧氏	范陽	盧道約之女	同上		《魏書》卷一三《皇后傳》	
	世婦	李氏	隴西	李瓚之女	同上		《魏書》卷一三《皇后傳》	
		韓氏		韓僧真之女	同上		《魏書》卷一一二《靈徵志上》	韓令姬，等級不詳

北魏後期仍然延續孝文帝的做法，選拔門閥世族之家女子入後宮爲嬪妃，且選納於門閥世族之家的女子，成爲此時後宮嬪妃的主要來源。

宣武帝、孝明帝時期北魏王朝不僅從清河崔氏、范陽盧氏、隴西李氏這三個北魏一流門閥大族中選納嬪妃，也從博陵崔氏、琅邪王氏、趙郡李氏、頓丘李氏、河內司馬氏等門閥家族中選納嬪妃。通過與孝文帝時期北魏所選納嬪妃的家族對比，我們可以看到這樣一個現象，即這一時期滎陽鄭氏與太原王氏這兩個門閥大族並無女子進入皇宮，而孝文帝時期並無女子入宮的趙郡李氏、琅邪王氏、頓丘李氏以及河內司馬氏卻在這一時期成爲皇室通婚的對象。

太原王氏自王慧龍時進入北魏，但由於王氏家族基本是一脈單傳，該家族「自慧龍入國，三世一身，至瓊始有四子。」〔註 50〕這就造成太原王氏家族人丁單薄，雖然他們有著世資、婚姻、家學、門風等種種優越條件，但缺乏宗族勢力和土著根基〔註 51〕，加之該家族朝中勢力較弱，因而宣武、孝明帝時期並沒有女子被選入皇宮。

滎陽鄭氏在北魏有著土著根基，是北魏皇室所要拉攏的重要門閥家族之一。孝文帝時期就選納兩位來自該家族的女子爲嬪妃，他還爲廢太子拓跋恂選納鄭懿女爲孺子，這也表明北魏皇室對該家族的重視。因此，滎陽鄭氏女子未被選入皇宮，與鄭氏家族勢力無關，只是因爲該家族在這一時期沒有合適人選而已。

孝文帝時期還與渤海高氏、博陵崔氏、京兆韋氏三個一般門閥家族通婚，至宣武帝時期，這三個家族中京兆韋氏衰落，退出了北魏皇室婚姻圈，其他兩個家族仍然保持著與皇室的婚姻關係。此時琅邪王氏、趙郡李氏、頓丘李氏與河內司馬氏等門閥家族也逐步發展起來，並闖入了北魏皇室婚姻圈。

琅邪王氏原爲北方的門閥大世族，他們在幫助司馬睿建立東晉基業的同時，也奠定了王氏家族在江左的根基，從而出現了「王與馬，共天下」〔註 52〕的局面。琅邪王氏後人王肅在孝文帝時期北歸，由此該家族勢力開始在北魏興盛。《魏書》卷六三《王肅傳》：

〔註 50〕《魏書》卷三八《王慧龍傳》，第 878 頁。
〔註 51〕參看陳爽：《世家大族與北朝政治》，中國社會科學出版社，1998 年版，第 126 頁。
〔註 52〕參看田餘慶：《東晉門閥政治》，北京大學出版社，2005 年版，第 1 頁。

> 王肅，字恭懿，琅邪臨沂人，司馬衍丞相導之後也。……父奐及兄弟並爲蕭賾所殺，肅自建業來奔，是歲，太和十七年也。
>
> 高祖幸鄴，聞肅至，虛襟待之，引見問故。肅辭義敏切，辯而有禮，高祖甚哀惻之。遂語及爲國之道，肅陳説治亂，音韻雅暢，深會帝旨。
>
> 詔肅尚陳留長公主，本劉昶子婦彭城公主也，賜錢二十萬、帛三千匹。

王肅進入北魏後，迅速得到孝文帝的重用，孝文帝還下詔命他娶自己的妹妹彭城公主爲妻，《洛陽伽藍記校注》卷三《城南・報德寺》條：

> （王）肅字公懿，琅琊人也。僞齊雍州刺史奐之子也。贍學多通，才辭美茂，爲齊祕書丞。太和十八年，背逆歸順。……肅在江南之日，聘謝氏女爲妻。及至京師，復尚公主。其後謝氏入道爲尼，亦來奔肅。見肅尚主，謝作五言詩以贈之。……肅甚有愧謝之色，遂造正覺寺以憩之。

范祥雍注曰：「當謝氏攜子女至北時，肅已尚主，乃造寺以憩之，遂不相見，至肅死時始自洛陽奔喪任所，故傳言『始攜二女及紹至壽春。』」

孝文帝還特別留下遺照命王肅爲宣武帝輔臣，《魏書》卷六三《王肅傳》：

> 高祖崩，遺詔以肅爲尚書令，與咸陽王禧等同爲宰輔，徵肅會駕魯陽。

由此，王肅在北魏的權勢達到了頂峰，也奠定了琅邪王氏在北魏門閥世族中的地位。

北魏皇室與琅琊王氏的婚姻關係並未因王肅的死而終止，相反，宣武帝、孝明帝都曾選納王肅後人爲嬪妃。《魏書》卷六三《王肅傳附王紹傳》：

> （王）紹，肅前妻謝生也，肅臨薨，謝始攜二女及紹至壽春。
>
> 世宗納其女爲夫人，肅宗又納紹女爲嬪。

宣武帝選納王肅之女爲嬪，孝明帝又選納王肅孫女爲嬪，這也可視爲琅琊王氏在北魏門閥世族中地位的體現。

河內司馬氏是東晉皇室後裔，東晉滅亡南朝宋建立，司馬氏家族遭受了重創，家族中人紛紛北投，形成了北魏王朝中的司馬氏門閥家族。司馬氏至北魏後，得到北魏皇帝的重用，不僅擔任要職，甚至出現多人被選爲駙馬現象，其中以司馬楚之一支與北魏皇室聯姻最爲密切。《魏書》卷三七《司馬楚

之傳》：

> 司馬楚之，字德秀，晉宣帝弟太常馗之八世孫。父榮期，司馬
> 德宗梁益二州刺史，爲其參軍楊承祖所殺。楚之時年十七，送父喪
> 還丹楊。値劉裕誅夷司馬戚屬，叔父宣期、兄貞之並爲所殺。楚之
> 乃亡匿諸沙門中濟江。……世祖初，楚之遣妻子內居於鄴，尋徵入
> 朝。

司馬楚之家族進入北魏後，就與北魏皇室產生了極爲密切的婚姻關係，其中
司馬楚之「尙諸王女河內公主，生子金龍，字容則。」〔註 53〕「金龍弟躍，
字寶龍。尙趙郡公主，拜駙馬都尉。」〔註 54〕司馬朏「尙世宗妹華陽公主，
拜駙馬都尉。」〔註 55〕一個家族中四人被選爲駙馬在北魏王朝中並不多見。
不僅如此，宣武帝時期還從該家族中選納嬪妃。《魏故世宗宣武皇帝第一貴嬪
夫人司馬氏墓誌銘》：

> 夫人諱顯姿，河內溫人，豫郢豫青四州刺史烈公之第三女也。
> 其先有晉之苗胄矣。曾祖司徒琅邪眞王，垂芳績於晉代。祖司空康
> 王，播休譽於恒朔。……帝欽其令問，正始初敕遣長秋，納爲貴華。
> 夫人攸歸遘止，能成百兩之禮；潮服常清，弗失萬覃之訓。虔心奉
> 后，令江氾再興；下壏嬪御，使螽斯重作。帝觀其無嫉之懷，感其
> 罔怨之志，未幾遷命爲第一貴嬪夫人。〔註 56〕

如前文所述，在北魏後宮中，皇后之下的嬪妃，以昭儀地位最高，次之
爲夫人，夫人之下是嬪。孝文帝時期選納漢族門閥世族之家的女子爲嬪，而
宣武帝則直接封司馬氏女子爲夫人，夫人的地位高於嬪，這也說明宣武帝對
司馬氏家族的重視。

趙郡李氏也是北魏門閥世族中重要的一支。自道武帝時期，趙郡李氏就
活躍於北魏。史載「趙郡諸李，北人謂之趙李；李靈、李順、李孝伯群從子
侄，皆趙李也。」〔註 57〕該家族「人物尤多，各盛家風」〔註 58〕，並與博陵
崔氏通過聯姻結成了穩定的婚姻集團。至李順時，趙郡李氏家族迅速發展壯

〔註 53〕《魏書》卷三七《司馬楚之傳》，第 857 頁。
〔註 54〕《魏書》卷三七《司馬楚之傳附司馬金龍傳》，第 859 頁。
〔註 55〕《魏書》卷三七《司馬楚之傳附司馬朏傳》，第 859 頁。
〔註 56〕參看趙超：《漢魏南北朝墓誌彙編》，天津古籍出版社，2008 年版，第 120 頁。
〔註 57〕《資治通鑒》卷一四○《齊紀六》明帝建武三年條胡三省注，第 4395 頁。
〔註 58〕《資治通鑒》卷一四○《齊紀六》明帝建武三年條，第 4395 頁。

大，成爲北魏門閥世族中一個重要的力量，宣武帝時也從該家族中選納嬪妃。《魏故世宗宣武皇帝嬪墓誌》：

> 惟我先嬪，乃魏故使持節冠軍將軍安州刺史固安侯趙郡李靜之孫，殿中將軍領齋師主馬左右續寶之女也。……爰在父母之家，躬行節儉之約，葛覃不足踰其勤，師氏莫能增其訓。是以灌木之音遙聞，窈窕之響彌遠。遂應帝命，作配皇家，執虔烝祀，中饋斯允。〔註59〕

相較於河內司馬氏這樣的皇室後裔形成的門閥家族，以及琅琊王氏、趙郡李氏等在北魏有著根基的傳統門閥家族，頓丘李氏家族就顯得實力單薄。但由於頓丘李氏的代表人物李彪得到李沖的賞識，從而提升了該家族的地位。「李彪字道固，頓丘衛國人，高祖賜名焉。家世寒微，少孤貧，有大志，篤學不倦。……舉孝廉，至京師館而受業焉。高閭稱之於朝貴，李沖禮之甚厚，彪深宗附。」〔註60〕但後來李彪與李沖反目，而被除名反鄉。「高祖崩，世宗踐阼，彪自託於王肅，又與邢巒詩書往來，叠相稱重，因論求復舊職，修史官之事。」〔註61〕「王肅以其無祿，頗相賑餉，遂在秘書省同王隱故事，白衣修史。」〔註62〕李彪雖仕途不順，但自孝文帝時期，趙郡李氏已通過與隴西李氏的關係，成爲當時五大姓以外的重要門閥世族，李彪之女也由此被宣武帝選入後宮。《魏書》卷六二《李彪傳》：

> （李）彪有女，幼而聰令，彪每奇之，教之書學，讀誦經傳。……彪亡後，世宗聞其名，召爲婕妤，以禮迎引。

自宣武帝、孝明帝時期，門閥世族之家的女子被選入皇宮者，不僅人數較孝文帝時期增多，而且涉及的家族也較孝文帝廣泛。

此外，我們還應該注意到這樣一個現象，即宣武帝、孝明帝時期，來自門閥家族的女子進入後宮所封嬪妃的等級，與孝文帝時期有著明顯的區別。孝文帝時期僅以五大門閥家族以及渤海高氏、京兆韋氏以及博陵崔氏這八個門閥家族的女子爲主，她們進入皇宮後都被封爲嬪。而宣武帝、孝明帝時期，不僅有清河崔氏、范陽盧氏、隴西李氏、渤海高氏、博陵崔氏這些孝文帝時

〔註59〕 參看趙超：《漢魏南北朝墓誌彙編》，天津古籍出版社，2008 年版，第 184 頁。
〔註60〕 《魏書》卷六二《李彪傳》，第 1381 頁。
〔註61〕 《魏書》卷六二《李彪傳》，第 1393～1394 頁。
〔註62〕 《魏書》卷六二《李彪傳》，第 1397 頁。

期就選納過嬪妃的家族，北魏後宮中還出現了選自琅琊王氏、趙郡李氏、頓丘李氏、河內司馬氏這些孝文帝時期不曾選納過嬪妃的門閥家族中的女子，北魏皇室與漢族門閥世族通婚範圍有所擴大。這些門閥家族的女子進入北魏後宮後，被封爲夫人、嬪、世婦三個不同的等級，以至「時博陵崔孝芬、范陽盧道約、隴西李瓚等女，但爲世婦。諸人訴訟，咸見忿責。」〔註63〕從中可以看出，北魏後期門閥家族女子被封嬪妃的等級，與這些門閥家族是否得到皇帝的信任有著直接的聯繫，這也是北魏門閥制度在後宮中的特殊表現。

　　除選納門閥家族女子爲嬪妃外，這一時期北魏皇帝還從外戚、權臣家族中選納嬪妃。前者是外戚家族爲了維持和擴大自己的特權，通過皇帝或皇太后直接送家族中的女子進入後宮，後者則是皇帝爲了拉攏這些掌權大臣，而從其家族中選納嬪妃，從而給予他們外戚的地位。

　　外戚家族女子被選入皇宮爲嬪妃在孝文帝時期就已經出現。孝文帝繼位後，文明太后爲了維持馮氏家族的地位，以及這種地位所帶來的種種特權，不斷選送馮氏家族的女子進入皇宮。至宣武帝、孝明帝時期，選拔外戚家族女子進入皇宮的現象逐漸普及。

　　宣武帝繼位後，由於其母孝文昭皇后高氏之故，他對高氏外戚家族極爲優待，「委任高肇，疏薄宗室。」〔註64〕朝政大權都落入高氏家族手中，高氏外戚集團由此興起，爲了維持這種特權，高肇選送該家族中的女子進入皇宮。《魏書》卷一三《皇后·宣武皇后高氏傳》：

　　　　宣武皇后高氏，文昭皇后弟偃之女也。世宗納爲貴人，生皇子，
　　早夭，又生建德公主。後拜爲皇后，甚見禮重。

但隨著高肇被殺、宣武皇后高氏出家，渤海高氏家族的勢力隨之瓦解，代之以孝明帝生母宣武靈皇后胡氏所在的安定胡氏家族。

　　孝明帝繼位後，靈太后不僅使孝明帝冊立該家族女子爲皇后，還爲孝明帝選納其家族女子入後宮爲嬪妃。《魏故胡昭儀墓誌銘》：

　　　　昭儀諱明相，安定臨涇人也。……聖朝散騎常侍征虜將軍使持
　　節豫州刺史誕之曾孫。散騎常侍征西將軍金紫光祿大夫使持節岐雍
　　二州刺史高平侯洪之孫。散騎常侍征虜將軍都督并州諸軍事使持節
　　并州刺史陰槃伯樂世之女。宣武皇帝崇訓皇太后之從姪。……遂以

<hr>

〔註63〕《魏書》卷一三《皇后·孝明皇后胡氏傳》，第340頁。
〔註64〕《資治通鑒》卷一四六《梁紀二》武帝天監五年條，第4555頁。

懋德充選掖庭，拜左昭儀。〔註65〕

靈太后即崇訓太后，孝明帝繼位後，她以帝母身份執掌朝政，爲了榮重門族，維持胡氏外戚集團的利益，她不僅爲孝明帝選納自己家族中的女子爲皇后、左昭儀，即便是自己遠親家族的女子也在其選納範圍之中。《魏書》卷九四《閹官‧張祐傳》載：

> 張祐，字安福，安定石唐人。父成，扶風太守。世祖末，坐事誅，祐充腐刑。
>
> 祐養子顯明，後名慶，少歷內職。有姿貌，江陽王繼以女妻之。襲爵，降爲隴東公，又降爲侯。遷洛，廢替二十餘年，虛爵而已。
>
> 熙平初，爲員外常侍、兼衛尉少卿。以元叉姊婿，故越次而授焉。神龜二年冬，靈太后爲肅宗採名家女，慶女入充世婦，未幾爲嬪，即叉甥也。

張祐是北魏閹官，深得孝文帝與文明太后的信任，身居高官並得封爵位，但張祐死後，其家勢便已衰落。張祐養子張慶妻爲江陽王元繼之女，元繼長子元叉「世宗時，拜員外郎。靈太后臨朝，以叉妹夫，除通直散騎侍郎。叉妻封新平郡君，後遷馮翊郡君，拜女侍中。」〔註66〕元叉由於娶靈太后妹爲妻，成爲胡氏外戚集團的一員，張慶也以元叉姐夫的身份，成爲了胡氏外戚集團的遠親，不僅自己的官職得到提升，還將女兒以名家女的身份送入皇宮。《魏書》卷一三《皇后‧孝明皇后胡氏傳》：

> 肅宗頗有酒德，專嬖充華潘氏，后及嬪御，並無過寵。太后爲肅宗選納，抑屈人流。時博陵崔孝芬、范陽盧道約、隴西李瓚等女，但爲世婦。諸人訴訟，咸見忿責。

張慶之女也就是這一時期，與陵崔孝芬、范陽盧道約、隴西李瓚等人之女一道作爲名家女而選入皇宮充當世婦，張慶並非門閥世族，但其女進宮後卻與選自門閥世族之家的女子一同被封爲世婦，後又從世婦進封爲嬪，而門閥家族的女子卻僅爲世婦，沒能被進封爲嬪，這自然引起了門閥制度維護者的不滿，從而出現「諸人訴訟，咸見忿責」的現象。

孝明帝時期，北魏皇室還從一些朝臣家族中選納嬪妃，這主要是由於當時北魏朝政混亂，皇帝爲了拉攏掌兵權的朝臣、穩固北魏皇權統治，而選納

〔註65〕參看趙超：《漢魏南北朝墓誌彙編》，天津古籍出版社，2008 年版，第 209 頁。

〔註66〕《魏書》卷一六《道武七王‧京兆王黎傳附元叉傳》，第 403 頁。

這些家族中的女子爲嬪妃。尒朱榮之女也就由此進入北魏後宮，成爲孝明帝後宮嬪妃。《北史》卷四八《尒朱榮傳》：

> 尒朱榮字天寶，北秀容人也。世爲部落酋帥，其先居尒朱川，因爲氏焉。

> 正光中，四方兵起，遂散畜牧，招合義勇。以討賊功，進封博陵郡公，其梁郡前爵聽賜第二子。時榮率眾至肆州，刺史尉慶賓閉城不納。榮怒，攻拔之，乃署其從叔羽生爲刺史，執慶賓還秀容。自是兵威漸盛，朝廷亦不能罪責。

> 榮女先爲明帝嬪，欲上立爲后，帝疑未決。給事黃門侍郎祖瑩曰：「昔文公在秦，懷嬴入侍。事有反經合義，陛下獨何疑焉？」上遂從之，榮意甚悅。

北魏前期、中期皇帝都有過大規模從民間選納女子進入皇宮的行爲，但自宣武帝時期開始，隨著北魏政治的動蕩，從民間選納女子進入皇宮的現象已經極爲少見了。根據史書的記載，僅孝明帝時期有過一例。《魏書》卷一一二《靈徵志上》：

> 肅宗熙平二年十一月己未，并州表送祁縣民韓僧眞女令姬從母右脅而生。靈太后令付掖庭。

《魏書》卷一一四《釋老志》：

> 所謂佛者，本號釋迦文者，譯言能仁，謂德充道備，堪濟萬物也。……初，釋迦於四月八日夜，從母右脅而生。

由於韓僧眞之女與佛教典籍中記載的佛祖釋迦摩尼一樣「從母右脅而生」，這在佛教極爲興盛的北魏，自然被統治者視爲吉祥的標誌，韓氏由此被靈太后選入後宮。韓氏被選入皇宮並非是前代皇帝從民間選納民女爲嬪妃做法的延續，而是靈太后認爲韓氏是吉祥之人才破例將其納入後宮的。

第三節　女官的選拔制度

皇后與嬪妃是後宮中的主人，爲了使她們更好的在後宮中生活，便出現了爲這些后妃們生活服務的女官。女官聽命於后妃，負責管理宮女，她們在後宮中有著一定的權利、地位，並能夠過著相對較好的生活。因此，成爲女官是這一時期多數宮女的努力方向。

　　北魏前期對外戰爭頻繁，通過不斷的對外征戰，北魏掠奪了很多人口，
這些被掠奪來的人口，大多數會被賞賜給有功官員，也有一部分進入宮中爲
宮女，爲后妃的生活服務。自孝文帝時期開始，隨著北魏法制逐步建立，使
得一些女子由於家人犯罪而被沒入皇宮充當宮女。這也就造成了這一時期，
北魏後宮宮女人數眾多，管理這些宮女、爲后妃生活服務的女官也就隨之產
生。《魏書》卷一三《皇后傳》：

> 後置女職，以典内事。内司視尚書令、僕。作司、大監、女侍
> 中三官視二品。監，女尚書，美人，女史、女賢人、書史、書女、
> 小書女五官，視三品。中才人、供人、中使女生、才人、恭使宮人
> 視四品，春衣、女酒、女饗、女食、奚官女奴視五品。

　　女官雖是後宮官員，但無論從權利還是地位上，都遠低於男性官員，她
們名義上是官，實際上與一般宮女無異，只是不再從事繁重的具體工作而已。
因此，從爲數眾多的宮女中選拔有一定特殊技能以及文化修養者充當女官，
爲后妃的生活服務，成爲北魏女官選拔的主要途徑，而這些宮女也由此提升
了自身的地位。《大魏宮内司高唐縣君楊氏墓誌銘》：

> 内司楊氏，恒農華冷人也。……皇始之初，南北兩分，地擁王
> 澤，逆順有時，時來則改，以歷城歸誠，遂入宮耳。年在方笄，性
> 志貞粹，雖遭流離，純白獨著，出入紫闥，諷稱婉而。是以文昭太
> 皇太后選才人充宮女，又以忠謹審密，擇典内宗七祜，孝敬天然，
> 能使邊豆靜嘉。遷細謁小監。女功紃綜，巧妙絕羣，又轉文繡太監。
> 化率一宮，課藝有方，上下順厚，改授宮大内司。〔註67〕

趙萬里先生考證：皇始年間楊氏尚未出生，而歷城於獻文帝皇興元年（467）
才歸魏，則此處的「皇始」當爲「皇興」〔註68〕。由此可知，楊氏爲南朝宋
人，獻文帝時期其所居地爲北魏所有，楊氏由此進入北魏後宮，並被孝文昭
皇后提拔爲女官，此後由於個人的不懈努力，官職不斷提升，最終於宣武帝
時期得到皇帝的賜爵，成爲女官中境遇最好的一個。《魏故宮御作女尚書馮女
郎之誌》：

> 女郎姓馮，諱迎男，西河介人也。父顯，爲州別駕。因鄉曲之
> 難，家沒奚官。女郎時年五歲，隨母配宮。慎言督過，蓋其天姓，

〔註67〕參看趙超：《漢魏南北朝墓誌彙編》，天津古籍出版社，2008 年版，第 126 頁。
〔註68〕參看趙萬里：《漢魏南北朝墓誌集釋》，科學出版社，1956 年版，第 7 頁。

> 窈窕七德，長而彌甚。年十一，蒙簡爲宮學生，博達墳典，手不釋
>
> 卷。聰穎洞鑒，朋中獨異。十五蒙授宮内御作女尚書，幹涉王務，
>
> 貞廉兩存，稱莊女功，名烈俱備。〔註69〕

馮迎男由於家人犯罪，五歲便被沒入皇宮，則其入宮之初必定爲宮女。由馮迎男死於正光二年（521），時年五十六歲，可推知其入宮時間爲孝文帝延興年間，孝文帝太和年間製定了後宮制度，馮迎男由於個人的聰明才智，以及在文化修養上的不懈努力，最終被選拔爲女官。

北魏後宮宮女中有文化修養的人數較少，爲迅速提高后宮人員的文化素質，孝文帝還直接從宮外選拔有文化修養的女性爲後宮女官。《魏書》卷九二《列女·陽尼妻高氏傳》：

> 漁陽太守陽尼妻高氏，勃海人。學識有文才，高祖敕令入侍後
>
> 宮。幽后表啓，悉其辭也。

漁陽太守陽尼妻乃渤海高氏門閥家族中人，孝文帝選拔其入宮爲女官，一方面由於漢族門閥家族的女子有著相對較高的文化修養，便於提升鮮卑族的漢化修養，促進鮮卑與漢族的融合；另一方面由於渤海高氏是當時的門閥世族，選拔這樣家族中的女子進入後宮，對孝文帝推行門閥制度也有一定的推動作用。

北魏後期，隨著法制的逐步放寬，由於家人犯罪而被沒入皇宮的人數銳減，這也就造成後宮中宮女人數減少，因此，從宮女中選拔女官已經不適應這一時期後宮的實際狀況，此時的女官以直接從宮外選拔有特殊才能的女性爲主。《傅母宮大監杜法眞墓誌》：

> 傅母宮大監杜法眞者，黃如人也。忠孝發自弱齡，廣平起於韶
>
> 齔。年有五十，奉身紫披，何知遇於先朝，被顧問於今上。性姓寬
>
> 閑，世有行焉。歷住雖清，非其願也，遂隱疏下邦，養身洛陽。天
>
> 乎不淑，梁木摧傾。春秋六十有六，殞於洛陽。……以正光五年十
>
> 月三日空於首陽之陰。〔註70〕

杜法眞五十歲時被徵召入宮，正光五年（524）六十六歲逝世，可推知其入宮時間爲宣武帝正始五年（508）。徵召宮外有特殊地位的女性爲後宮女官，不僅能爲後宮選拔優秀女官，更好的爲后妃的生活服務，還解決了宮内人手不

〔註69〕　參看趙超：《漢魏南北朝墓誌彙編》，天津古籍出版社，2008 年版，第 123 頁。

〔註70〕　參看趙超：《漢魏南北朝墓誌彙編》，天津古籍出版社，2008 年版，第 151 頁。

足的問題，可謂一舉兩得。

宣武帝時期開始，北魏王朝還選拔一些貴族女子擔任後宮女官——女侍中，由此開了貴族婦女任職女官的先河。《魏故持節征虜將軍營州刺史長岑侯韓使君賄夫人高氏墓銘》：

> 夫人勃海蓨人也。左光祿大夫勃海郡開國敬公飀之長女，侍中尚書令司徒大將軍平原郡開國公肇侍中司空澄城郡開國穆公顯之元姊。夫人妹以儀軒作聖，佺女襄月留光，並配乾景，用敷地訓。二后褘褕，亞瓚天極。……至景明三年，宣武皇帝以夫人皇姨之重，兼韻動河月，遂賜湯沐邑，封遼東郡君。又以椒悼任要，宜須翼輔，授內侍中，用委宮披。獻可諫否，節凝圖篆。〔註71〕

宣武帝繼位後「委任高肇，疏薄宗室」〔註72〕，由此高氏家族權勢達到了頂點，持節征虜將軍、營州刺史、長岑侯韓使君賄夫人高氏是宣武帝之姨，正是由於這種特殊身份，她在宣武帝景明三年（502）不僅得到賜爵，還被選為女侍中，成為北魏後宮女官。

孝明帝時期，徵召貴族女性為後宮女侍中開始盛行，並成為了這一時期女官選拔的唯一選拔途徑。《魏書》卷三一《于栗磾傳附于忠傳》

> 初，世宗崩後，高太后將害靈太后。劉騰以告侯剛，剛以告忠。忠請計於崔光，光曰：「宜置胡嬪於別所，嚴加守衛，理必萬全，計之上者。」忠等從之，具以此意啓靈太后，太后意乃安。故太后深德騰等四人，並有寵授。……忠後妻中山王尼須女，微解《詩》《書》，靈太后臨朝，引為女侍中，賜號范陽郡君。

于忠在北魏政變中對靈太后與孝明帝有保護之功，深得靈太后的寵信，這是選納于忠之妻為女侍中的前提條件。同時，于忠之妻又有著一定的文化修養，這正是女侍中所必需的，因此靈太后將其選入皇宮為女侍中，以此表示對功臣家屬的恩寵。《魏書》卷四○《陸俟傳附陸昕之傳》：

> （陸）昕之，字慶始，風望端雅。襲爵，例降為公。尚顯祖女常山公主，拜駙馬都尉。……公主奉姑有孝稱，神龜初，與穆氏頓丘長公主並為女侍中。

如前所述，北魏王朝鮮卑貴族穆、陸、賀、劉、樓、于、嵇、尉八姓在孝文

〔註71〕 參看趙超：《漢魏南北朝墓誌彙編》，天津古籍出版社，2008年版，第153頁。
〔註72〕 《資治通鑑》卷一四六《梁紀二》武帝天監五年條，第4555頁。

帝改革時，獲得了與漢族五大姓一樣的社會地位，這些家族中人尚公主者比比皆是。常山公主與頓丘長公主就是北魏皇室與鮮卑貴族聯姻而嫁入陸、穆兩家的。孝明帝時期選拔她們爲後宮女官，不僅是對公主本人，也是對陸、穆兩家的一種恩寵。

　　除此之外，北魏外戚家族的女子也是後宮女官選拔的對象。《魏書》卷一六《道武七王·京兆王黎傳附元叉傳》：

　　　　靈太后臨朝，以叉妹夫，除通直散騎侍郎。叉妻封新平郡君，
　　後邇馮翊郡君，拜女侍中。又以此意勢日盛，尋邇散騎常侍，光祿
　　少卿，領嘗食典御，轉光祿卿。

靈太后的妹妹作爲胡氏外戚集團的一員，不僅得到封爵，而且還被選拔爲女侍中，以此作爲對胡氏家族的恩寵。

　　綜上所述，北魏後宮女官的選拔主要有三種途徑，其一，從宮女中選拔有特殊技能或文化有修養的女性爲女官；其二，從宮外直接選拔有文化修養的女性爲女官；其三，選拔貴族女性爲女侍中，以此表示對其個人及其家族的恩寵或褒獎。

第四章　北魏後宮車服制度

車輦、服飾是我國古代社會人們身份的重要標誌，也是人們日常生活中不可或缺的內容。「輿服之制，秦漢已降，損益可知矣。魏氏居百王之末，接分崩之後，典禮之用，故有闕焉。」〔註1〕道武帝建立北魏後，初步建立了車服制度，孝文帝時期又對車服制度進行了完善，後又經過孝明帝時期的改革，北魏後宮車服制度最終完善。

第一節　後宮車輦制度

在國家中處於不同地位的人，所乘坐的車輦有所不同，即便是同一人，從事不同的活動，所乘坐的車輦也是不同的。因此，車輦不僅是交通工具，更是一種身份的象徵，所謂「輿輦之別，蓋先王之所以列等威也。」〔註2〕

一、北魏前期的後宮車輦

道武帝建立了北魏後宮制度，隨著後宮制度的不斷完善，后妃有了明確的等級劃分，車輦、服飾正是等級制度在后妃日常生活中最直接的體現。

道武帝建立北魏後，仿照漢晉制度，建立了北魏車輦制度，史載「太祖世所制車輦，雖參採古式，多違舊章。」〔註3〕關於道武帝所製定的車輦制度，《通典》卷六六《禮典‧嘉禮十一》輦輿條：

〔註1〕　《魏書》卷一○八《禮志四》，第2811頁。
〔註2〕　《隋書》卷一○《禮儀志五》，第195頁。
〔註3〕　《魏書》卷一○八《禮志四》，第2811頁。

　　　　後魏道武帝天興初，始修軒冕。制乾象輦，羽葆，圓蓋，畫日
　　月、五星、二十八宿、天街、雲罕、山林、奇瑞、遊麟、飛鳳、朱
　　雀、玄武、騶虞、青龍，駕二十四馬。又制大樓輦車，龍輈加玉飾，
　　四轂六衡，方輿圓蓋，金雞樹羽，寶鐸旒蘇，鷥雀立衡，螭龍銜軛，
　　建太常，畫升龍日月，駕二十牛。又制象輦，左右金鳳白鹿，仙人，
　　羽葆旒蘇，金鈴玉佩，初駕二象，後以六駝代之。復有遊觀、小樓
　　等輦，駕十五馬。

道武帝時期是北魏車輦制度的初創時期，乾象輦、大樓輦、小樓輦和象輦均
創立於此時，但此時後宮車輦制度尚未建立。

二、北魏中期的後宮車輦

　　孝文帝時期，「儀曹令李韶，更奏詳定，討論經籍，議改正之。唯備五輅，
各依方色，其餘車輦，猶未能具。」〔註4〕至此，北魏後宮中所用車輦初步確
定。此時可以使用於後宮中的車有三種，即乾象輦、小樓輦和象輦。《魏書》
卷一〇八《禮志四》：

　　　　小樓輦：輈八，衡輪色數與大樓輦同，駕牛十二。天子、太皇
　　太后、皇太后郊廟，亦乘之。

　　　　象輦：左右鳳凰，白馬，仙人前却飛行，駕二象。羽葆旒蘇，
　　龍旂芀麾，其飾與乾象同。太皇太后、皇太后助祭郊廟之副乘也。

道武帝時期規定小樓輦駕十五馬，此時變為駕牛十二，並以象輦作為副駕，
使小樓輦成為後宮中規格最高的車。在參與祭祀活動時，僅皇太后可以乘坐
小樓輦，這是北魏後宮其他人員所不能享有的待遇。

　　皇太后、皇后在參加祭祀活動時，除小樓輦外，她們還可以乘坐乾象輦。
《魏書》卷一〇八《禮志四》：

　　　　乾象輦：羽葆，圓蓋華蟲，金雞樹羽，二十八宿，天階雲罕，
　　山林雲氣、仙聖賢明，忠孝節義、遊龍、飛鳳、朱雀、玄武、白虎、
　　青龍、奇禽異獸可以為飾者皆亦圖焉。太皇太后、皇太后、皇后助
　　祭郊廟則乘之。

在祭祀活動中，乾象輦是皇太后、皇后都可以乘坐的車，而小樓輦則僅皇太

后可以乘坐，可見，乾象輦的等級必定低於小樓輦。

北魏中期還出現了金根車。根據「孝文帝時，儀曹令李韶，更奏詳定，討論經籍，議改正之。」〔註5〕的記載看，該車必定是這一時期創立的。《魏書》卷一〇八《禮志四》：

> 金根車：羽葆，旒，畫輈輪，華首，綵軒交落，左右騑。太皇太后、皇太后、皇后助祭郊廟，籍田先蠶，則乘之。長公主、大貴、公主、封君、諸王妃皆得乘，但右騑而已。

金根車不僅太皇太后、皇太后、皇后助祭郊廟、籍田先蠶時可以乘坐，同時也是長公主、大貴〔註6〕、公主、封君、諸王妃等得乘之車，這說明該車的等級低於小樓輦和金根車。從史書關於該車乘坐者的記載中我們可以推斷，北魏後宮其他嬪妃助祭時可能也乘此車，但只能「右騑」而已。

三、北魏後期的後宮車輦

孝明帝於熙平年間「詔侍中崔光與安豐王延明、博士崔瓚采其議，大造車服。」〔註7〕並根據《周禮》以及漢晉圖文記載，對北魏的車輦制度進行了較大規模的修訂，北魏後宮車輦制度至此得以完善。

1、皇后的車輦制度

在我國古代王朝中，皇帝出行的儀仗分爲大駕、法駕與小駕三種，每種儀仗都有不同的等級、規格，皇帝從事不同活動要乘坐不同的車。大駕是皇帝特有的出行儀仗，皇后作爲皇帝的妻子，地位略低於皇帝，她的出行儀仗則只有法駕與小駕兩種，且每種儀仗所對應的車輦也有所不同。《通典》卷六五《禮典‧嘉禮十》皇太后皇后車輅條：

> 後魏熙平中，有司穆紹議：皇后之輅，其從祭則御金根車。

《魏書》卷一〇八《禮志四》：

> 太學博士王延業議：「今輒竭管見，稽之《周禮》，考之漢晉，採諸圖史，驗之時事，以爲宜依漢晉：法駕，則御金根車，駕四馬，

〔註5〕　《隋書》卷一〇《禮儀志五》，第195頁。
〔註6〕　「大貴」下當脫「人」字。《續漢書‧輿服志》上稱「大貴人、貴人、公主、王妃、封君油畫軿車」。北魏宮中有「貴人」，不見「大貴人」之號，卷一三皇后傳，可能是襲用前史舊文。參看《魏書‧禮儀志五》注，第2822頁。
〔註7〕　《隋書》卷一〇《禮儀志五》，第195頁。

加交絡帷裳；……小駕則御安車，駕三馬，以助祭。

可見，北魏皇后參與祭祀活動時可乘之車有兩種，即金根車與安車。

金根車是皇后法駕從祭時所乘之車，並駕四馬，該車是皇后可乘坐的最高等級的車。安車的形制和規格都小於金根車，是皇后小駕助祭所乘之車，駕三馬。《通典》卷六五《禮典‧嘉禮十》皇后皇太后車輅條載：「（皇后）遊行御安車，並駕三馬」，則安車不僅是皇后小駕從祭乘坐之車，還是是皇后遊行所乘之車。

《通典》卷六五《禮典‧嘉禮十》皇后皇太后車輅條：「（皇后）親桑則御雲母車，並駕四馬。」《魏書》卷一○八《禮志四》：「（皇后）御雲母車，駕四馬，以親桑。」可見，北魏皇后親桑時乘坐的是四馬並駕的雲母車，關於該車的形制，史書中卻沒有明確記載。《宋書》卷一八《禮志五》稱：「又以雲母飾犢車，謂之雲母車，臣下不得乘，時以賜王公。」由於孝明帝時期北魏漢化已經完成，北魏各項制度與南朝漢族政權大體相同，北魏雲母車當與此車形制大體相似。

皇后參與皇室成員喪葬活動時也有特定的車，《通典》卷六五《禮典‧嘉禮十》皇后皇太后車輅條：「（皇后）弔問御紺罽車，並駕三馬」《魏書》卷一○八《禮志四》：「（皇后）小行則御紺罽軿車，駕三馬，以哭公主、王妃、公侯夫人」。可見，紺罽車與紺罽軿車不僅都駕三馬，而且也都是皇后參加皇室成員喪葬活動時所乘之車，由此筆者認為二者實為一種車。

除以上幾種車外，皇后出行所乘之車還有紫罽車。《通典》卷六五《禮典‧嘉禮十》皇后皇太后車輅條：「（皇后）歸寧則御紫罽車，並駕三馬。」可見，紫罽車是皇后回家省親所乘之車。《魏書》卷一○八《禮志四》載：「（皇后）非法駕則御紫罽軿車，駕三馬」據此可知，紫罽軿車即紫罽車，是皇后出行乘車中等級較低的一種。

皇后在宮中出入也乘坐特定之車。《魏書》卷一○八《禮志四》：「宮中出入，則御畫扇輦車。」輦車在晉朝就已經出現。《通典》卷六四《禮典‧嘉禮九》羊車條：

晉制，羊車一名輦車，上如軺，伏兔箱，漆畫輪。

齊依之，因制漆畫牽車，小形如輿，金塗縱容，錦衣。箱裏隱膝後戶牙蘭，轅枕後捎，憶竿代棟梁，皆金塗鉸飾。

梁因制羊車，亦名輦，上如軺，小兒衣青布袴褶，五辮髻，數

−110−

人引之。貴賤通得乘之，名牽子也。

可見，輦車在與北魏同時存在的南朝政權中有所使用，由於此時北魏漢化的推行，該王朝中的一些物品的形制都參照兩晉、南朝而作，北魏後宮中所用的輦車，也當是仿照南朝政權中的輦車而制，則北魏的輦車也當爲羊車。《南齊書》卷五七《魏虜傳》的記載印證了這一點：

> 其車服，有大小輦，皆五層，下施四輪，三二百人牽之，四施絙索，備傾倒。軺車建龍旐，尚黑。妃后則施雜綵幰，無幢絡。太后出，則婦女著鎧騎馬近輦左右。虜主及后妃常行，乘銀鏤羊車，不施帷幔，皆偏坐垂腳轅中；在殿上，亦跂據。

北魏王朝中的畫扇輦車又稱「黑漆畫扇輦，與周之輦車其形相似。」〔註8〕則該車爲黑色，與《魏虜傳》的記載相符。由此可知，北魏皇帝、后妃日常所乘坐的畫扇輦車爲黑色的羊車，與同一時期南朝政權中輦車的形制相同。

2、嬪妃的車輦制度

北魏孝文帝改革後宮，將後宮嬪妃的等級與外朝官員相聯繫。至此，後宮嬪妃也有了品級上的差異，這種品級的差異在她們所乘坐的車輦上也有所體現。《唐六典》卷一二《內官宮官內侍省》內僕局條注曰：

> 後魏皇后從祭御金根車，親桑御雲母車，駕四馬；歸寧御紫罽車，遊行御安車，弔問御紺罽軿車，駕三馬。內命婦一品乘油色朱絡網車，車、牛飾用金塗及純銀；二品、三品乘卷通幰車；四品乘偏幰車。北齊因之。

孝文帝「改定內官，左右昭儀位視大司馬，三夫人視三公。」〔註9〕根據「前職員令」〔註10〕的記載可知：大司馬爲一品上，三公爲一品中，二者地位略有不同，而與大司馬和三公相對應的後宮嬪妃：左右昭儀與三夫人，在車輦方面卻是相同的，她們所乘坐的是都是油色朱絡網車。關於該車的形制，《隋書》卷一○《禮儀志五》：

> 至熙平九年，明帝又詔侍中崔光與安豐王延明、博士崔瓚采其議，大造車服。……自斯以後，條章粗備，北齊咸取用焉。其後因而著令，並無增損。

〔註8〕《魏書》卷一○八《禮志四》，第 2815 頁。
〔註9〕《魏書》卷一三《皇后傳》，第 321 頁。
〔註10〕《魏書》卷一一三《官氏志》，第 2977 頁。

正從第一品執事官、散官及儀同三司、諸公主，得乘油色朱絡網車，車牛飾得用金塗及純銀。

北齊車輦制度多沿襲孝明帝時期的車輦制度，可以推知，左右昭儀與三夫人所乘坐的油色朱絡網車也是由金銀裝飾的牛車。

北魏後宮「三嬪視三卿，六嬪視六卿，世婦視中大夫，御女視元士。」〔註11〕孝文帝以前北魏官品規定：三卿爲從第一品下、六卿居第二品上。根據孝文帝時期製定官品，三卿與六卿都官居三品，中大夫爲從三品，則北魏後宮九嬪地位高於世婦，但她們所乘坐的車卻都是通幰車。元士爲從四品，則御女所乘坐的是偏幰車。

關於通幰車、偏幰車的形制，史書中沒有明確記載，但我們從相關史書的記載中可以有所瞭解。《通典》卷六五《禮典‧嘉禮十》公侯大夫等車輅條：

> （晉制）通幰車，駕牛，如犢車，但舉其幰通覆車上，諸王三公並乘之。

北魏車輦制度設立之時，「輒竭管見，稽之《周禮》，考之漢晉，採諸圖史，驗之時事，以爲宜依漢晉。」〔註12〕可見，通幰車在晉代就已經出現，東晉滅亡後，該車被南朝各政權沿用。北魏的各項制度大都沿襲兩晉時期的制度，通幰車被北魏所採納也是必然。

北魏內命婦「二品、三品乘卷通幰車。」〔註13〕庶姓王、侯及尚書令、僕射以下，列卿以上「或乘四望通幰車，駕一牛。」〔註14〕由於北魏的車輦制度多被北齊所繼承，在北齊「二品、三品乘卷通幰車，車牛金飾。」〔註15〕據此可知，北魏的通幰車與東晉、南朝一樣爲牛車，且車上採用黃金裝飾。

北魏內命婦「四品乘偏幰車。」〔註16〕在北齊「七品以上，乘偏幰車，車牛飾以銅。」〔註17〕由於北魏後期的車輦制度多被北齊繼承，根據北齊偏幰車的形制可推知，北魏四品嬪妃所乘坐的偏幰車是以銅裝飾的牛車。

〔註11〕《魏書》卷一三《皇后傳》，第 321 頁。
〔註12〕《魏書》卷一〇八《禮志四》，第 2815 頁。
〔註13〕《唐六典》卷一二《內官宮官內侍省》內僕局條，第 360 頁。
〔註14〕《通典》卷六五《禮典‧嘉禮》公侯大夫等車輅條，第 1826 頁。
〔註15〕《通典》卷六五《禮典‧嘉禮》公侯大夫等車輅條，第 1826 頁。
〔註16〕《唐六典》卷一二《內官宮官內侍省》內僕局條，第 360 頁。
〔註17〕《通典》卷六五《禮典‧嘉禮》公侯大夫等車輅條，第 1826 頁。

第二節　後宮服飾制度

　　服飾不僅是人們生存的要求，更有著等級標識的功能，「奇服文章，以等上下而差貴賤。」「是以天下見其服而知貴賤，望其章而知勢位，使人定其心，而各著其目。」〔註18〕因此，歷代統治者對於服飾都相當的重視。北魏王朝的服飾制度確立於道武帝時期，隨著漢化的不斷推進，服飾制度也隨之逐步發展。

一、北魏前期的後宮服飾

　　北魏前期國家各項制度處於初創時期，此時北魏服飾制度尚不完備，服飾中嚴格的等級制度並未形成。

　　道武帝建立北魏後，於天興六年（403）「詔有司制冠服，隨品秩各有差，時事未暇，多失古禮。」〔註19〕北魏服飾制度由此建立。太武帝時期北魏政治、軍事勢力增強，但由於太武帝「經營四方，未能留意，仍世以武力為事。」〔註20〕北魏服飾制度仍處於初創時期，服飾僅是便於軍事活動而已，還不能起到標示等級、區分貴賤的作用。《魏書》卷一九《景穆十二王中・任城王雲傳附元澄傳》：

> 　　高祖曰：「營國之本，禮教為先。朕離京邑以來，禮教為日新以不？」澄對曰：「臣謂日新。」高祖曰：「朕昨入城，見車上婦人冠帽而著小襦襖者，若為如此，尚書何為不察？」澄曰：「著猶少於不著者。」高祖曰：「深可怪也！任城意欲令全著乎？一言可以喪邦者，斯之謂歟？可命史官書之。」

孝文帝改制前北魏王朝中女性多冠帽而著小襦襖，這是北魏前期國家通行的服飾，與北魏前期「以武力為事，取於便習而已。」〔註21〕的服裝要求相符，但關於此時後宮服飾的樣式，由於史料的缺乏，尚有待研究。

二、北魏中期的後宮服飾

　　孝文帝時期實行全面的漢化改革，鮮卑族的語言、服飾、習俗、文化在

〔註18〕《新書校注》卷一《服疑》，第 53 頁。
〔註19〕《魏書》卷一〇八《禮志四》，第 2817 頁。
〔註20〕《魏書》卷一〇八《禮志四》，第 2817 頁。
〔註21〕《魏書》卷一〇八《禮志四》，第 2817 頁。

此時都仿照漢族進行了相應的改變。北魏後宮服飾制度也於此時建立，史載「高祖太和中，始考舊典，以制冠服，百僚六宮，各有差次。早世升遐，猶未周洽。」〔註22〕孝文帝由此下令禁胡服，命群臣皆服漢魏衣冠，北魏開始全面採納中原王朝服飾。關於此次服飾改革的內容，《魏書》卷九四《閹官·張宗之傳》：

> 始宗之納南來殷孝祖妻蕭氏，劉義隆儀同三司思話弟思度女也，多悉婦人儀飾故事。太和中，初制六宮服章，蕭被命在內預見訪採，數蒙賜賚。

孝文帝時期北魏後宮服飾制度主要是仿照南朝宋、齊後宮服飾等級，對北魏後宮服飾進行了改革。雖然史書中對於北魏中期後宮服飾制度沒有記載，但通過史書中提及的南朝宋、齊的後宮服飾制度，可以推知此時北魏的後宮服飾制度。

《隋書》卷一一《禮儀志六》載：「（皇后）助祭朝會以褘衣。」但《唐六典》卷一二《內官宮官內侍省·宮官》尚服局條注卻稱：「後魏，北齊皇后璽，綬、佩同乘輿，假髻，步搖，十二鈿，八爵、九華。助祭、朝會以褖衣。」由於北魏時期的服飾為北齊以及隋代所沿用，而北魏服飾又是根據《周禮》的記載，參照南朝後宮服飾製定的。在南朝宋、齊中，皇后謁廟所穿都是褘衣，與《隋書》的記載相符。如此則必是由於「褖」與「褘」字形相近，造成《唐六典》在流傳過程中誤將「褘衣」記為「褖衣」之故。可見，褘衣是皇后參加祭祀時所穿的黑色服裝，是北魏皇后的服飾中等級最高的一個。

北魏中期佛教發達，禮佛活動是北魏皇室最重要的活動之一。圖1《文昭皇后禮佛圖》是鞏義石窟上的浮雕，此圖是宣武帝為孝文帝和文昭皇太后祈福而開鑿的，由於宣武帝時期仍沿用孝文帝時期製定的後宮服飾制度，因而該圖中服飾反映的正是孝文帝時期皇后的服飾。圖中頭戴蓮花觀在僧尼引領下前行者便是文昭皇后，她所穿的寬袍大袖的服裝當是皇后禮佛活動所要穿著的服飾——褘衣。

〔註22〕《魏書》卷一〇八《禮志四》，第2817頁。

圖 1

《隋書》卷一一《禮儀制六》：

> 皇后璽、綬、佩同乘輿，假髻，步搖，十二鈿，八雀九華。助
> 祭朝會以褘衣，祠郊禖以褕狄，小宴以闕狄，親蠶以鞠衣，禮見皇
> 帝以展衣，宴居以褖衣。六服俱有蔽膝、織成緄帶。

隋代皇后的服飾共有六種，即褘衣、褕狄（褕翟）、闕狄（闕翟）、鞠衣、展
衣與褖衣，由於隋代諸制度多是北魏、北齊制度的繼續，從中可以推斷北魏
皇后服飾也爲此六種，但由於史料以及出土文獻的缺乏，現今可知的北魏中
期皇后服飾僅褘衣一種。

三、北魏後期的後宮服飾

北魏後期隨著漢化進程的不斷深入，服飾制度有了新的發展，經過孝明
帝時期的改革，北魏後宮服飾制度得以完備，成爲後宮人員身份、地位的重
要標誌。

1、皇后的服飾

皇后是後宮中地位最高的女性，她的服飾是後宮中爲數最多、等級最高
的。《唐六典》卷一二《內官宮官內侍省‧宮官》尚服局條注曰：

> 後魏，北齊皇后璽、綬、佩同乘輿，假髻，步搖，十二鎮，八
> 爵、九華。助祭、朝會以褖衣，郊、禖以褕翟，小宴以闕翟，親蠶
> 以鞠衣，見皇帝以展衣，宴居以褖衣，俱有蔽膝、織成緄帶。

關於這一時期皇后祭祀所穿的褘衣，前文已有所提及，在此不再贅述。
北魏皇后郊禖以及小宴的服飾，史書的記載也有所不同。《唐六典》載：「（北

魏皇后）郊、祫以褕翟，小宴以闕翟」，而《隋書》載：「（皇后）祠郊祫以褕狄，小宴以闕狄」。《通典》稱：「周制，內司服掌王后之六服：褘衣，褕翟，闕翟，鞠衣，展衣，褖衣。素沙。」〔註23〕《周禮·天官·內司》：「內司服掌王后之六服。褘衣。褕狄。闕狄。鞠衣。展衣。緣衣。素沙。」由於北魏服飾改革是仿照《周禮》的記載進行的，且北魏、北齊與隋的服飾是一脈相承的，而褕翟與褕狄、闕翟與闕狄的功用又相同，則褕翟與褕狄、闕翟與闕狄是同一種衣服，只是由於流傳時筆誤造成了誤載。

　　北魏皇后服飾共有褘衣、褕狄（褕翟）、闕狄（闕翟）、鞠衣、展衣與褖衣等六種，且由於北魏服飾多是根據《周禮》的記載而制，通過對相關史料的分析，有助於我們對北魏皇后服飾的樣式、顏色與用途的瞭解。《通典》卷六二《禮典·嘉禮七》后妃命婦服章制度條：

> 王后之服，刻繒爲之形而采畫之，綴於衣以爲文章。褘衣，畫翬者。褕翬，畫搖者。闕翟，刻而不畫。此三者皆祭服。從王祭先王則服褘衣，祭先公則服褕翟，祭羣小祀則服闕翟。今世有圭衣者，蓋三翟之遺俗。

《釋名疏證補》卷五《釋衣服》：

> 皇后之上服曰褘衣，畫翬雉之文於衣也。搖翟，畫搖雉之文於衣也。闕翟，翦闕繒爲翟雉形以綴衣也。

圖2　　　　圖3　　　　圖4

〔註23〕《通典》卷六二《禮典·嘉禮七》后妃命婦服章制度條，第1738頁。

　　搖翟即《周禮》中所載的揄狄（揄翟）。根據《周禮》的記載：褘衣、揄狄（揄翟）和闕翟（闕狄）是祭服（如圖 2～4 所示〔註24〕）。北朝時期這些服飾的功用發生了變化：皇后助祭、朝會穿黑色的褘衣，郊、禖穿青色的揄翟（揄翟、揄狄、揄狄），小宴穿紅色的闕翟（闕狄）。《通典》卷六二《禮典‧嘉禮七》后妃命婦服章制度條：

> 鞠衣，黃桑服也，色如麴塵，象桑葉始生。……展當爲禮。禮衣，以禮見王及賓客之服，其色白。褖衣，御於王之服，亦以燕居，其色黑。

《釋名疏證補》卷五《釋衣服》：

> 鞠衣，黃如鞠華色也。禮衣，禮，坦也，坦然正白無文采也。褖衣，褖然黑色也。

由此可知，皇后親蠶穿黃色的鞠衣，見皇帝則穿白色的展衣，宴居穿黑色的褖衣（如圖 5～7 所示〔註25〕）。

圖 5　　　　　　圖 6　　　　　　圖 7

2、嬪妃的服飾

　　孝文帝改定後宮「左右昭儀位視大司馬，三夫人視三公，三嬪視三卿，

〔註24〕　參看聶崇義撰，丁鼎點校：《新定三禮圖》，清華大學出版社，2006 年版，第 47～51 頁。

〔註25〕　參看聶崇義撰，丁鼎點校：《新定三禮圖》，清華大學出版社，2006 年版，第 52～56 頁。

六嬪視六卿，世婦視中大夫，御女視元士。」〔註26〕根據「後職員令」〔註27〕的記載可知，北魏後期大司馬、三公官居一品，三卿、六卿合爲九卿，爲三品官，中大夫爲四品官，元士爲從四品官，則左右昭儀、三夫人均視一品，三嬪與六嬪合爲九嬪，視三品，世婦視四品。御女在北魏視從四品，而在北齊則視五品，雖品級上二者略有所不同，但她們在後宮的地位是相同的。

由於北齊沿襲了北魏後期的後宮制度，二者在嬪妃等級上是相同的，從北齊後宮嬪妃服飾制度的記載中，我們可以推斷出北魏後期後宮服飾制度的大體狀況。《通典》卷六二《禮典·嘉禮七》后妃命婦服章制度條：

> （北齊）內外命婦從二品以上，金章，紫綬，服揄翟，雙佩山
> 玄玉。九嬪視三品，銀章，青綬，鞠衣，佩水蒼玉。世婦視四品，
> 銀印，青綬，展衣。八十一御女視五品，銅印，墨綬，褖衣。

如前文所述，皇后服裝有六種，即褘衣、揄翟（褕翟）、闕翟（闕狄）、鞠衣、展衣、褖衣，皇后從事不同活動要穿著不同的服裝，但同一等級嬪妃的服裝卻僅有一種。後宮品級最高的嬪妃是昭儀與三夫人，視一品官，她們穿揄翟（褕翟）；九嬪視二品，穿鞠衣；世婦視四品，穿展衣；御女視五品，穿褖衣。可見，後宮嬪妃的服飾是從皇后服飾中選取的，這些服裝明顯的反映出嬪妃與皇后等級的區別，以及她們在後宮中的地位。

3、女官的服飾

孝文帝時期創立了女官制度，並通過品級劃分出她們在後宮中的地位。如前文所述，北魏女官中地位最高的是「視尚書令、僕」的內司，根據北魏後期尚書令爲從一品官可知，內司是從一品女官。如此，則北魏後宮女官官品在從一品至正五品不等。

關於這些女官的服飾狀況，史書中沒有記載，但通過北齊時期女官服飾的狀況，我們還是可以看到此時女官服飾的大體情況。《通典》卷六二《禮典·嘉禮七》后妃命婦服章制度條：

> 宮人女官服：二品闕翟；三品鞠衣；四品展衣；五品、六品褖
> 衣；七品、八品、九品，俱青紗公服。

由此可以推知：內司、作司、大監、女侍中視二品服裝爲闕翟〔註28〕；監、

〔註26〕《魏書》卷一三《皇后傳》，第 321 頁。

〔註27〕《魏書》卷一一三《官氏志》，第 2993-2995 頁。

〔註28〕內司在北魏爲從一品，至北齊已降爲正二品。

女尚書、美人、女史、女賢人、書史、書女、小書女視三品，她們的服裝爲鞠衣；中才人、供人、中使女生、才人、恭使宮人視四品，她們的服裝爲展衣；春衣、女酒、女饗、女食、奚官女奴視五品，她們的服裝爲褖衣。北魏後期女官服飾的等級分明可見一斑。

《通典》卷六二《禮典‧嘉禮七》后妃命婦服章制度條載：「女侍中，假金印紫綬，服鞠衣，佩水蒼玉。」根據規定，後宮女官「二品闕翟；三品鞠衣；四品展衣；五品、六品褖衣；七品、八品、九品，俱青紗公服。」〔註29〕可見，鞠衣是三品女官的服飾，據此可推知：北魏女侍中爲三品女官，這與《魏書》中記載女侍中視二品相矛盾。究竟是北齊時期女侍中官品降爲三品，還是史書誤載，目前不得而知，存疑。

4、宮女的服飾

宮女是後宮中的勞動者，她們等級最低、人數最多，她們的服飾等級也是後宮人員中最低的。《通典》卷六二《禮典‧嘉禮七》后妃命婦服章制度條：

> 宮人女官服：二品闕翟；三品鞠衣；四品展衣；五品、六品褖衣；七品、八品、九品，俱青紗公服。……內外命婦、宮人從蠶，則各依品次，皆服青紗公服。

可見，青紗公服是後宮服飾中等級最低的，它是後宮宮女的基本服飾。關於該服裝的具體形制，史書中沒有明確的記載。

由於北魏後期根據《周禮》中所記載的服飾，參照兩晉南朝服飾的具體樣式進行的服飾改革，「周制，內司服掌王后之六服：褘衣，揄翟，闕翟，鞠衣，展衣，褖衣。素沙。」北齊服飾又是對北魏後期服飾的沿襲，前五種服飾在北齊后妃、女官服飾中都有所採用，僅素沙並未被后妃、女官採用。「素沙者，今之白縛也。六服皆袍制，以白縛爲裏，使之張顯。今世有沙縠者，名出於此。」〔註30〕可見，素沙是後宮服飾中等級最低的一種，筆者認爲此處的青紗公服當爲素沙，是北魏後宮宮女的服飾。

第三節　後宮印綬與佩玉制度

孝文帝改定後宮後，嬪妃有了品級的劃定，她們如同朝廷官員一樣，也開始擁有印綬和佩玉，印綬與佩玉也成爲后妃等級、地位的又一標誌。

〔註29〕《通典》卷六二《禮典‧嘉禮七》后妃命婦服章制度條，第1741頁。
〔註30〕《通典》卷六二《禮典‧嘉禮七》后妃命婦服章制度條杜佑注，第1739頁。

一、皇后的璽綬與佩玉

在我國古代王朝中皇帝與皇后的印稱爲璽,「璽,印也。自秦以前,臣下皆以金玉爲印,龍虎鈕,唯所好。秦以來,以璽爲稱,又獨以玉,臣下莫得用。」〔註31〕這也是他們在國家中特殊地位的體現。《隋書》卷一一《禮儀志六》:「皇后璽、綬、佩同乘輿,假髻,步搖,十二鈿,八雀九華。……皇太后、皇后璽,並以白玉爲之,方一寸二分,螭獸鈕,文各如其號。」可見,北朝時期皇后之璽是以白玉爲主要材質的正方形印章,上刻有「皇后之璽」字樣。

綬在我國古代王朝中也是等級的象徵,官僚貴族用五色線編織綬,通過綬將官印或玉璽懸掛在革帶上,並根據綬的顏色區分不同等級。

除此之外,等級較高的嬪妃還有佩玉。劉向曰:「古者天子至於士,王后至於命婦,必佩玉,尊卑各有其制。」〔註32〕佩玉不僅是我國古代士人地位的象徵,還在尊卑劃分中有著重要的作用。

關於北魏皇后佩玉情況,史書中沒有記載。在北齊「內外命婦從二品以上,金章,紫綬,服揄翟,雙佩山玄玉。」〔註33〕而北齊的後宮制度是北魏後宮制度的延續,則可推知北魏後期皇后配玉爲山玄玉。

二、嬪妃的印綬與佩玉

在印綬與佩玉方面,嬪妃與皇后也有著明顯的區別。皇后的印稱爲璽,玉質,也稱玉璽。後宮嬪妃的印亦玉製,並通過不同材質的印以及不同顏色的綬帶,標明嬪妃所處的等級。《通典》卷六二《禮典・嘉禮七》后妃命婦服章制度條:

> (北齊)內外命婦從二品以上,金章,紫綬,服揄翟,雙佩山玄玉。九嬪視三品,銀章,青綬,鞠衣,佩水蒼玉。世婦視四品,銀印,青綬,展衣。八十一御女視五品,銅印,墨綬,褖衣。

北魏後宮嬪妃左右昭儀、三夫人視一品,三嬪與六嬪合爲九嬪視三品,世婦視四品,御女視從四品。北齊後宮制度是北魏後宮制度的沿用,僅將御女的品級由從四品改爲五品,她們在後宮中的等級卻並未改變。因此,可以通過北齊後宮嬪妃印綬與佩玉情況,推知北魏後期後宮嬪妃的印綬與佩玉製度的大體狀況。

〔註31〕 《宋書》卷一八《禮志五》,第 506 頁。
〔註32〕 《宋書》卷一八《禮志五》,第 505 頁。
〔註33〕 《通典》卷六二《禮典・嘉禮七》后妃命婦服章制度條,第 1741 頁。

　　在印綬方面，北魏昭儀與三夫人視一品，則她們的印綬為金章紫綬；九嬪視三品，銀章青綬；世婦視四品，銀印青綬；御女視五品，銅印墨綬。九嬪為銀章青綬，世婦為銀印青綬，二者品級不同，為何二者的印綬材質卻是相同的？《通典》卷六三《禮典‧嘉禮八》天子諸侯玉佩劍綬璽印條：

　　　　諸侯印綬，二品以上，並金章紫綬；三品銀章青綬；四品得印者，銀印青綬；五品六品得印者，銅印墨綬；七品、八品、九品得印者，銅印黃綬。金銀章印及銅印，並方一寸，皆龜鈕。

　　關於印綬中章與印的不同，杜佑注曰「三品以上，凡是五省官及中侍中省官，皆為印，不為章者也。四品以下，凡開國子、男及五等散品名號侯，皆為銀章，不為印。」〔註34〕可見，章是三品以上的官員以及四品以下開國子、男及五等散品名號侯的印，而印則是三品以上的五省官及中侍中省官以及四品以下官員的印。印或章的材質以及綬的顏色是嬪妃地位的體現。在後宮中地位較高的嬪妃用章，而地位較低的嬪妃則用印，其中視為一品的昭儀、三夫人，以及視為三品的九嬪用章，而視為四品、五品的世婦、御女則用印。

　　在佩玉方面，《通典》卷六二《禮典‧嘉禮七》后妃命婦服章制度條：

　　　　（北齊）內外命婦從二品以上，金章，紫綬，服揄翟，雙佩山玄玉。九嬪視三品，銀章，青綬，鞠衣，佩水蒼玉。世婦視四品，銀印，青綬，展衣。八十一御女視五品，銅印，墨綬，褖衣。

可見，北齊後宮嬪妃二品以上，佩山玄玉；九嬪視三品，佩水倉玉，世婦、御女則沒有佩玉。《通典》卷六三《禮典‧嘉禮八》天子諸侯玉佩劍綬璽印條：

　　　　（北齊制）一品，玉具劍，佩山玄玉。二品，金裝劍，佩水蒼玉。三品及開國子男、五等散品名號侯雖四品、五品，並銀裝劍，佩水蒼玉。

《通典》卷六三《禮典‧嘉禮八》天子諸侯玉佩劍綬璽印條：「山玄、水蒼者，視之文色所似也。綬者所以貫佩玉，相承受。」北魏後宮嬪妃的等級是按照朝廷官員製定的，因而她們的佩玉也與之大體相同。左右昭儀、三夫人視一品，佩山玄玉，九嬪視三品，佩水蒼玉，九嬪以下的嬪妃雖與朝廷官員有著相同的品級，卻不再佩玉，這也是後宮嬪妃地位低於朝廷官員的一種反映。

〔註34〕《通典》卷六三《禮典‧嘉禮》天子諸侯玉佩劍綬璽印條，第1766頁。

三、女官的印綬與佩玉

在北魏後宮中，除皇后與嬪妃外，作爲後宮服務者和管理者的女官也有印綬與佩玉。《通典》卷六二《禮典·嘉禮七》后妃命婦服章制度條：

> 女侍中，假金印紫綬，服鞠衣，佩水蒼玉。

北齊後宮女侍中的印綬爲金印紫綬，且佩戴水蒼玉。北齊後宮制度承自北魏後期的後宮制度，則可知北魏後期後宮女侍中的印綬與佩玉大抵如此。但關於北魏後宮其他女官的印綬與佩玉情況，由於史料的缺乏，仍有待研究。

第四節　後宮髮飾制度

髮飾是婦女頭部的重要裝飾，在後宮中，髮飾不僅是對女子容顏的襯托，還是她們等級、地位的反映，因而備受重視。

一、北魏前期的後宮髮飾

北魏建國前，鮮卑婦女就有佩戴髮飾的習慣。《通典》卷一九六《邊防典十二·北狄》烏桓條：

> 父子男女，相對踞蹲，髡頭爲輕便。婦人至嫁時乃養髮，分爲髻，著句決，飾以金碧，猶中國有簂步搖也。

杜佑曰：「簂字或爲幗，婦人首飾。」由鮮卑「言語習俗與烏桓同」〔註35〕的記載可知，北魏前期鮮卑族婦女也採用「分爲髻著句決，飾以金碧，猶中國有簂步搖也。」的髮飾，這是北魏女性髮飾的最初形態。

圖 8　　　　　　　　　　　　　　　圖 9

〔註35〕《通典》卷一九六《邊防典十二·北狄》鮮卑條，第5368頁。

道武帝建立北魏後，仿照中原王朝的後宮制度建立了北魏的後宮制度，中原王朝佩戴步搖的習俗也隨之進入了北魏後宮。步搖是我國古代王朝貴族女性重要的髮飾，「步搖，上有垂珠，步則搖動也。」〔註36〕但關於北魏皇后所佩戴的步搖具體形制，史書中卻沒有明確的記載，《隋書》卷一二《禮儀志七》：

> 後魏已來，制度咸闕。天興之歲，草創繕修，所造車服，多參胡制。故魏收論之，稱為違古，是也。周氏因襲，將為故事，大象承統，咸取用之。

北魏前期的服飾制度為北周所繼承，通過北周時期皇后髮飾的記載，可以推知北魏前期皇后髮飾的特徵。《通典》卷六二《禮典・嘉禮七》后妃命婦首飾制度條：

> 後周制，皇后首飾，花釵十有二樹。諸侯之夫人，亦皆以命數為之節。三妃、三公夫人以下，又各依其命。一命再命者，又俱以三為節。

由此可知，北魏皇后佩戴的步搖是樹形的（如圖8～9）。道武帝時後宮嬪妃都稱夫人，隨後相繼出現了昭儀、嬪、世婦、御女、椒房等級別，後宮嬪妃所戴步搖的節數多寡則成為后妃地位的標識。

二、北魏中期的後宮髮飾

孝文帝時期「始考舊典，以制冠服，百僚六宮，各有差次。」〔註37〕北魏後宮髮飾制度正式建立。《通典》卷六二《禮典・嘉禮七》后妃命婦首飾制度條：

> 宋依漢制，太后入廟祭祀，首飾翦犛幗。皇后親蠶，首飾假髻，步搖，八雀九華，加以翡翠。復依晉法，皇后十二鏄，步搖，大手髻。公主、三夫人大手髻，七鏄蔽髻。

在孝文帝漢化改革中，服飾、髮飾改革也是其中重要的一項。蕭氏是「劉義隆儀同三司思恬弟思度女也，多悉婦人儀飾故事。太和中，初制六宮服章，蕭被命在內預見訪採，數蒙賜賚。」〔註38〕孝文帝任用來自南朝宋的貴族蕭

〔註36〕《釋名疏證補》卷四《釋首飾》，第160頁。
〔註37〕《魏書》卷一○八《禮儀志四》，第2817頁。
〔註38〕《魏書》卷九四《閹官・張宗之傳》，第2019頁。

氏爲主管，負責北魏後宮服飾、髮飾的改革，說明此時的北魏後宮髮飾制度，必然與南朝相同，這也正是孝文帝服飾改革的目的所在。《文昭皇后禮佛圖》（圖1）正反映了這一時期後宮髮飾等級。

龍門石窟中的《文昭皇后禮佛圖》（圖10）與鞏義石窟中的《文昭皇后禮佛圖》（圖1）中皇后、嬪妃的服飾、髮飾基本相同，從中不僅可以直接看到北魏中期后妃服飾、髮飾情況，特別是通過龍門石窟賓陽洞中《文昭皇后禮佛圖》，更可以直接看到此時北魏宮女的髮飾。

龍門石窟賓陽洞中的《文昭皇后禮佛圖》（圖10）是宣武帝爲孝文帝和文昭皇太后祈福而開鑿的，圖中文昭皇后頭戴蓮花冠，手持蓮花，身後有戴蓮冠的嬪妃，她們在爲數眾多的宮女簇擁下行進。圖中皇后與後宮嬪妃的髮飾大小有著明顯的區別，當是她們頭戴花鑷數目不同造成的。

圖 10　　　　　　　　　　　　圖 11

《通典》卷六二《禮典·嘉禮七》后妃命婦首飾制度條：「內外命婦、宮人女官從蠶，則各依品次，還著蔽髻。」可見，蔽髻在北齊後宮中使用極爲廣泛，是后妃、女官以及宮女都可採用的髮飾，而北齊後宮制度又延續自北魏，由此可以推知北魏宮女也當有此髮式。關於該髮式，筆者將在後文進行探討。

圖 11 則爲我們展示了北魏宮女的另一種髮式——雙髻。雙髻也叫雙丫髻，由於兩髻如「丫」形，故得名，是漢魏時期侍婢、童僕或男女兒童常梳的髮式，由於北魏孝文帝仿照漢晉、南朝後宮制度進行改革，此時北魏後宮服飾、髮式多採用漢晉習俗，據此可以推知，雙髻必然是北魏中期宮女最爲普遍的髮式。

三、北魏後期的後宮髮飾

北魏後期，特別是孝明帝服飾改革後，後宮髮飾制度基本完備，后妃的髮型以及所佩戴的飾物在此時已經有了明確而細緻的規定。

1、皇后的髮飾

皇后作爲後宮中地位最高的女性，不僅從車輦、服飾上體現這種地位，她們生活的方方面面都能反映出這一等級的區別。《通典》卷六二《禮典·嘉禮七》后妃命婦首飾制度條：

> 北齊依前制，皇后首飾假髻，步搖，十二鈿，八雀九華。

《晉書》卷二七《五行志上》服妖條：

> 太元中，公主婦女必緩鬢傾髻，以爲盛飾。用髮既多，不可恒
> 戴，乃先於木及籠上裝之，名曰假髻，或名假頭。至於貧家，不能
> 自辦，自號無頭，就人借頭。遂布天下，亦服妖也。

假髻即假髮，盛行於東晉，是當時貴族婦女髮飾的重要組成部分。北魏的髮飾承自兩晉，又被北齊所延續，假髻在東晉、北齊中廣泛使用，據此可推知，北魏後期皇后也當使用假髻。《通典》卷六二《禮典·嘉禮七》后妃命婦首飾制度條：

> 內命婦以上，蔽髻，唯以鈿數花釵多少爲品秩。二品以上金玉
> 飾，三品以下金飾。

北魏後期皇后的髮型爲蔽髻，如圖 12 所示，西安草廠坡出土女俑髮髻呈十字型，有餘髮下垂過耳邊，與文獻中所說的「緩鬢傾髻」相符。

圖 12

關於假髻與蔽髻的關聯，沈從文先生指出：「蔽髻」是一種假髻，其髻上鑲有金翬首飾，各有嚴格規定，非命婦不得使用。〔註 39〕可見，蔽髻與假髻

〔註39〕 參看沈從文：《中國歷代服飾》，學林出版社，1984 年，第 77 頁。

是同一髮型的不同稱謂，這種髮型是北魏貴族女性的象徵。

作爲國家中地位最高的女性，皇后的「蔽髻」上所佩戴的髮飾也必然是最高的。《通典》卷六二《禮典·嘉禮七》后妃命婦首飾制度條：「北齊依前制，皇后首飾假髻，步搖，十二鈿，八雀九華。」此處的「前制」當指北魏後期所定之制，則皇后髮飾爲金玉材質的步搖、花鈿。「步搖，上有垂珠，步則搖動也。」〔註40〕花鈿是用金、銀等貴金屬嵌上珠玉，作成花朵形的飾物，而鈿數的多少則成爲後宮人員地位的標識。在後宮中，皇后的花鈿數十二，是後宮人員中最多的，這也是她在後宮中地位的體現。

2、嬪妃的髮飾

嬪妃在後宮中的地位低於皇后，她們的髮飾也與皇后有著明顯的區別。《通典》卷六二《禮典·嘉禮七》后妃命婦首飾制度條：

> 北齊依前制，皇后首飾假髻，步搖，十二鈿，八雀九華。内命婦以上，蔽髻，唯以鈿數花釵多少爲品秩。二品以上金玉飾，三品以下金飾。内命婦、左右昭儀、三夫人視一品，假髻，九鈿；三品五鈿蔽髻；四品三鈿；五品一鈿。

由此可知，北魏後宮嬪妃的髮型與皇后相同，也使用蔽髻，但在髮飾方面，「二品以上金玉飾，三品以下金飾。」〔註41〕則後宮中皇后與左右昭儀、三夫人佩戴的都是金玉材質的步搖。由於此時「唯以鈿數花釵多少爲品秩」，左右昭儀、三夫人與皇后僅在花鈿數目上有所差別，皇后使用的花鈿數爲十二，左右昭儀、三夫人的花鈿數爲九，這也是她們在後宮中地位的體現。

在後宮中九嬪視三品，自此以下的嬪妃，佩戴黃金步搖，其髮飾的材質較左右昭儀、三夫人有所降低。九嬪以下的嬪妃雖然髮飾材質相同，但她們的花鈿數目方面卻有著明顯差別，其中九嬪視三品，五鈿；世婦視四品，三鈿；御女視五品，一鈿。北齊嬪妃的品級除御女與北魏略有不同外，其他的嬪妃品級完全相同。御女在北魏視從四品，而在北齊卻視五品，雖品級上略有所不同，但她們在後宮的地位是相同的，髮飾規格也必然相同。

髮飾的材質以及花鈿的數目，是嬪妃在後宮中地位的反映，這也是北魏後期後宮等級制度完善的一種鮮明寫照。

〔註40〕《釋名疏證補》卷四《釋首飾》，第160頁。
〔註41〕《通典》卷六二《禮典·嘉禮七》后妃命婦首飾制度條，第1737頁。

3、女官的髮飾

女官是後宮中為皇帝以及后妃生活服務的官員，她們人數眾多、等級制度明確。如前文所述，北魏後宮女官官品在從一品至五品不等，由於地位的差異，她們所佩戴的髮飾也有所差別。《通典》卷六二《禮典·嘉禮七》后妃命婦首飾制度條記載了北齊女官的髮飾制度：

> 宮人女官：第二品七鈿蔽髻，三品五鈿，四品三鈿，五品一鈿，
>
> 六品、七品大手髻，八品、九品偏髾髻。

北齊女官從二品到九品不等，她們的髮型有蔽髻、大手髻與偏髾髻三種，這些髮型與女官的品級相對應：二品到五品女官，髮型為蔽髻；六品、七品女官，髮型為大手髻；八品、九品女官，髮型為偏髾髻。北魏女官品級僅是二品到五品，北齊女官制度是對北魏女官制度的沿襲，則北魏女官的髮型都是蔽髻，只是她們所佩戴的花鈿數有所不同。內司、作司、大監、女侍中視二品，則她們佩戴的花鈿數為七；監、女尚書、美人、女史、女賢人、書史、書女、小書女視三品，佩戴的花鈿數為五；中才人、供人、中使女生、才人、恭使宮人視四品，佩戴的花鈿數為三；春衣、女酒、女饗、女食、奚官女奴，視五品，佩戴的花鈿數為一。可以說，花鈿數目是後宮女官等級的標誌。

除採用蔽髻髮型外，北魏後宮女官也可頭戴籠冠。籠冠是魏晉南北朝時期的主要冠飾，男女皆可服用。因以黑漆細紗製成，故又稱漆紗籠冠。其形制為平頂，兩邊有耳垂下，戴時罩於冠幘之外，下用絲帶繫縛〔註42〕。圖 13～14所示：為籠冠女官。

圖 13　　　　　　　　　　**圖 14**

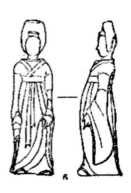

〔註42〕 參看陳茂同：《中國歷代衣冠服飾制》，百苑文藝出版社，2005 年版，第 80 頁。

　　《通典》卷六二《禮典・嘉禮》后妃命婦首飾制度條：「內外命婦、宮人女官從蠶，則各依品次，還著蔽髻。」這說明籠冠是女官參與國家禮儀活動時所戴的冠帽，在後宮的日常生活中她們的髮型為蔽髻，在髮髻上佩戴步搖，並以花鎮數反映她們在後宮中的品級、地位。

4、宮女的髮飾

　　蔽髻不僅后妃、女官的主要髮型，也是後宮中的宮女的髮型。《通典》卷六二《禮典・嘉禮》后妃命婦首飾制度條載：「內外命婦、宮人女官從蠶，則各依品次，還著蔽髻。」可見，蔽髻在北魏後宮中使用廣泛，是后妃、女官以及宮女都可採用的髮飾。但與后妃、女官有所不同的是，由於宮女的品級、地位較低，她們的髮髻上是不能佩戴步搖的。

第五章　北魏後宮喪葬制度

我國古代王朝禮儀制度分爲吉、凶、軍、賓、嘉五大類，其中，喪葬是凶禮的主要內容，在古代王朝的後宮制度中，喪葬制度也是後宮制度的一個重要組成部分，北魏皇帝通過給予後宮不同地位的人以不同的喪葬待遇，將等級制度貫徹於國家的各個層面。

第一節　後宮墓葬制度

在我國古代社會中，墓葬是墓主人生前地位的最重要體現，在國家對處於不同等級的人，無論是墓葬地點還是墓誌大小都有著不同的規定，北魏後宮墓葬同樣如此。

一、皇后的墓葬

皇后是後宮地位最高的女性，在國家中也有著較高的地位，這種地位不僅體現於她們生活的方方面面，即便是在死後，她們的喪葬等級也是後宮中其他人望塵莫及的。

北魏前期各項制度尙不完備，在喪葬制度方面，仍然沿襲漢晉時期的習俗，史載「魏自太祖至於武泰帝，及太皇太后、皇太后、皇后崩，悉依漢魏既葬公除。」〔註1〕武泰爲孝明帝年號，則北魏王朝的皇后，除文明皇后外，大都採用「既葬公除」這一葬俗。但對於這種「既葬公除」的喪葬制度的具體實行方式，《魏書》中並沒有明確記載，我們只能從相關史料中推斷這一葬

〔註 1〕　《魏書》卷一○八《禮志三》，第 2777 頁。

俗的實施方式。《魏書》卷一〇八《禮志三》：

> 君薨而即位，不暇改年；踰月而即葬，豈等同軌；葬而即吉，
> 不必終喪。

據此可知，北魏皇帝、皇后逝世一個月後入葬陵園，並無守孝的要求。皇后作爲皇帝的正妻，在國家中有著特殊的地位，她們死後多設有墓誌，通過墓誌銘文中關於皇后喪葬狀況的記載，可考知《魏書》記載的北魏葬俗的實際運用情況。《魏瑤光寺尼慈義（高英）墓誌銘》：

> 尼諱英，姓高氏，勃海條人也。文昭皇太后之兄女。世宗景明
> 四年納爲夫人。正始五年拜爲皇后。帝崩，志願道門，出俗爲尼。
> 以神龜元年九月廿四日薨於寺。十月十五日遷葬於屼山。〔註2〕

宣武皇后高氏死於神龜元年（518）九月廿四日，至十月十五日才入葬屼山，中間相隔近一個月的時間，正是《魏書》中「逾月而即葬」記載的實際運用。《魏書》卷一三《皇后·文成文明皇后馮氏傳》：

> 故事：國有大喪，三日之後，御服器物一以燒焚，百官及中宮
> 皆號泣而臨之。

國有大喪多指皇帝、皇后的逝世。據此可知，北魏帝、后逝世一個月後入葬陵園，並於入葬三日後將其日常所用物品燒毀，最後再將他們的神位遷入太廟供奉，以此宣告葬禮的完成。由此，北魏帝、后墓葬地點的選擇便顯得尤爲重要。《魏書》卷二《道武帝紀》：

> （天賜六年）冬十月戊辰，帝崩於天安殿，時年三十九。永興
> 二年九月甲寅，上諡宣武皇帝，葬於盛樂金陵，廟號太祖。泰常五
> 年，改諡曰道武。

根據《魏書·皇后傳》的記載可知，自明元帝至獻文帝時期，北魏皇帝、皇后都葬於金陵。〔註3〕《魏書》卷一三《皇后·明元密皇后杜氏傳》：

> 明元密皇后杜氏，魏郡鄴人，陽平王超之妹也。初以良家子選
> 入太子宮，有寵，生世祖。及太宗即位，拜貴嬪。泰常五年薨，諡
> 曰密貴嬪，葬雲中金陵。世祖即位，追尊號諡，配饗太廟。

此後，葬於金陵的還有明元昭哀皇后姚氏、太武皇后赫連氏、太武敬哀

〔註2〕參看趙超：《漢魏南北朝墓誌彙編》，天津古籍出版社，2008年版，第102頁。
〔註3〕關於道武皇后慕容氏的死因即墓葬地，《魏書》中沒有任何記載，其是否也葬於金陵，由於史料的缺乏，仍有待研究。

皇后賀氏、景穆恭皇后郁久閭氏、文成元皇后李氏、獻文思皇后李氏、孝文貞皇后李氏等人。

關於金陵的地點，史書中記載有三種，即盛樂金陵、雲中金陵與金陵。杜佑曰：「後魏盛樂縣在雲中郡。」〔註4〕似盛樂金陵、雲中金陵與金陵爲一處。《魏書》卷一○八《禮志一》載：「（明元帝）又於雲中、盛樂、金陵三所，各立太廟，四時祀官侍祀。」則雲中金陵、盛樂金陵與金陵爲三處不同地點。古鴻飛先生指出：雲中金陵應在雲中舊宮附近，即今內蒙托克托一帶，是北魏早期的皇陵。盛樂金陵應在盛樂（今內蒙和林格樂西北），即北魏定都盛樂時所建的皇陵。金陵即今右玉縣發現的北魏陵墓群。從拓跋氏由北向南發展的歷史分析，首先營建的應該是雲中金陵，然後依次爲盛樂金陵和金陵。〔註5〕

根據《魏書》的記載，明元帝及其兩位皇后即密皇后杜氏與昭哀皇后姚氏都葬於雲中金陵，這與自漢代開始實行的帝后合葬習俗吻合。太武帝、太武敬哀皇后賀氏都葬於雲中金陵，但太武皇后赫連氏卻葬於盛樂金陵，由於太武皇后晚於太武帝逝世，或可以認爲她因此葬於盛樂金陵。但文成帝、獻文帝皇后都先於皇帝逝世，而爲何她們葬於盛樂金陵，而兩位皇帝卻葬於雲中金陵呢？這不但不符合帝后合葬的習俗，還與古鴻飛先生所提出的三個金陵的興建順序不符。由此，筆者認爲雲中金陵、盛樂金陵與金陵本爲一處墓地，即杜佑所稱：「後魏盛樂縣在雲中郡。」〔註6〕北魏建國之初曾定都於盛樂，建國前的北魏諸帝也都葬於金陵之中，雖然道武帝後來遷都於平城，但金陵作爲北魏皇室的集體墓地，並沒有因爲遷都而改變，北魏前期的皇帝與后妃以及其他皇室成員仍葬於此。只有文成文明皇后馮氏未葬於金陵，《魏書》卷一三《皇后・文成文明皇后馮氏傳》：

> 文成文明皇后馮氏，長樂信都人也。……年十四，高宗踐極，以選爲貴人，後立爲皇后。……（太和）十四年，崩於太和殿，時年四十九。其日，有雄雉集於太華殿。高祖酌飲不入口五日，毀慕過禮。諡曰文明太皇太后。葬於永固陵，日中而反，虞於鑒玄殿。

〔註4〕《資治通鑑》卷一一九《宋紀一》營陽王景平元年條杜佑注，第3761頁。

〔註5〕參看古鴻飛：《北魏金陵初探》，載《山西大同大學學報》，2008年第10期，第38～39頁。

〔註6〕《資治通鑑》卷一一九《宋紀一》營陽王景平元年條杜佑注，第3761頁。

初，高祖孝於太后，乃於永固陵東北里餘，豫營壽宮，有終焉瞻望之志。

北魏共有三位太后沒有在死後入葬金陵，即文明太后、太武帝保母竇氏以及文成帝乳母常氏。太武帝保母竇氏和文成帝乳母常氏都是由保母而冊封的皇太后，不屬於正式的北魏皇室成員，她們本身並不具備入葬金陵的資格。但文明太后卻是文成帝正式冊封的皇后，獻文帝時期被封爲皇太后，孝文帝時期又被封爲太皇太后，她歷經三代皇帝，兩度臨朝稱制，控制北魏朝政數十年，在北魏的地位是其他皇后望塵莫及的。她之所以沒有葬入皇陵，而是在方山獨自立陵，主要是爲了凸顯她在北魏王朝中不同於其他皇后的尊貴地位。

獻文帝以後葬於金陵的皇后，僅孝文貞皇后林氏一人。《魏書》卷一三《皇后·孝文貞皇后林氏傳》：

> 孝文貞皇后林氏，平原人也。叔父金閭，起自閹官，有寵於常太后，官至尚書、平涼公。金閭兄勝爲平涼太守。……勝無子，有二女，入掖庭。后容色美麗，得幸於高祖，生皇子恂。以恂將儲貳，太和七年后依舊制薨。高祖仁恕，不欲襲前事，而稟文明太后意，故不果行。諡曰貞皇后，葬金陵。

孝文貞皇后林氏於太和七年（484）逝世，此時孝文帝尚未遷都，林氏在死後被孝文帝追封爲皇后，並葬於當時的皇陵——金陵之中。太和十八年（495），孝文帝「遷洛陽，乃自表瀍西以爲山園之所，」﹝註7﹞並「詔遷洛之民，死葬河南，不得還北。於是代人南遷者，悉爲河南洛陽人。」﹝註8﹞自此，北魏皇帝、后妃以及皇室成員大都葬於洛陽皇陵。《魏書》卷一三《皇后·孝文幽皇后馮氏傳》：

> 孝文幽皇后，亦馮熙女。……拜爲左昭儀，後立爲皇后。……高祖疾甚，謂彭城王勰曰：「後宮久乖陰德，自絕於天。若不早爲之所，恐成漢末故事。吾死之後，可賜自盡別宮，葬以後禮，庶掩馮門之大過。」高祖崩，梓宮達魯陽，乃行遺詔。……諡曰幽皇后，葬長陵塋內。

長陵爲孝文帝陵墓，即今河南洛陽孟津縣的「大塚」，幽皇后馮氏晚於孝文帝逝世，她死後以皇后身份葬於長陵之內，正符合了這一時期夫妻合葬之風，

﹝註7﹞《魏書》卷一三《皇后·文成文明皇后馮氏傳》，第330頁。
﹝註8﹞《魏書》卷七《孝文帝紀下》，第178頁。

這也是皇后作爲皇帝正妻身份的一種象徵。

　　皇后逝世於皇帝之後，則可入帝陵與皇帝合葬，而皇后如若先於皇帝逝世，便要在皇陵範圍內獨自起陵，並在皇帝逝世後，由後代皇帝主持，遷葬於帝陵與皇帝合葬。《魏書》卷一三《皇后·孝文昭皇后高氏傳》：

　　　　孝文昭皇后高氏，司徒公肇之妹也。父颺，母蓋氏，凡四男三女，皆生於東裔。高祖初，乃舉室西歸，達龍城鎮，鎮表后德色婉豔，任充宮掖。及至，文明太后親幸北部曹，見后姿貌，奇之，遂入掖庭，時年十三。……生世宗。後生廣平王懷，次長樂公主。及馮昭儀寵盛，密有母養世宗之意，后自代如洛陽，暴薨於汲郡之共縣，或云昭儀遣人賊后也。

　　　　其後有司奏請加昭儀號，諡曰文昭貴人，高祖從之。世宗踐阼，追尊配饗。

　　　　后先葬城西長陵東南，陵制卑局。因就起山陵，號終寧陵，置邑戶五百家。……（肅宗）詔曰：「文昭皇太后尊配高祖，祔廟定號，促令遷奉，自終及始，太后當主，可更上尊號稱太皇太后，以同漢晉之典，正姑婦之禮。廟號如舊。」文昭遷靈櫬於長陵兆西北六十步。

孝文昭皇后高氏逝世時被追封爲文昭貴人，並葬於終寧陵，後由於兒子繼帝位而被追封爲皇后，並於孝明帝時期遷葬於皇陵。關於該陵墓的具體地點，史書中沒有明確記載。女尚書王僧男以及傅姆王遺女墓誌均記載她們葬於終寧陵之北阿，而此二人的墓誌分別出土於洛陽北南石山村與楊凹村，則終寧陵當在南石山村與楊凹村附近，正是當時北魏皇家墓地的範圍。

　　北魏王朝中那些沒有後代，又早於皇帝逝世的皇后，則只能獨自設陵，不能遷入皇陵與皇帝合葬。《資治通鑑》卷一四六《梁紀二》武帝天監六年條：

　　　　（閏十月）丁卯，魏皇后于氏殂。是時高貴嬪有寵而妒，高肇勢傾中外，后暴疾而殂，人皆歸咎高氏，宮禁事祕，莫能詳也。

　　　　乙酉，魏葬順皇后於永泰陵。

順皇后于氏先於宣武帝而亡，此時宣武帝景陵並未修建，她只能於皇室墓地內獨自設陵，而她又沒有子女爲其遷葬，這也就造成她最終無法進入皇陵與皇帝合葬。

　　北魏前期多沿襲漢晉舊制，實行「既葬公除」的葬俗。但文明太后逝世

後，「孝文服衰，近臣從服，三司已下外臣衰服者，變服就練，七品已下盡除即吉。設祔祭於太和殿，公卿已下始親公事。高祖毀瘠，絕酒肉，不內御者三年。」〔註9〕由此，三年之喪開始在北魏士人中盛行，但在北魏後宮中能夠實行三年之喪的皇后，卻僅文明太后一人。《魏書》卷一○八《禮志四》：

> 太常博士鄭六議云：「謹檢《喪服》並中代雜論，《記》云：『改葬緦。』鄭注：『臣爲君，子爲父，妻爲夫。親見屍柩，不可以無服。故服緦。』三年者緦，則期已下無服。竊謂鄭氏得服緦之旨，謬三月之言。如臣所見，請依康成之服緦，既葬而除。」愚以爲允。詔可。

由於皇帝爲君，而逝世的皇后，無論是現任皇帝的妻子，還是嫡母，在國家中都爲皇帝之臣，根據「君不爲臣守喪」的原則，皇后就不可能實行三年之喪。這也就造成北魏中後期，雖然三年之喪在民間以及士人中極爲盛行，但在北魏後宮中，除文明太后外，卻無一位皇后實行三年之喪。

在北魏皇室、貴族墓葬中，墓誌是不可或缺的一項內容，由墓誌的形制、規格也能看出墓主在國家中的地位。

我國古代墓誌最早出現於東漢，魏晉時期由於薄葬之風的盛行，墓誌的發展較爲緩慢，及至北魏，墓誌開始盛行，並逐漸成爲貴族、官員墓葬中重要的隨葬物品。墓誌由誌蓋和墓誌銘兩部分組成，誌蓋上刻有逝者所處時代、姓名、官職等內容，墓誌銘則記載了逝者姓名、家世、官職、生平以及卒葬時間、地點等內容。通過對出土墓誌形制的考察，我們可以瞭解到北魏後宮墓誌等級的相關信息。

現已出土的北魏皇后墓誌共有兩通，且都是安葬於北魏後期的皇后墓誌，通過這些墓誌，我們可以瞭解到北魏後期皇后墓誌規格的相關情況。

表4：北魏後期皇后墓誌表

墓主姓名	地位	墓誌大小				卒葬年代	出土時間	出土地點
		現代（釐米）		北魏（尺）				
		高	寬	高	寬			
高照容	孝文昭皇后	59.5	49.5	2.1	1.8	神龜二年（519年）	1946年	洛陽北官莊村東「小塚」內（河南省洛陽市孟津縣中部7公里西南）

〔註9〕《魏書》卷一三《皇后·文成文明皇后馮氏傳》，第330頁。

高英	宣武皇后	83	84.8	3	3	神龜元年（518年）	1929年	洛陽東北三十里鋪村南（河南省洛陽市孟津縣中心部22 公里東北）

如上表所示，孝文昭皇后與宣武皇后雖同爲皇后，但二人的墓誌大小有著明顯的差異。《隋書》卷一六《律曆志》：

> 晉前尺黃鍾容黍八百八粒。
>
> 後魏前尺黃鍾容一千一百一十五。
>
> 後魏中尺黃鍾容一千五百五十五。
>
> 後魏後尺黃鍾容一千八百一十九。
>
> 後魏前尺。實比晉前尺一尺二寸七釐。
>
> 中尺。實比晉前尺一尺二寸一分一釐。
>
> 後尺。實比晉前尺一尺二寸八分一釐。

曾武秀先生根據這些記載，推算出北魏前尺約爲 27.9 釐米，北魏中尺約爲 28 釐米，北魏後尺約爲 29.6 釐米〔註10〕。北魏尺在 150 年的時間中經過了兩次變更，那麼兩位皇后墓誌製定時所用的是那種尺度呢？《魏書》卷七《孝文帝紀下》：

> （太和十九年六月）戊午，詔改長尺大斗，依《周禮》制度，
>
> 班之天下。

可見，北魏在孝文帝時期進行過第一次尺度的改革，改革後通行於北魏的尺度，當爲《隋書》中所記載的「北魏中尺」，而「北魏後尺行於西魏，又沿用於北周。」〔註11〕孝文昭皇后與宣武皇后墓誌的埋入時間都在神龜年間，此時使用的應當是北魏中尺。

孝文昭皇后的墓誌長 59.5 釐米，寬 49.5 釐米，折算成北魏中尺則高約爲 2 尺 1 寸，寬約爲 1 尺 8 寸，扣除尺度換算以及製作時的誤差，孝文昭皇后墓誌的尺寸大體爲 2 尺×2 尺的正方形墓誌。同理，宣武皇后的墓誌高 83 釐米，寬 84.8 釐米，折算成北魏尺，其墓誌約爲 3 尺 x3 尺的方形墓誌。同爲神龜年間埋葬的墓誌，何以二者墓誌相差如此之大？

〔註10〕 參看曾武秀：《中國歷代尺度概述》，載《歷史研究》，1964 年第 3 期，第 170 頁。

〔註11〕 參看曾武秀：《中國歷代尺度概述》，載《歷史研究》，1964 年第 3 期，第 170 頁。

　　根據《魏書‧皇后傳》的相關記載可知，孝文昭皇后高氏逝世時僅是貴人，她的皇后身份是宣武帝所追封的，孝明帝時期將其遷葬於孝文帝長陵，因此，她的墓誌應該是在入葬之時就已經製作完成，遷葬並未重新製作，她的墓誌實際上體現的是這一時期嬪妃墓誌的規格。而宣武皇后高氏則在宣武帝時期就已經被立為皇后，雖然在靈太后的打擊下她被迫出家，並在死後以尼禮安葬，但她皇后的身份是不容質疑的，她的墓誌只能按照當時皇后墓誌規格加以製作。

　　通過宣武皇后的墓誌可以推斷，北魏後期皇后墓誌的標準形制為長寬都是 3 尺的正方形墓誌，如此大的墓誌是後宮其他人員所無法享有的，這也可視為皇后在後宮中特殊身份的直接體現。

　　在墓葬地點上，兩位皇后的待遇也有所不同。根據墓誌銘文記載，孝文昭皇后高氏「高祖孝文皇帝之嬪，世宗宣武皇帝之母也。……以太和廿年□□四更時薨於洛宮。」〔註 12〕她逝世後被追封為文昭貴人，並葬於終寧陵。宣武帝繼位後，追封高氏為皇后，孝明帝又將她追封為皇太后，並遷葬於長陵與皇帝合葬。洛陽孟津縣官莊村附近有大塚、小塚兩座陵墓，高氏墓誌出土於小塚內，據此可知，小塚即文昭皇后高氏的陵墓，大塚即孝文帝長陵。這與《魏書》卷一三《皇后‧孝文昭皇后高氏傳》中「文昭遷靈櫬於長陵兆西北六十步。」的記載相符。

　　根據墓誌銘文記載，宣武皇后高氏「世宗景明四年納為夫人。正始五年拜為皇后。」〔註 13〕但由於她在與胡太后的後宮鬥爭中失敗出家，這使她失去了皇后的地位，也就失去了葬於皇陵並與皇帝合葬的權利，最終只能「喪還瑤光佛寺，嬪葬皆以尼禮。」〔註 14〕宣武帝陵位於洛陽孟津縣塚頭村附近，而宣武皇后高氏的墓誌卻出土於離景陵較遠的三十里鋪村。可見，高氏死後不僅未與皇帝合葬，甚至都沒有入葬皇陵。

二、嬪妃的墓葬

　　後宮嬪妃在後宮中的地位低於皇后，她們的墓葬等級也必然低於皇后。由於後宮嬪妃在後宮中有著不同的等級，她們死後的待遇也存在著明顯的差

〔註 12〕 參看羅新、葉煒：《新出魏晉南北朝墓誌疏證》，中華書局，2005 年版，第 89 頁。
〔註 13〕 參看趙超：《漢魏南北朝墓誌彙編》，天津古籍出版社，2008 年版，第 102 頁。
〔註 14〕 《魏書》卷一三《皇后‧宣武皇后高氏傳》，第 336 頁。

別。

　　如前文所述，北魏王朝後宮嬪妃若與皇帝生有兒子，且該子能夠順利長大並封王，她們便可在皇帝死後離開皇宮，與兒子一同生活。《魏書》卷二一《獻文六王傳上》：

> 　　封昭儀生咸陽王禧。韓貴人生趙郡靈王幹、高陽文穆王雍。孟椒房生廣陵惠王羽。潘貴人生彭城武宣王勰。高椒房生北海平王詳。

這裡所記載的獻文帝的諸位嬪妃，在獻文帝駕崩以後，無一例外的離開皇宮與兒子一起生活，她們死後的待遇也隨之發生改變。《魏書》卷二一《獻文六王傳上‧趙郡王幹傳》：

> 　　趙郡王幹，字思直。……所生母薨，高祖詔曰：「太妃韓氏薨逝，情以傷慟。太妃先朝之世，位擬九嬪，豫班上族，誕我同氣。念此孤稚，但用感惻，明當暫往臨哭，可勅外備辦。」遣侍御史假節監護喪事，贈綵八百匹。

韓太妃原是獻文帝後宮「三夫人」中的貴人夫人，由於兒子被封王，而在獻文帝死後出宮爲王太妃〔註 15〕。在皇帝死後出宮爲王太妃的嬪妃，新帝多會在她們死後給予較高的物質賞賜，甚至還會派遣官員護喪，這是其他後宮嬪妃不能享有的待遇。

　　北魏王朝後宮嬪妃能夠成爲王太妃者只是少數，大多數的嬪妃由於沒有兒子封王，她們只能在皇帝死後繼續在後宮生活，並終老於此。《魏帝先朝故于（仙姬）夫人墓誌》：

> 　　世曾祖文成皇帝故夫人者，西城宇闐國主女也。雖殊化異風，飲和若一。夫人諱仙姬，童年幼齔，早練女訓，四光自整，雅協后妃。聖祖禮納，寓之玖宇。齡登九十，臺疹未蠲，醫不救命，去二月廿七日薨於洛陽金墉之宮。重闈追戀，無言寄聲，旨以太牢之祭，儀同三公之軌。四月四日葬於西陵，諡曰恭。……大魏孝昌二年歲次丙午四月己巳朔四日壬申行葬。〔註 16〕

《大魏高祖九嬪趙充華墓誌》：

> 　　充華南陽白水人也。高祖孝文皇帝之九嬪，盧氏義陽長公主之

〔註 15〕　孝文帝以前的北魏諸王實行的是虛封，北魏諸王只是名義上佔有封地，但他們的生母與實封王的生母一樣，可以在皇帝逝世後出宮與他們一起生活，並擁有「王太妃」的封號。

〔註 16〕　參看趙超：《漢魏南北朝墓誌彙編》，天津古籍出版社，2008 年版，第 180 頁。

母。謙光柔順，播鳳聲於素宗；英清玉粹，登椒華而俞馥。福慶無
徵，春秋冊有八，以延昌三年歲在甲午八月丁丑朔十三日己丑寢疾
而薨。皇上震悼，六宮哀慟。使兼大鴻臚奉策即柩，追贈充華焉。
九月廿八日癸酉，葬於山陵之域。〔註17〕

《魏故胡（明相）昭儀墓誌銘》：

> 昭儀諱明相，安定臨涇人也。……聖朝散騎常侍征虜將軍使持
> 節豫州刺史誕之曾孫。散騎常侍征西將軍金紫光祿大夫使持節岐雍
> 二州刺史高平侯洪之孫。散騎常侍征虜將軍都督并州諸軍事使持節
> 并州刺史陰槃伯樂世之女。宣武皇帝崇訓皇太后之從姪。……春秋
> 十有九，以孝昌三年歲在丁未，四月癸巳朔，十九日辛亥薨於建始
> 殿。越五月廿三日，遷窆於西陵。〔註18〕

文成帝于夫人死於孝昌二年（526）二月二十七日，於四月四日入葬。孝
文帝成嬪死於延昌三年（514）八月十三日，於九月二十八日入葬。孝明帝胡
昭儀死於孝昌三年（527）四月十九日，於五月二十三日入葬。由此可見，後
宮嬪妃終老後宮的現象，貫徹於北魏王朝的各個時期，在她們死後也都實行
「逾月而即葬，葬而即吉」的做法，而實行於「國有大喪，三日之後，御服
器物，一以燒焚」〔註19〕的做法在嬪妃中也必然存在。

在墓葬地以及墓誌規格上，嬪妃與皇后有著明顯的差別。現已出土了北
魏後宮嬪妃墓誌共11通，由於古代墓誌直接埋葬於墓中，墓誌的出土地點也
可視為這些嬪妃的埋葬地。我們可以從墓誌的相關情況，瞭解到北魏嬪妃的
墓葬地點，以及墓誌等級的相關信息。

北魏遷都前逝世的皇室成員都葬於金陵，但由於金陵墓地尚未發現，有
關這一時期後宮嬪妃的墓葬情況，尚有待研究。

北魏孝文帝遷都洛陽後，於「太和十九年六月丙辰，詔遷洛之民，死葬
河南，不得還北。於是代人南遷者，悉為河南洛陽人。」〔註20〕北魏帝陵也
都選在洛陽，現已發掘的洛陽北魏皇陵分別是孝文帝長陵、宣武帝景陵、孝
明帝定陵等，通過皇帝陵墓地點以及嬪妃墓誌出土地等相關信息，我們可以

〔註17〕 參看趙超：《漢魏南北朝墓誌彙編》，天津古籍出版社，2008年版，第74頁。
〔註18〕 參看趙超：《漢魏南北朝墓誌彙編》，天津古籍出版社，2008年版，第209頁。
〔註19〕 《魏書》卷一三《皇后・文成文明皇后馮氏傳》，第328頁。
〔註20〕 《魏書》卷七《孝文帝紀下》，第178頁。

瞭解到北魏中、後期後宮嬪妃墓誌等級以及墓地的大體情況。

表5：北魏後宮嬪妃墓誌表

| 墓主姓名 | 地位 | | 墓誌大小 | | | | 卒葬年代 | 出土時間 | 出土地點 |
| | 官職 | 等級 | 現代(釐米) | | 北魏(尺) | | | | |
			高	寬	高	寬			
耿氏	文成帝‧嬪	第三品	43.5	38.3	1.6	1.4	延昌三年(514年)	1914年	洛陽北安駕溝南（河南省洛陽市市孟津縣中心部15公里北）
耿壽姬	文成帝‧嬪	第三品	36.2	36.2	1.3	1.3	神龜元年(518年)		不詳
于仙姬	文成帝‧夫人	第一品	46	37.6	1.6	1.3	孝昌二年(526年)	1926年	洛陽北南石山村（河南省洛陽市市孟津縣中心部15公里北）
成氏	獻文帝‧嬪	第三品	33.8	28.7	1.2	1	延昌四年(515年)	1926年	洛陽北南石山村（河南省洛陽市孟津縣中心部15公里北）
侯氏	獻文帝‧嬪	第一品	41.6	41.5	1.5	1.5	景明四年(503年)	1911年	洛陽北安駕溝（河南省洛陽市市孟津縣中心部15公里北）
高照容	孝文帝‧貴人(後追封皇后)	第一品中	59.5	49.5	2.1	1.8	神龜二年(518年)	1946年	洛陽北官莊村東「小塚」內（河南省洛陽市孟津縣中心部7公里西南）
趙氏	孝文帝‧充華嬪	第三品	31.7	45	1.1	1.6	延昌三年(514年)	1928年	洛陽北陳莊村南（河南省洛陽市市區河南省孟津縣孟津縣中心部16～18公里北）
王普賢	宣武帝‧貴華夫人	第一品中	55	67.2	2	2.4	延昌二年(513年)	1925年	洛陽北鄭家凹村北（河南省洛陽市孟津縣中心部14公里北）

司馬顯姿	宣武帝・第一貴嬪夫人	第一品中	67.2	67.2	2.4	2.4	正光二年（521年）	1917	洛陽西北水泉村（河南省洛陽市市孟津縣中心部15公里西北）
李氏	宣武帝・嬪	第三品	61.7	67.6	2.2	2.4	孝昌二年（526年）	1926年	洛陽北南石山村（河南省洛陽市市孟津縣中心部15公里北）
盧令媛	孝明帝・充華嬪	第三品	54.7	56	2	2	正光三年（522年）	1926年	洛陽北小梁村南（河南省洛陽市孟津縣中心部17公里北）
胡明相	孝明帝・昭儀	第一品	65	67.6	2.3	2.4	孝昌三年（527年）	1919年	洛陽北楊凹村西北（河南省洛陽市孟津縣中心部15公里北）

　　如上表所示，洛陽出土的北魏後宮嬪妃的墓誌都是葬於宣武、孝明帝時期，這一時期除了使用同一的尺度外，後宮嬪妃墓誌規格也一定有著一定得標準。

　　孝文帝遷都洛陽之時，前代皇帝嬪妃尚有在世者，她們仍生活於後宮之中，並隨著孝文帝遷都而移居洛陽，這些人死後便葬於洛陽，由於北魏遷都前都採用較小規格的墓誌，她們死後仍採用北魏前期的慣例，使用小型墓誌。

　　洛陽出土的文成、獻文兩代皇帝後宮嬪妃墓誌共 5 通，其中文成帝夫人于仙姬墓誌高 1 尺 6 寸、寬 1 尺 3 寸，嬪耿氏墓誌高 1 尺 5 寸、寬 1 尺 3 寸，嬪耿壽姬墓誌高、寬都是 1 尺 3 寸；獻文帝嬪成氏墓誌高 1 尺 2 寸、寬 1 尺，嬪侯氏墓誌高、寬都是 1 尺 4 寸。孝文帝改革後宮，規定「三夫人視三公，三嬪視三卿，六嬪視六卿。」〔註21〕這些嬪妃均葬於宣武帝、孝明帝時期。宣武帝時期，三公為一品官，三卿、六卿為三品官。據此可以推知北魏前期後宮嬪妃的墓誌等級：夫人視一品，墓誌在 1 尺 6 寸左右，嬪視三品，墓誌在 1 尺 3 寸左右。只有文成帝耿嬪雖為三品，但由於皇帝對她「追贈過於殊限」〔註22〕，從而實行了一品嬪妃墓誌的規格。

　　孝文帝遷都洛陽後，北魏帝陵也都選在洛陽，皇后與嬪妃作為皇帝的妻

〔註21〕《魏書》卷一三《皇后傳》，第 321 頁。
〔註22〕參看趙超：《漢魏南北朝墓誌彙編》，天津古籍出版社，2008 年版，第 180 頁。

妾，也都隨之葬於洛陽。這些嬪妃的墓誌與前代諸帝嬪妃墓誌相比，等級性更爲明確。孝文帝時期後宮等級制度規定「左右昭儀位視大司馬，三夫人視三公，三嬪視三卿，六嬪視六卿。」〔註23〕則昭儀是後宮中地位最高的嬪妃，夫人地位略低於昭儀，嬪的地位又低於夫人，出土墓誌的規格也印證了北魏後宮等級制度的規定。

　　孝文帝是葬於洛陽的第一位北魏皇帝，此後的北魏皇帝都葬於洛陽，他們的嬪妃也都葬於洛陽。孝文昭皇后高氏逝世時是孝文帝後宮嬪妃，後由於宣武帝繼位而被追封爲皇后，孝明帝時期將其以皇后的身份改葬。但由於孝文昭皇后的墓誌是在其入葬之時就已經刻製完成，而改葬之時僅將墓誌遷入新墓地，因而她的墓誌是按照後宮嬪妃墓誌的規格刻製，該墓誌高2尺1寸、寬1尺8寸。出土的孝文帝嬪趙氏墓誌高1尺1寸、寬1尺6寸。可見，孝文帝時期後宮嬪妃墓誌較前代皇帝嬪妃有所擴大，其中相當於一品的嬪妃墓誌由1尺6寸擴爲2尺，相當於三品的嬪妃墓誌由1尺3寸擴爲1尺6寸。

　　宣武帝、孝明帝時期，後宮嬪妃的墓誌規格在孝文帝後宮嬪妃墓誌的基礎上繼續擴大。孝明帝昭儀胡明相墓誌高2尺3寸、寬2尺4寸，僅低於皇后3尺的規格。三夫人地位低於昭儀，她們的墓誌規格也低於昭儀。其中宣武帝貴華夫人王普賢墓誌高2尺、寬2尺4寸，第一貴嬪夫人司馬顯姿墓誌高寬都是2尺4寸，則三夫人墓誌當在2尺至2尺4寸之間。三嬪與六嬪至宣武帝時期合稱爲九嬪，地位低於三夫人，其中孝文昭皇后高氏逝世時是孝文帝嬪，其墓誌高2尺、寬1尺7寸，孝文帝充華嬪趙氏墓誌高1尺1寸、寬1尺6寸，宣武帝嬪李氏墓誌高2尺、寬2尺4寸，孝明帝充華嬪盧令媛墓誌高、寬都是2尺，則北魏後宮中嬪的墓誌當在1尺6寸到2尺之間。

　　通過墓誌的規格我們可以看到：孝文帝以後諸帝嬪妃的墓誌，比葬於同一時期的北魏前期諸帝嬪妃的墓誌有所擴大，這主要是由於孝文帝遷都後，北魏薄葬習俗有所改變，但隨孝文帝遷都的北魏前期諸帝嬪妃，由於她們丈夫逝世時採用的是小型墓葬，她們死後也只能採用小型墓葬。不管這些墓誌大小的變化如何，墓誌所反映出的後宮嬪妃的等級差異是不變的。

　　此外，通過出土墓誌我們也能瞭解到嬪妃的墓葬地點，嬪妃與皇帝墓葬地點的遠近，反映了她們在北魏後宮的地位高下差異。

　　北魏前期後宮人員都採用碑形墓誌，由於遭到盜墓或風沙侵襲，這些墓

〔註23〕《魏書》卷一三《皇后傳》，第321頁。

誌的損毀狀況較爲嚴重，其墓誌設立狀況，仍有待研究。孝文帝遷都時，前代皇帝後宮嬪妃也隨之遷居洛陽，「及遷洛陽，乃自表瀍西以爲山園之所。」〔註24〕孝文帝還於「太和十九年六月丙辰，詔遷洛之民，死葬河南，不得還北。」〔註25〕這些前代皇帝的嬪妃也就由此葬於洛陽。

　　文成帝嬪耿氏、獻文帝嬪侯氏的墓誌出土於安駕溝，文成帝夫人于仙姬、獻文帝嬪成氏的墓誌出土於南石山村。根據誌文的記載，文成帝嬪耿氏葬於洛陽西嶺、夫人于仙姬葬於西嶺，獻文帝嬪成氏葬於山陵之域。趙萬里先生指出：「諸誌敘葬地除泛稱山陵或山陵之域，西陵即孝文之長陵，又稱西嶺。文成獻文兩朝嬪御，隨孝文遷洛，未能歸葬雲中，故皆祔葬西陵。其地在今洛陽城北楊凹村、南石山村，孝文昭皇后所謂『城西長陵』者是也。」〔註26〕根據墓誌的出土地點可知此陵園之所當在今河南洛陽孟津縣境內。

　　孝文帝死後將自己的陵墓——長陵設於洛陽，自此開始，北魏皇帝都將陵墓設於洛陽，后妃、女官也都隨之葬於皇帝陵墓的附近。由於後宮嬪妃是皇帝的妾，地位低於皇后，不僅人數較多而且等級分明，她們不能享有與皇帝合葬的權利，只能葬於皇帝陵墓周圍。嬪妃陵墓與皇帝陵墓的距離，直接展現了她們在北魏後宮的地位高下差異。如圖15所示：

圖 15

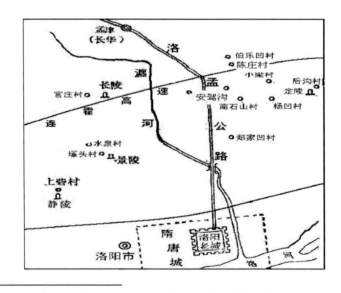

〔註24〕《魏書》卷一三《皇后·文成文明皇后馮氏傳》，第330頁。

〔註25〕《魏書》卷七《孝文帝紀下》，第178頁。

〔註26〕參看趙萬里：《漢魏南北朝墓誌集釋》，科學出版社，1956年版，第8頁。

　　孝文昭皇后高氏生前是孝文帝後宮貴人夫人，逝世後被孝文帝追封爲文昭貴人，並葬於終寧陵。關於該陵墓的具體地點，史書中沒有明確記載，但通過出土女官的墓誌，我們可以瞭解終寧陵的大體位置。

　　女尙書王僧男以及傅姆王遺女墓誌記載她們葬於終寧陵之北阿，而此二人的墓誌分別出土於洛陽北南石山村與楊凹村，可見，終寧陵當在南石山村與楊凹村附近。孝文帝逝世葬於長陵，高氏被追封爲皇后，並於神龜二年（519）遷葬於長陵附近，這也可視爲皇后的死後特權——與皇帝合葬。此後，終寧陵附近區域就成爲了孝文帝以前皇帝嬪妃的喪葬地。孝文帝充華嬪盧氏墓誌稱她「窆於芒山成周西北廿里」〔註 27〕，她的墓誌出土於陳莊村，亦在孝文帝長陵附近。通過孝文昭皇后與盧充華墓誌出土地，可見二人在後宮地位的差異：皇后在後宮中地位最高，因而墓地離帝陵最近，嬪妃地位較低，墓地便與帝陵較遠。

　　宣武帝景陵位於洛陽孟津縣塚頭村附近，在景陵附近出土了宣武帝第一貴嬪夫人司馬顯姿、夫人王普賢以及嬪李氏三人的墓誌。根據墓誌銘文記載，宣武帝第一貴嬪夫人司馬顯姿「（正光二年二月）廿二日庚申倍葬景陵。」〔註 28〕夫人王普賢「（魏延昌二年六月二日乙酉）窆於洛陽西鄉里。」〔註 29〕嬪李氏「（孝昌二年八月六日）葬於洛陽景陵垣。」〔註 30〕由於貴嬪夫人是三夫人中地位最高的一個，嬪的地位低於三夫人，則第一貴嬪夫人司馬顯姿地位高於夫人王普賢，而王普賢的地位又高於嬪李氏。她們墓誌的出土地點也證實史書以及墓誌銘文的記載。司馬顯姿的墓誌出土於水泉村，離景陵最近，王普賢的墓誌出土於鄭家凹村，離景陵稍遠。李氏在三人中地位最低，其墓誌出土於南石山村，是三人中距景陵最遠的一個。

　　出土的孝明帝後宮嬪妃墓誌有 2 通，其中孝明帝昭儀胡氏「（孝昌三年五月廿三日）遷窆於西陵。」〔註 31〕充華嬪盧氏「（正光三年四月卅日）窆於芒山成周西北廿里。」〔註 32〕史書記載，昭儀視一品，而嬪視三品。可見，昭儀的地位遠高於嬪。根據考古勘測，孝明帝定陵位於後溝村附近，胡昭儀墓

〔註 27〕參看趙超：《漢魏南北朝墓誌彙編》，天津古籍出版社，2008 年版，第 128 頁。
〔註 28〕參看趙超：《漢魏南北朝墓誌彙編》，天津古籍出版社，2008 年版，第 120 頁。
〔註 29〕參看趙超：《漢魏南北朝墓誌彙編》，天津古籍出版社，2008 年版，第 69 頁。
〔註 30〕參看趙超：《漢魏南北朝墓誌彙編》，天津古籍出版社，2008 年版，第 184 頁。
〔註 31〕參看趙超：《漢魏南北朝墓誌彙編》，天津古籍出版社，2008 年版，第 209 頁。
〔註 32〕參看趙超：《漢魏南北朝墓誌彙編》，天津古籍出版社，2008 年版，第 127 頁。

誌出土於楊凹村，嬪盧氏墓誌出土於小梁村，由於楊凹村比小梁村離孝明帝定陵所在地——後溝村近，即胡昭儀墓地離孝明帝陵墓距離較近，這也是她在後宮中地位遠高於盧氏的一種直接體現。

北魏嬪妃在後宮中的地位，不僅影響她們生前在後宮中的生活，即便是死後，這種地位的影響仍然存在。嬪妃生前的地位是她們墓誌規格，以及墓葬地的決定因素。反之，墓誌規格以及墓葬地，也反映了嬪妃在後宮中的等級。

三、女官的墓葬

女官也是後宮中重要的一類人員，她們管理後宮日常事物，爲后妃的生活服務。由於她們多是由於家人犯罪而被沒入皇宮，雖然通過自身的努力被選爲後宮官員，但她們卻終生不能離開皇宮，即便是死後也由國家根據她們的品級以及工作表現安排喪葬。

北魏女官制度正式設立於孝文帝時期，雖然孝文帝時期北魏開始實行「三年之喪」，但由於女官地位低下，她們多數並無子女可以守喪，而是在死後由國家對她們進行安葬，因此北魏後宮女官的喪葬中實行的也是「既葬公除」。根據墓誌銘文記載：大監劉阿素「（正光元年）秋八月卒於洛陽宮。冬十月遷窆於陵山。」〔註 33〕作司張安姬「（正光二年）春二月，卒於洛陽宮。春三月遷窆於陵山。」〔註 34〕可見，北魏後宮女官也普遍實行「逾月即葬」的習俗。但也有一些地位較低的女官，由於種種原因並未嚴格做到「逾月而即葬」，如女尚書馮迎男「大魏正光二年三月十八日亡於金墉宮。其月廿六日窆於洛陽之山陵。」〔註 35〕馮迎男是後宮三品女官，是現已出土女官墓誌記載的品級最低的一個，她的墓誌也是現已出土的北魏後宮女官墓誌中最小的，加之她的喪葬時間的不足逾月，這都是她生前在後宮中地位的一個鮮明反映。

根據墓誌銘文的記載，女官墓誌都設於孝明帝時期，因此，女官墓誌大小的規定，也是以北魏中尺爲計量單位的。《魏書》卷一三《皇后傳》記載：

> 後置女職，以典內事。內司視尚書令、僕。作司、大監、女侍

〔註 33〕 參看趙超：《漢魏南北朝墓誌彙編》，天津古籍出版社，2008 年版，第 114 頁。
〔註 34〕 參看趙超：《漢魏南北朝墓誌彙編》，天津古籍出版社，2008 年版，第 123 頁。
〔註 35〕 參看趙超：《漢魏南北朝墓誌彙編》，天津古籍出版社，2008 年版，第 123 頁。

中三官視二品。監，女尚書，美人，女史、女賢人、書史、書女、
小書女五官，視三品。中才人、供人、中使女生、才人、恭使宮人
視四品，春衣、女酒、女饗、女食、奚官女奴視五品。

現已出土的北魏女官墓誌品級最高者爲從一品女官——內司，最低者爲
三品女官——女尚書，加之她們在墓誌規格以及喪葬制度上的明顯差別，足
見，北魏後宮女官墓誌的設立以三品爲界，三品以下的女官，國家是不予製
作墓誌的。通過出土墓誌的形制以及墓誌銘文的記載，我們可以初步瞭解到
北魏女官墓葬的一些內容。

表 6：北魏女官墓誌情況表

墓主姓名	地 位		墓 誌 大 小				卒葬年代	出土時間	出土地點
	官職	品 級	現代（釐米）		北魏（尺）				
			高	寬	高	寬			
吳光	內司	從一品	35.5	47	1.3	1.7	熙平元年（516 年）	1926 年	洛陽北南石山村
楊氏	內司	從一品	36.8	51.7	1.3	1.8	正光二年（521 年）	1918 年	洛陽北楊凹村
劉阿素	大監	二品（賜一品）	45	36	1.6	1.3	正光元年（520 年）	1928 年	洛陽北南石山村
張安姬	作司	二品（贈一品）	46.3	53	1.7	1.9	正光二年（521 年）	1922 年	洛陽北楊凹村
王遺女	大監	二品（贈一品）	38.2	35	1.4	1.3	正光二年（521 年）	1919 年	洛陽北楊凹村
劉華仁	大監	二品（贈一品）	46.5	53	1.7	1.9	正光二年（521 年）	1925 年	洛陽北南石山村
孟元華	大監	二品	42.8	40.3	1.5	1.4	正光四年（523 年）	1936 年	洛陽北楊凹村
杜法眞	大監	二品	54.5	53.5	1.9	1.9	正光五年（524 年）	1933 年	洛陽北南石山村
王僧男	女尚書	三品（賜二品、贈一品）	39.5	39.5	1.4	1.4	正光二年（521 年）	1917 年	洛陽北楊凹村
馮迎男	女尚書	三品	33.3	33.3	1.2	1.2	正光二年（521 年）	1915 年	洛陽北南石山村

如表 6 所示，現已出土的從一品女官墓誌共 2 通，其中內司吳光墓誌高 1

尺 3 寸、寬 1 尺 7 寸，內司楊氏墓誌高 1 尺 3 寸、寬 1 尺 8 寸。大監是北魏後宮二品女官，其中孟元華墓誌高 1 尺 5 寸、寬 1 尺 4 寸，杜法眞墓誌高、寬都是 1 尺 8 寸。出土的北魏三品女官墓誌，僅女尚書馮迎男一通，該墓誌高、寬都是 1 尺 2 寸。由此可知，北魏一品女官墓誌約 1 尺 8 寸，二品女官墓誌在 1 尺 5 寸至 1 尺 8 寸之間，三品女官墓誌則爲 1 尺 2 寸左右。

此外，北魏王朝對死亡官員進行贈官的現象普遍存在，後宮女官中也有人由於表現出色在死後得到贈官，並由此擴大了墓誌的規格。如大監劉阿素本爲二品女官，但死後得贈一品，因此，其墓誌改爲 1 尺 6 寸，較一品女官墓誌 1 尺 8 寸小，卻大於同爲二品卻沒有得到贈官的女官的墓誌。再如王僧男與馮迎男同爲女尚書，馮迎男死後沒有得到贈官，其墓誌在 1 尺 2 寸左右，而王僧男死後得贈一品官，其墓誌擴展爲 1 尺 4 寸，雖大於三品女官的規格，卻遠小於生前就是一品女官者的墓誌。

同時，我們發現這樣一個現象：北魏女官墓誌的規格還受女官生前官品的影響。如劉阿素、王僧男死後都得贈一品，但由於劉阿素生前是大監，爲二品女官，她死後得贈一品，因而墓誌規格也就介於一品與二品之間，即採用 1 尺 7 寸的墓誌，而王僧男生前是女尚書，爲三品女官，她也在死後得贈一品，但爲了表明女官生前在後宮中地位，她的墓誌雖然有所擴大，但不能超過原本官居二品官員的墓誌規格，她的墓誌規格介於二品與三品之間，因而採用 1 尺 4 寸的墓誌。

孝文帝時期改革後宮，使北魏嬪妃、女官都有了品級，但處於同一品級的女官與嬪妃的墓誌卻有著明顯的差異，其中昭儀、三夫人視一品，墓誌爲 2 尺 1 寸至 2 尺 4 寸之間，而一品女官墓誌在 1 尺 8 寸左右；嬪視三品，墓誌在 1 尺 6 寸至 2 尺，而三品女官墓誌在 1 尺 2 寸左右。根據趙超先生的考證，北魏男性一品、二品官員，墓誌爲 2 尺 4 寸以上，三品官員墓誌在 2 尺至 2 尺 4 寸之間，四品以下官員墓誌在 1 尺至 1 尺 8 寸之間，嬪妃女官的墓誌一般比同等品秩的男性官員墓誌低一級〔註 36〕，女官墓誌又比同品級嬪妃的墓誌低一個等級，這也是她們在後宮地位低於嬪妃的一個直接反映。

北魏遷都洛陽以後，對不同時期的後宮人員實行不同的墓誌標準：孝文帝以前的後宮嬪妃墓誌較小，孝文帝時期後宮嬪妃的墓誌大於前代，宣武帝

〔註 36〕 參看趙超：《試談北魏墓誌的等級制度》，載《中原文物》，2002 年第 1 期，第 63 頁。

在孝文帝基礎上再一次擴大了后妃的墓誌規格，可見，北魏墓誌規格是以後宮人員的官品爲主要依據，以後宮人員所處時代爲準繩，對不同品級、時期的後宮人員實行不同的標準。

　　現已出土的北魏女官墓誌共十通，主要包括：內司、作司、大監、女尚書四類，其中內司爲從一品女官，作司、大監爲二品女官，女尚書爲三品女官。根據墓誌銘文的記載，內司吳光、大監孟元華葬於西陵，大監劉阿素、大監劉華仁、作司張安姬葬於陵山，女尚書馮迎男葬於山陵，大監王遺女、女尚書王僧男葬於終寧陵之北阿，大監杜法眞、內司楊氏埋葬地不詳。那麼，吳光、孟元華墓誌出土地必然相鄰，劉阿素、劉華仁、張安姬、馮迎男墓誌出土地必然相鄰，而王遺女、王僧男墓誌出土地也應相鄰。但事實並非如此。吳光、劉阿素、劉華仁、馮迎男、王僧男、杜法眞墓誌出土於南石山村，而張安姬、孟元華、王遺女、楊氏墓誌出土於洛陽北楊凹村。關於墓誌銘文記載與墓誌出土地之間的矛盾，趙萬里先生指出：諸誌敘葬地除泛稱山陵或山陵之域，吳光、於仙姬、胡昭儀三誌俱稱『葬於西陵』。西陵即孝文之長陵，又稱西嶺。⋯⋯其地在今洛陽城北楊凹村、南石山村，孝文昭皇后所謂「城西長陵」者是也。終寧陵初爲孝文昭皇后陵寢，後昭后遷葬長陵，遂爲宮人級臣僚葬所，亦當在長陵左右。〔註37〕可見，北魏女官作爲後宮服務群體，雖然生前她們在官品上有著差異，但她們的墓地卻沒有明顯的等級差別，今河南省洛陽市孟津縣南石山村與楊凹村所處地域正是北魏女官集體墓地所在。

　　此外，北魏女官中的女侍中都選自外戚、宗室之家，她們雖爲女官，卻不生活於宮中，這也使她們能夠在死後與家人安葬在一起，而不葬於北魏女官的集體墓地之中。《魏故儀同三司閻公之夫人樂安郡公主元氏墓誌銘》：

　　　　公主諱仲英，河南洛陽人也。顯祖獻文皇帝之孫，太尉咸陽王之女。稟祥星月，毓采幽閑，風德高華，光儀麗絕。年十有五，作嬪閻氏。女節茂於公宮，婦道顯於邦國。永熙在運，詔除女侍中。倍風闈壼，實諧內教。而餘慶不永，春秋五十五，興和二年二月十五日薨於第。粵十月廿八日合葬於此。〔註38〕

元英墓誌高 36.2 釐米、寬 72 釐米，換算成北魏尺，則該墓誌高 1 尺 3 寸、寬 2 尺 6 寸，遠大於此時女官的墓誌等級。元英死後還與丈夫合葬，從墓誌出土

〔註37〕參看趙萬里：《漢魏南北朝墓誌集釋》，科學出版社，1956年版，第8頁。
〔註38〕參看趙超：《漢魏南北朝墓誌彙編》，天津古籍出版社，2008年版，第338頁。

地點上看，該墓誌出土於安駕溝村，而非此時女官的集體墓地點。《魏故持節征虜將軍營州刺史長岑侯韓使君賄夫人高氏墓銘》：

> 夫人勃海條人也。左光祿大夫勃海郡開國敬公颺之長女，侍中尚書令司徒大將軍平原郡開國公肇侍中司空澄城郡開國穆公顯之元姊。夫人妹以儀軒作聖，姪女襄月留光，並配乾景，用敷地訓。二后褘褕，亞瓚天極。……至景明三年，宣武皇帝以夫人皇姨之重，兼韻動河月，遂賜湯沐邑，封遼東郡君。又以椒幛任要，宜須翼輔，授內侍中，用委宮掖。獻可諫否，節凝圖篆。……春秋七十有一，正光四年歲在癸卯十一月十九日，抱疾薨於洛陽延壽里。卜遠有終，禮祔泉壄。以正光五年歲次壽星十一月三日移葬於定州常山郡行唐縣宕城川蘭山之陽□河之陰韓侯墓右。侯有宿志，故不同墳。〔註39〕

高氏是高肇的姐姐、宣武帝的姨母，於宣武帝時期被選爲女侍中，與元英一樣，她逝世後也與家人葬在一起，其墓誌出土於河北曲陽縣，離女官集體墓地所在地——孟津縣較遠。

北魏後宮中地位最低的是宮女。宮女的人數最多，境遇卻最爲悲慘，不僅生前遭受壓迫、奴役，即便是死後也不能設墓立墳，由於史書中有關宮女的記載較少，加之出土資料的缺乏，北魏宮女的喪葬制度，尚有待研究。

第二節　後宮追贈制度

北魏國家對亡故官員進行追贈，始自道武帝時期，至明元帝時期，後宮嬪妃也可以在死後得到追贈，特別是隨著孝文帝改革的推行，後宮嬪妃有了品級的劃分，女官制度也於此時設立。由此，嬪妃、女官成爲北魏後宮贈官的主要對象。

一、嬪妃的追贈

皇后是後宮中地位最高者。北魏王朝的一些嬪妃生前由於種種原因沒有能夠被封爲皇后，在她們死後，爲了彰顯她們的尊貴，提升她們在後宮中的地位，北魏皇帝會將一些嬪妃追封爲皇后。

北魏「手鑄金人」制的實施，使得一些有寵於皇帝的嬪妃，由於鑄金人

〔註39〕參看趙超：《漢魏南北朝墓誌彙編》，天津古籍出版社，2008年版，第153頁。

失敗而與皇后之位失之交臂，皇帝爲了表示對這些嬪妃的恩寵，便在她們死後將她們追封爲皇后。《魏書》卷一三《皇后·明元昭哀皇后姚氏傳》：

> 明元昭哀皇后姚氏，姚興女也，興封西平長公主。太宗以后禮納之，後爲夫人。后以鑄金人不成，未昇尊位，然帝寵幸之，出入居處，禮秩如后焉。是後猶欲正位，而后謙讓不當。泰常五年薨，帝追恨之，贈皇后璽綬，而後加諡焉。葬雲中金陵。

從這些記載中可以看出，姚氏進宮之初明元帝有意立她爲皇后，因而「以後禮納之」，但是在北魏要成爲皇后必須經過「手鑄金人」這項測試，姚氏由於沒有成功鑄成金人而未能成爲皇后。雖然明元帝後來想要封她爲皇后，但她最終並未接受，究其原因，可能是未鑄成金人而立后者不會被人們承認，甚至可能會給自己帶來巨大壓力和政治困境。不管出於怎樣的考慮，姚氏最終沒有被立爲皇后。在她死後，明元帝爲了表示恩寵，追封她爲皇后，並授予其皇后璽綬，且將她以皇后的身份葬於北魏的皇陵——金陵之中。明元昭哀皇后姚氏也是北魏歷史上唯一一位，由於得寵於皇帝而在死後被追封皇后的嬪妃。

此外，由於鮮卑族女性地位較高，道武帝鑒於代國時期嬪妃在部族的支持下，通過扶植自己的兒子職掌政權，影響國家政治發展的歷史狀況，製定了「後宮產子將爲儲貳，其母皆賜死」〔註40〕（即「子貴母死」）制度，這也就造成北魏很多嬪妃由於兒子被立爲太子而失去了性命，她們死後多數人沒有被當朝皇帝直接追封爲皇后，只能按照嬪妃的待遇進行安葬，這就造成了明元帝至孝文帝時期，北魏諸帝無一例外的在繼位後追封被賜死的母親爲皇后，從而出現了「宮人爲帝母，皆正位配饗焉」的現象〔註41〕。

北魏正史記載中第一位由嬪妃被追封爲皇后者，便是道武宣穆皇后劉氏。《魏書》卷一三《皇后·道武宣穆皇后劉氏傳》：

> 道武宣穆皇后劉氏，劉眷女也。登國初，納爲夫人，生華陰公主，後生太宗。后專理內事，寵待有加，以鑄金人不成，故不得登后位。魏故事，後宮產子將爲儲貳，其母皆賜死。太祖末年，后以舊法薨。太宗即位，追尊諡號，配饗太廟。

劉氏是道武帝後宮夫人，由於兒子被選爲太子而被道武帝以「子貴母死」制

〔註40〕《魏書》卷一三《皇后·道武宣穆皇后劉氏傳》，第325頁。
〔註41〕《魏書》卷一三《皇后·道武宣穆皇后劉氏傳》，第325頁。

賜死。明元帝繼位後，其便以帝母身份被追封爲皇后。此後，明元密皇后杜氏、太武敬哀皇后賀氏、文成元皇后李氏、獻文思皇后李氏、孝文貞皇后林氏等也都是由於同樣的原因被賜死。這些死於「子貴母死」制的嬪妃，在死後多被當朝皇帝追封爲級別較高的嬪妃，她們的兒子繼位後，還會將她們追封爲皇后。《魏書》卷一三《皇后‧太武敬哀皇后賀氏傳》：

> 太武敬哀皇后賀氏，代人也。初爲夫人，生恭宗。神䴥元年薨，
> 追贈貴嬪，葬雲中金陵。後追加號諡，配饗太廟。

太武敬哀皇后賀氏在太武帝時期入宮爲夫人。如前所述，北魏後宮中有三夫人，即貴嬪夫人、貴華夫人、貴人夫人，雖同屬夫人一級，三夫人地位卻有著高下之分，以貴嬪夫人地位最高，貴華夫人次之，貴人夫人再次之。賀氏被以「子貴母死」制賜死後，太武帝將她追贈爲貴嬪夫人，爲北魏「三夫人」中地位最高者，以此提升她的地位，後由於其帝母的身份，又被後人追封爲皇后。

道武、明元時期，「子貴母死」制是爲了防止後宮嬪妃，在兒子繼位後利用母子親情關係控制後宮、掌控朝政，而賜死太子的生母。自太武帝開始，後宮中握有實權的保太后或皇太后，利用此制度除去太子的生母，爲自己控制後宮掃清障礙。不管「子貴母死」制性質如何轉變，該制度存續期間內，北魏後宮嬪妃由於兒子被封太子，而失去性命是不爭的事實，「子貴母死」制度也隨之派生出了宣武帝以前，北魏皇帝繼位後都追封自己的生母爲皇后的現象。

北魏後宮「子貴母死」制度實際上是隨著文明太后馮氏的逝世而終結，《魏書》卷一三《皇后‧孝文昭皇后高氏傳》：

> 孝文昭皇后高氏，司徒公肇之妹也。父颺，母蓋氏，凡四男三女，皆生於東裔。高祖初，乃舉室西歸，達龍城鎮，鎮表后德色婉豔，任充宮掖。……遂生世宗。後生廣平王懷，次長樂公主。

> 及馮昭儀寵盛，密有母養世宗之意，后自代如洛陽，暴薨於汲郡之共縣，或云昭儀遣人賊后也。……其後有司奏請加昭儀號，諡曰文昭貴人，高祖從之。世宗踐阼，追尊配饗。

宣武帝的生母高氏原是孝文帝後宮貴人，是後宮三夫人之一，由於後宮鬥爭被馮昭儀害死。高氏死後孝文帝追封其爲文昭貴人，初步提升了她的地位。宣武帝繼位後，高氏又以帝母身份被追封爲皇后。孝明帝時期，又追封高氏

為皇太后，並將她遷葬於孝文帝長陵，進一步提升了她的地位。高氏由此成為北魏後宮中得到追贈最多的嬪妃。

追封後宮嬪妃為皇后的現象在北魏延續了近百年。自明元帝開始，至宣武帝為止，幾乎每代皇帝都有冊封嬪妃為皇后的現象。不管皇帝冊封本朝逝世的嬪妃為皇后，還是冊封自己的生母即前朝嬪妃為皇后，對嬪妃而言，都是地位的提升，這也可視為是北魏贈官制度在後宮中的轉化形式。但宣武帝僅孝明帝一子得以順利成長，其必然成為皇位的繼承人，孝明帝的生母胡氏也有幸躲過了這場劫難。孝明帝以後，北魏陷入混亂，加之孝明帝無子，北魏皇位轉由宗室繼承，追封後宮嬪妃為皇后的現象也就不可能再出現。

北魏王朝後宮嬪妃除了被追贈為皇后外，還有一些嬪妃由於生前得寵於皇帝，或者由於兒子得寵於皇帝，在死後被追封為更高級別的嬪妃或者王太妃。

北魏後宮嬪妃由於兒子得寵於皇帝，而得到追封的僅彭城王生母潘氏一人。潘氏是獻文帝後宮貴人夫人，屬北魏後宮三夫人之一，在北魏後宮中地位較高。《魏書》卷二一《獻文六王傳下·彭城王勰傳》：

> 彭城王勰，字彥和。少而岐嶷，姿性不羣。太和九年，封始平王，加侍中、征西大將軍。勰生而母潘氏卒。其年顯祖崩。及有所知，啟求追服。文明太后不許，乃毀瘠三年，弗參吉慶。

> 高祖革創，解侍中、將軍，拜光祿大夫。復除侍中，長直禁風，參決軍國大政，萬機之事，無不預焉。及車駕南伐，以勰行撫軍將軍，領宗子軍，宿衛左右。開建五等，食邑二千戶，轉中書令，侍中如故，改封彭城王。

拓跋勰在太和九年（485）被封為始平王。根據北魏後宮慣例，有子封王的嬪妃在皇帝死後可以出宮為王太妃，但潘貴人在拓跋勰出生後便已逝世，孝文帝繼位後，拓跋勰被封為始平王後，出於孝道，他想要追封母親為王太妃，由於遭到了文明太后的反對而作罷。孝文帝親政後，拓跋勰受到器重，成為孝文帝改制中重要的輔臣之一，並被改封為彭城王。在拓跋勰的努力下，孝文帝下詔：「弟勰所生母潘早齡謝世，顯號未加，勰禍與身具，痛隨形起，今因其展思，有足悲矜，可贈彭城國太妃，以慰存亡。」〔註42〕由此，潘貴人

〔註42〕《魏書》卷二一《獻文六王·彭城王勰傳》，第572頁。

最終被孝文帝追封爲王太妃。

還有一些嬪妃沒有兒子爲帝、爲王，她們不可能被追封爲皇后或王太妃。但由於她們生前得寵於皇帝，在她們死後，皇帝多會將她們追贈爲更高級別的嬪妃。《大魏高祖九嬪趙充華墓誌》：

> 充華南陽白水人也。高祖孝文皇帝之九嬪，盧氏義陽長公主之母。謙光柔順，播鳳聲於素宗；英清玉粹，登椒華而俞馥。福慶無徵，春秋卅有八，以延昌三年歲在甲午八月丁丑朔十三日己丑寢疾而薨。
> 皇上震悼，六宮哀慟。使兼大鴻臚奉策即柩，追贈充華焉。〔註43〕

趙氏是孝文帝後宮九嬪之一。關於九嬪的名號，目前可考的只有兩個，即充華嬪與容華嬪。趙氏由九嬪被孝文帝追贈爲充華嬪，說明充華嬪在九嬪中地位較高，孝文帝通過這種追贈方式表達對趙氏的恩寵。

北魏後宮無子嬪妃，只有生前受到皇帝恩寵，並且在皇帝之前逝世的人才能得到追贈。北魏皇帝對後宮嬪妃的追贈，只是在嬪妃生前所處等級內部對其地位進行小的調整，而不是通過追贈迅速提高她們的品級，追贈並未對她們死後的墓葬等級產生影響。

二、女官的追贈

除了皇后與嬪妃外，北魏女官死後也可以得到追贈。如前所述，北魏女官制度設立於孝文帝時期〔註44〕，女官生活於後宮之中，爲皇帝以及後宮嬪妃的生活服務，由於她們長期工作、生活於皇帝的身邊，容易得到皇帝的賞識，這就使得一些工作能力較強的女官在死後也能得到追贈。

關於女官死後得到追贈的情況，史書中並沒有過多的記載，但通過出土墓誌銘文的記載，我們仍可以瞭解到女官死後追贈的大體情況。現已出土北魏後宮女官墓誌共十通，其中得贈官者共有四人，根據墓誌銘的記載，這些女官大都在熙平、正光年間亡故，並獲得相應的追贈。由此來看，在孝明帝時期，後宮女官獲得贈官的人數是比較多的。

〔註43〕 參看趙超：《漢魏南北朝墓誌彙編》，天津古籍出版社，2008年版，第74頁。
〔註44〕 《魏書》卷一三《皇后傳》記載：「後置女職，以典內事。內司視尚書令、僕。作司、大監、女侍中三官，視二品。監，女尚書，美人，女史、女賢人、書史、書女、小書女五官，視三品。中才人、供人、中使女生、才人、恭使宮人，視四品。春衣、女酒、女饗、女食、奚官女奴，視五品。」

　　根據墓誌銘文的記載，北魏後宮女官死後得到贈官者，生前都在後宮中擔任作司、大監、女尚書等職務，她們在逝世前無一例外的被封爲二品官，在她們死後也都被追贈爲一品。

　　《魏書》卷一三《皇后傳》載：「作司、大監、女侍中三官，視二品。」張安姬生前是作司「春二月，卒於洛陽宮。內愍宿勤，旨贈第一品。」〔註45〕，劉華仁爲典棻大監「春秋六十有二，春正月，卒於洛陽宮。內愍宿心，持旨贈第一品。」〔註46〕則張安姬、劉華仁生前爲二品女官，由於得到皇帝的賞識而在死後被追贈爲一品官，由此提升她們的品級和待遇。

　　王遺女本任職嘗食監，是北魏後宮諸監之一。《魏書》卷一三《皇后傳》載：「監，女尚書，美人，女史、女賢人、書史、書女、小書女五官，視三品。」〔註47〕則王遺女本爲三品女官，「至高太后，以女歷奉三后，終始靡愆，蔣訓紫闈，光諷唯闈，故超升傅姆焉。賜品二。」〔註48〕可見，王遺女辭世前已由三品女官提升爲二品，在她死後「上追愍之，贈品一。」王僧男生前是女尚書，爲三品女官，後由於她「能記釋嬪嬙，接進有序，克當乾心。使彤管揚輝，故錫品二。」〔註49〕在她死後「上以男歷奉二后，宿德者勤，又追贈品一。」由此可知，王遺女和王僧男最初都是三品女官，後提升爲二品。在她們死後不僅獲得一品贈官，北魏皇帝還「賜東園秘器及輼輬車。喪之資費，皆取公給。」〔註50〕這是其他後宮女官所不能得到的榮耀。

　　這些事例說明，北魏國家對亡故的後宮女官的贈官，一般都高於生前所任職官一級。日本學者窪田慶文先生指出：贈官比卒時的官高是通例〔註51〕，這種情況在北魏女官中也依然存在。贈官的實施，使女官的品級得到了提升，也使她們的墓誌等級隨之改變，關於北魏女官得到贈官後墓誌的改變情況，前文已有所論述，在此就不再贅述。

〔註45〕參看趙超：《漢魏南北朝墓誌彙編》，天津古籍出版社，2008 年版，第 123 頁。
〔註46〕參看趙超：《漢魏南北朝墓誌彙編》，天津古籍出版社，2008 年版，第 122 頁。
〔註47〕《魏書》卷一三《皇后傳》，第 321 頁。
〔註48〕參看趙超：《漢魏南北朝墓誌彙編》，天津古籍出版社，2008 年版，第 124 頁。
〔註49〕參看趙超：《漢魏南北朝墓誌彙編》，天津古籍出版社，2008 年版，第 124 頁。
〔註50〕參看趙超：《漢魏南北朝墓誌彙編》，天津古籍出版社，2008 年版，第 124 頁。
〔註51〕參看窪田慶文：《關於北魏的贈官》，載《文史哲》，1993 年第 3 期，第 81頁。

第三節　後宮諡法制度

中國古代的諡法制度興起於西周，「諡者死後之稱。諡之言列其所行，身雖死，名常存，故謂諡也。」〔註52〕但此時僅是對諸侯、貴族的追諡，諡號還未加於女性。至西漢時期，國家開始為皇后追加諡號，由此女性的諡號開始出現。至東晉時期，後宮嬪妃也開始得到諡號，諡法制度逐漸完善，並成為後宮喪葬制度的一個重要組成部分。皇帝通過對皇后以及嬪妃進行追諡的方式，達到「身雖死。名常存。」「所以勸善戒惡也。」〔註53〕的目的。

一、皇后的諡法

北魏建立後仿照中原王朝的制度，逐步建立並完善了各項制度，諡法制度也是在這樣的背景下產生的。北魏王朝的諡法制度，在道武帝時期就已經出現。《魏書》卷一五《昭成子孫傳·秦明王翰傳》：

> 秦明王翰，昭成皇帝第三子。少有高氣，年十五便請率騎征討，
> 帝壯之，使領二千騎。及長統兵，號令嚴信，周旋征討，多有克捷。
> 建國十年卒。太祖即位，追贈秦王，諡曰明。

秦明王拓跋翰在道武帝建立北魏前就已經逝世，道武帝建國後追贈他為秦王，並賜給他諡號，這也是北魏王朝對逝世官員給予諡號的最早記載。雖然道武帝時期，諡法制度已經出現在北魏王朝中，但能夠得到諡號者僅是朝廷官員、貴族，後宮人員尚不在皇帝賜予諡號的範疇內。《魏書》卷一三《皇后·道武皇后慕容氏傳》：

> 道武皇后慕容氏，寶之季女也。中山平，入充掖庭，得幸。左
> 丞相衛王儀等奏請立皇后，帝從群臣議，令后鑄金人，成，乃立之，
> 告於郊廟。

道武帝時期皇后沒有單獨的諡號，僅是以皇帝的諡號為諡號。拓跋珪諡號為「道武」，所以他的皇后慕容氏便稱為「道武皇后」。至明元帝時期，開始對皇后賜予單獨的諡號。《魏書》卷一三《皇后·道武宣穆皇后劉氏傳》：

> 道武宣穆皇后劉氏，劉眷女也。登國初，納為夫人，生華陰公
> 主，後生太宗。后專理內事，寵待有加，以鑄金人不成，故不得登

〔註52〕《藝文類聚》卷四〇《禮部·諡》引《五經通義》，第726頁。
〔註53〕《藝文類聚》卷四〇《禮部·諡》引《五經通義》，第726頁。

－154－

后位。魏故事，後宮產子將爲儲貳，其母皆賜死。太祖末年，后以
舊法薨。太宗即位，追尊諡號，配饗太廟。自此後宮人爲帝母，皆
正位配饗焉。

道武宣穆皇后劉氏本是道武帝後宮嬪妃，由於兒子被立爲太子而被道武帝以
「子貴母死」制賜死。明元帝繼位後，追尊她爲皇后，並給予她相應的諡號，
「宣穆」便是是劉氏的諡號。加之她是北魏太祖拓跋珪的妻子，由於「婦人
以隨從爲義，夫貴於朝，婦貴於室，故得蒙夫之諡。」〔註54〕因而歷代皇后
的諡號前都要冠以皇帝的諡號，拓跋珪諡號爲道武，所以劉氏的諡號爲「道
武宣穆皇后」。

　　皇帝在皇后死後根據「諡者行之迹也，號者功之表也。」〔註55〕的原則，
用一到兩個字對皇后的生平進行總結，確定皇后的諡號，並在皇后諡號前冠
以皇帝的諡號，以確定其身份，並顯示皇后地位在皇帝之下。皇后的諡號可
以是當朝皇帝所賜予的，也可以是繼位皇帝所追封的。《魏書》卷一三《皇后·
孝文貞皇后林氏傳》：

　　　　孝文貞皇后林氏，平原人也。……后容色美麗，得幸於高祖，
　　生皇子恂。以恂將儲貳，太和七年后依舊制薨。高祖仁恕，不欲襲
　　前事，而稟文明太后意，故不果行。諡曰貞皇后，葬金陵。

林氏是孝文帝後宮嬪妃，後由於「子貴母死」制被賜死，孝文帝將其追封爲
皇后，並給予諡號「貞」。

　　諡號產生於西周，史載「成周之法初無惡諡，諡之有惡者，後人之所立
也，由有美刺之說行，然後後人立惡諡。」〔註56〕至春秋時期，諡法開始制
度化，逐漸分爲了美諡、平諡與惡諡三種，即鄭樵在《通志》中所說的上諡、
中諡與下諡。

　　統計《魏書》記載，北魏皇后共有二十位。在這些皇后中得美諡者十人，
平諡者三人，無諡號者七人。可見，在皇后諡號的確定中，美諡居多，平諡
較少，惡諡則從未使用。

　　美諡是包含褒獎意味的諡號，「用之君親焉，用之君子焉。」〔註57〕皇帝

〔註54〕　《通典》卷一〇四《禮典·凶禮二六》皇后諡及夫人諡議條引《白虎通義》，
　　　　第2713頁。
〔註55〕　《通典》卷一〇四《禮典·凶禮二六》帝王諡號議條引《大戴禮》，第2711頁。
〔註56〕　《通志》卷四六《諡略·諡上·序論第一》，第603頁。
〔註57〕　《通志》卷四六《諡略·諡中·上諡法》，第604。

根據「生有善行。死有善諡。」〔註58〕的原則，對皇后進行追諡。當時獲得美諡的皇后有道武宣穆皇后劉氏、明元密皇后杜氏、景穆恭皇后郁久閭氏、文成文明皇后馮氏、文成元皇后李氏、獻文思皇后李氏、孝文貞皇后林氏、孝文昭皇后高氏、宣武順皇后于氏、宣武靈皇后胡氏等，獲得平諡的皇后有明元昭哀皇后姚氏、太武敬哀皇后賀氏、孝文幽皇后馮氏。《魏書》卷一三《皇后・景穆恭皇后郁久閭氏傳》：

> 景穆恭皇后郁久閭氏，河東王毗妹也。少以選入東宮，有寵。
> 眞君元年，生高宗。世祖末年薨。高宗即位，追尊號諡。葬雲中金
> 陵，配饗太廟。

郁久閭氏是景穆帝爲太子時的太子妃，景穆帝未繼位就已逝世，後被追封爲皇帝，郁久閭氏隨之也死於「子貴母死」制之下，文成帝繼位後將其追封爲皇后，並以「恭」作爲她的諡號。《史記正義・諡法解》記載：「尊賢敬讓曰恭。芘親之闕曰恭。」則景穆恭皇后的諡號爲美諡。

北魏明元昭哀皇后姚氏、太武敬哀皇后賀氏都以美諡加平諡組成的諡號，如姚氏的諡號昭哀二字，《史記正義・諡法解》記載：「容儀恭美曰昭。昭德有勞曰昭。」則「昭」爲美諡，「蚤孤短折曰哀。恭仁短折曰哀。」則哀爲平諡。同理，太武敬哀皇后諡號，「夙夜警戒曰敬。合善典法曰敬。」則敬爲美諡。「蚤孤短折曰哀。恭仁短折曰哀。」則「哀」爲平諡。

北魏皇后中還有一人被給予平諡，她便是孝文幽皇后馮氏。孝文幽皇后馮氏是文明太后的姪女，由於自身的失德行爲而失寵，孝文帝逝世前留下遺詔「後宮久乖陰德，自絕於天。若不早爲之所，恐成漢末故事。吾死之後，可賜自盡別宮，葬以後禮，庶掩馮門之大過。」〔註59〕宣武帝皇帝礙於她與文明太后的關係，並未給予她惡諡，但她的失德行爲也使得她無法得到美諡，因而選擇「用之愍傷焉，用之無後者焉」〔註60〕的平諡對她追諡。《史記正義・諡法解》記載：「壅遏不通曰幽。」正是她生平的一個鮮明寫照。

另外，也有一些皇后雖然也有所過錯，但卻仍然得到了美諡，宣武靈皇后胡氏就是其中的代表。宣武帝逝世後，孝明帝生母胡氏以皇太后的身份干政，並造成「朝政疏緩，威恩不立，天下牧守，所在貪婪。……文武解體，

〔註58〕《藝文類聚》卷四○《禮部下・諡》引《五經通義》，第726頁。
〔註59〕《魏書》卷一三《皇后・孝文幽皇后馮氏傳》，第334頁。
〔註60〕《通志》卷四六《諡略・諡中・中諡法》，第604。

所在亂逆，土崩魚爛。」〔註61〕的嚴重後果，可是她死後仍被追加美諡「靈」，這正是北魏後期「號諡之加，與泛階莫異，專以極美爲稱，無復貶降之名」〔註62〕的鮮明寫照。

自明元帝時期諡法制度在後宮實行開始，北魏皇后大都有在死後有著相應的諡號，但也有七位皇后由於種種原因沒有得到追諡。關於她們沒有得到追諡的原因，史書中沒有明確的記載，但通過相關記載我們可以推知三人沒有得到諡號，都與北魏後宮鬥爭或政局變化有著密切的聯繫。《魏書》卷一三《皇后·太武皇后赫連氏傳》：

> 太武皇后赫連氏，赫連屈丐女也。世祖平統萬，納后及二妹俱爲貴人，後立爲皇后。高宗初崩，祔葬金陵。

《皇后傳》對太武皇后赫連氏的記載較少，從中我們只能看到她本是大夏公主，由於大夏被北魏所滅，她被太武帝掠奪入後宮並得封皇后，關於她的死因以及生前她在北魏後宮中的事迹，史書中並未明確記載。李憑先生經過細緻的考證，爲我們揭示了赫連氏的死因。太武帝末年赫連氏宗族被誅，沒有政治勢力可以依靠的赫連皇后被宗愛利用，充當他政變的傀儡。宗愛政變失敗後，文成帝繼位，北魏權力落入文成帝保母常氏之手。此時的赫連氏已經成爲太皇太后，文成帝生母郁久閭氏仍在世，常氏要成爲皇太后必須除去此二人。她首先迫使赫連氏以「子貴母死」制處死郁久閭氏，而後又將赫連氏害死，從而登上了皇太后之位，成爲後宮中的主宰。〔註63〕文成帝繼位後追封生母郁久閭氏爲皇后，對於害死生母的赫連氏，他自然不會進行追諡，這就使太武皇后赫連氏成爲北魏諡法制度建立後，第一位沒有自己諡號的皇后。

北魏歷史上第二位沒有得到諡號的皇后是孝文廢皇后馮氏。《魏書》卷一三《皇后·孝文廢皇后馮氏傳》：

> 孝文廢皇后馮氏，太師熙之女也。太和十七年，高祖既終喪，太尉元丕等表以長秋未建，六宮無主，請正內位。高祖從之，立后爲皇后。……高祖後從重引后姊昭儀至洛，稍有寵，后禮愛漸衰。……昭儀規爲內主，譖構百端。尋廢后爲庶人。后貞謹有德操，遂爲練

〔註61〕《魏書》卷一三《皇后·宣武靈皇后胡氏傳》，第 339 頁。
〔註62〕《魏書》卷六八《貫琛傳》，第 1516 頁。
〔註63〕參看李憑：《北魏文成帝初年的三后之爭》，收於《北朝研究存稿》，商務印書館，2006 年版，第 138～161 頁。

行尼。後終於瑤光佛寺。

馮氏先失寵於孝文帝，後由於馮昭儀的誣陷被廢而出家，也就不可能得到追諡。

北魏歷史上第三位沒有得到諡號的皇后是宣武皇后高氏。《魏書》卷一三《皇后·宣武皇后高氏傳》：

> 宣武皇后高氏，文昭皇后弟偃之女也。世宗納為貴人，生皇子，早夭，又生建德公主。後拜為皇后，甚見禮重。性妬忌，宮人希得進御。及肅宗即位，上尊號曰皇太后。尋為尼，居瑤光寺，非大節慶，不入宮中。……時天文有變，靈太后欲以後當禍，是夜暴崩，天下冤之。喪還瑤光佛寺，嬪葬皆以尼禮。

《魏書》卷三一《于栗磾傳附于忠傳》：

> 初，世宗崩後，高太后將害靈太后。劉騰以告侯剛，剛以告忠。忠請計於崔光，光曰：「宜置胡嬪於別所，嚴加守衛，理必萬全，計之上者。」忠等從之，具以此意啟靈太后，太后意乃安。故太后深德騰等四人，並有寵授。

宣武皇后高氏在宣武帝統治時期，依靠外戚勢力控制著北魏後宮，宣武帝死後，高氏家族勢力衰落，此時即將繼位的太子生母胡氏尚在人世，為了繼續控制後宮，高氏曾想加害胡氏，但並未成功。孝明帝繼位後，胡氏、高氏同時被封為皇太后，但此時後宮的權力中心已經轉移至胡太后一方，高太后只能通過出家求得生存，但最後還是被胡氏害死。由於高太后在與胡太后的鬥爭中失敗，加之她自身並無子嗣，繼位的孝明帝又是胡太后的兒子，她得不到皇帝的追諡也就在情理之中。

但《資治通鑑》卷一四八《梁紀四》武帝天監十七年條卻有著不同的記載：

> （九月）魏胡太后以天文有變，欲以崇憲高太后當之。戊申夜，高太后暴卒；冬，十月，丁卯，以尼禮葬於北邙，諡曰順皇后。百官單衣邪巾送至墓所，事訖而除。

《魏書》卷一三《皇后·宣武順皇后于氏傳》：

> 宣武順皇后于氏，太尉烈弟勁之女也。世宗始親政事，烈時為領軍，總心膂之任，以嬪御未備，因左右諷諭，稱后有容德，世宗乃迎入為貴人。時年十四，甚見寵愛，立為皇后，謁於太廟。后靜

默寬容，性不妒忌。生皇子昌，三歲夭殁。其後暴崩，宮禁事祕，

莫能知悉，而世議歸咎於高夫人。葬永泰陵，諡曰順皇后。

同一位皇帝的兩位皇后被給予相同的諡號，可能性本就很小。加上胡太后害死高太后之後，既然都不按照皇后的禮遇將她安葬，又何必爲她追諡？諡號是對皇后生平行爲的一個總結，《史記正義·諡法解》記載：「慈和偏服曰順。」注曰：「能使人皆服其慈和。」這與順皇后于氏「靜默寬容，性不妒忌」的性格特點相吻合，而與高氏「性妒忌，宮人希得進御」並不相符。這樣看來，「順」只是于氏的諡號，高氏雖爲皇后，但並未獲得單獨的諡號。

北魏歷史上第四位沒有得到追諡的皇后是孝明皇后胡氏，《魏書》卷一三《皇后·孝明皇后胡氏傳》：

孝明皇后胡氏，靈太后從兄冀州刺史盛之女。靈太后欲榮重門族，故立爲皇后。蕭宗頗有酒德，專嬖充華潘氏，后及嬪御並無過寵。太后爲蕭宗選納，抑屈人流。時博陵崔孝芬、范陽盧道約、隴西李瓚等女，但爲世婦。諸人訴訟，咸見忿責。武泰初，后既入道，遂居於瑤光寺。

胡氏是靈太后的侄女，被孝明帝冊封爲皇后，成爲孝明朝後宮中的主宰。孝明帝逝世後，尒朱榮發動政變，靈太后帶領孝明帝後宮嬪妃出家，胡氏也在其中。而後，北魏政局動蕩，皇位更替頻繁，隨即又分裂爲東、西魏，胡氏也就在北魏政局的動蕩中，沒有得到應有的諡號。

以上所述四位沒有得到諡號的皇后，除孝文廢皇后馮氏被廢而喪失追諡的機會，其他三人爲得諡號的原因卻有著共同點：首先，三位皇后的逝世都晚於皇帝，且繼位的皇帝與她們沒有血緣關係；其次，三位皇后都曾主宰後宮控制其他嬪妃，或參與到後宮鬥爭；第三，在皇帝死後都主動或被動的被國家的政治鬥爭所波及。這一切的因素共同造成了三人沒有得到皇后應得的諡號，只能以皇帝的諡號作爲她們的諡號。

孝明帝以後，朝政完全掌握於權臣之手，此時的皇后都是出自這些權臣之家的女子。如孝莊皇后尒朱氏就是尒朱榮之女，她原是孝明帝後宮的嬪，孝莊帝繼位後，尒朱榮迫使其立自己的女兒尒朱氏爲皇后，從而出現「帝既外逼於榮，內逼皇后，恒怏怏不以萬乘爲貴」〔註64〕的情況。尒朱榮死後，尒朱兆繼續執掌北魏朝政，爲了維持尒朱家族的權利，「世隆請前廢帝納兆女

〔註64〕《北史》卷四八《尒朱榮傳》，第 1757 頁。

為后，兆乃大喜。」〔註65〕北魏末年，尒朱氏家族被滅，高歡掌握了北魏朝政，他也迫使孝武帝立他的女兒為皇后，史載「孝武皇后高氏，齊神武長女也。帝見立，乃納為后。」〔註66〕在北魏滅亡後，兩位尒朱氏都嫁給了北齊武帝高歡，高歡之女「及帝西幸關中，降為彭城王韶妃。」〔註67〕由於再嫁的緣故，這三人都沒有得到諡號。

據此可知，北魏皇后亡故後不能夠獲得諡號，顯然是受到後宮鬥爭，或者國家政局動蕩的影響，使北魏國家確立的後宮諡法制度不能夠正常實行。

二、嬪妃的諡法

相較於皇后普遍有諡號的現象，北魏後宮嬪妃在死後被給予諡號者相對較少，這也就造成嬪妃的諡號只有美諡、平諡而無惡諡。

現可考的北魏後宮嬪妃共有 74 位，道武帝時期諡法制度沒有實施於北魏後宮，除去這一時期的 5 位嬪妃，則自明元帝至孝明帝後宮嬪妃共 69 人，得諡號者僅 5 人，約占嬪妃總數的 7%，足見後宮嬪妃得諡之難。

北魏後宮嬪妃得諡號者最早出現於明元帝時期，《魏書》卷一三《皇后·明元密皇后杜氏傳》：

> 明元密皇后杜氏，魏郡鄴人，陽平王超之妹也。初以良家子選入太子宮，有寵，生世祖。及太宗即位，拜貴嬪。泰常五年薨，諡曰密貴嬪，葬雲中金陵。世祖即位，追尊號諡，配饗太廟。

杜氏是明元帝後宮貴嬪夫人、太武帝的生母，太武帝被選為太子，杜氏以「子貴母死」制被賜死，她死後明元帝追諡她為密貴嬪，則她的諡號為「密」。《逸周書·諡法解》記載：「追補前過曰密；思慮詳審曰密。」則杜氏的諡號乃為平諡。如前文所述，杜氏失寵於明元帝，僅由於她是繼任皇帝之母，且死於「子貴母死」制而得到追諡。

文成帝夫人于氏、孝文帝貴人高氏、宣武帝夫人王氏，以及孝明帝嬪盧氏四人則都得到美諡。《魏書》卷一三《皇后·孝文昭皇后高氏傳》：

> 孝文昭皇后高氏，司徒公肇之妹也。……文明太后親幸北部曹，見后姿貌，奇之，遂入掖庭，時年十三。

〔註65〕《魏書》卷七五《尒朱兆傳》，第 1665 頁。
〔註66〕《北史》卷一三《后妃上·孝武皇后高氏傳》，第 506 頁。
〔註67〕《北史》卷一三《后妃上·孝武皇后高氏傳》，第 506 頁。

及馮昭儀寵盛，密有母養世宗之意，后自代如洛陽，暴薨於汲郡之共縣，或云昭儀遣人賊后也。

其後有司奏請加昭儀號，謚曰文昭貴人，高祖從之。世宗踐阼，追尊配饗。

高氏是孝文帝後宮嬪妃、宣武帝的生母，後被馮昭儀害死，高氏死後孝文帝追謚她爲「文昭貴人」，則她的謚號爲「文昭」。

宣武帝時期還對非帝母的後宮嬪妃進行過追謚，《魏故貴華恭夫人（王普賢）墓誌銘》：

魏故貴華夫人王普賢，徐州琅耶郡臨沂縣都鄉南仁里人也。……考昔鍾家恥，投誠象魏。夫人痛皋魚之晚悟，感樹靜之莫因，遂乘險就夷，庶恬方寸。惟道冥昧，仍羅極罰，茹荼泣血，哀深乎禮。服闋，迺降皇命，爰登紫掖。〔註68〕

《魏書》卷六三《王肅傳附王紹傳》：

（王）紹，肅前妻謝生也，肅臨薨，謝始攜二女及紹至壽春。

世宗納其女爲夫人，肅宗又納紹女爲嬪。

王普賢是琅琊王肅之女。王肅於孝文帝時期進入北魏，得到了孝文帝的重用，並娶孝文帝妹彭城公主爲妻，孝文帝逝世後，留下遺詔命王肅爲宣武帝輔臣，由此王肅在北魏的權勢達到了極致，在這種情況下，王普賢進宮後自然能夠受到宣武帝的優待，對其給予謚號也就成爲必然了。

孝明帝繼承了宣武帝對後宮非帝母的嬪妃追謚的做法，《魏故充華嬪盧（令媛）氏墓誌銘》：

魏故充華嬪盧氏墓誌銘。謚曰昭。嬪諱令媛，范陽涿人，魏司空容城成侯之十一世孫，錄事府君之元女。……年甫九齡，召充椒掖。天不憖遺，構疾彌留。正光三年龍集壬寅，夏四月壬戌朔，十六日丁丑，卒於京室，時年十二。〔註69〕

孝明帝嬪盧氏出身北魏門閥大世族范陽盧氏，由她死於正光三年（523），時年十二歲，可推知她九歲入宮之時乃孝明帝神龜三年（520）。正是由於她所出家族在北魏的門望、地位，使得她死後孝明帝給予她謚號「昭」。

〔註68〕參看趙超：《漢魏南北朝墓誌彙編》，天津古籍出版社，2008年版，第69頁。
〔註69〕參看趙超：《漢魏南北朝墓誌彙編》，天津古籍出版社，2008年版，第127頁。

　　以上三位嬪妃在死後得到的諡號，都是她們的丈夫即當朝的皇帝所封。與以上三人不同，文成帝夫人于氏的諡號是由孝明帝所封。《魏帝先朝故于（仙姬）夫人墓誌》：

> 世曾祖文成皇帝故夫人者，西城宇闐國主女也。雖殊化異風，飲和若一。夫人諱仙姬，童年幼黠，早練女訓，四光自整，雅協后妃。聖祖禮納，寓之玫宇。齡登九十，臺疹未蠲，醫不救命，去二月廿七日薨於洛陽金墉之宮。重闈追戀，無言寄聲，旨以太牢之祭，儀同三公之軌。四月四日葬於西陵，諡曰恭。〔註70〕

這裡的「西城」應爲「西域」，「宇闐國」即《魏書》中記載的「于闐國」。〔註71〕于夫人便是于闐國公主。文成帝時期，于闐國開始向北魏朝貢，于夫人便由此進入北魏後宮之中。孝文帝遷都洛陽之時，前代皇帝的後宮嬪妃都隨孝文帝遷至洛陽，于夫人當在此行列之中。此後，她便一直生活於北魏後宮中，直至孝明帝時期去世。于夫人晚於文成帝逝世，按照北魏後宮嬪妃都由丈夫追諡的慣例，她是不可能得到諡號的。但是由於她公主的身份，最終孝明帝對其進行了追諡，從而使她成爲北魏後宮嬪妃中唯一一位由後代皇帝（非丈夫）追諡的嬪妃。

　　通過對北魏皇后與後宮嬪妃諡號的比較，我們可以看到，後宮嬪妃的諡號以美諡爲主。而美諡中的「文」、「昭」、「恭」三字，則是后妃諡號中使用最多的字。《史記正義・諡法解》記載：「慈惠愛民曰文。愍民惠禮曰文。」「容儀恭美曰昭。昭德有勞曰昭。」「尊賢貴義曰恭。敬事供上曰恭。尊賢敬讓曰恭。執禮御賓曰恭。」此三字主要強調后妃容儀端莊的外貌條件與恭順謙讓的道德品行，這也是我國古代統治者對後宮嬪妃最主要的要求。

　　北魏後宮女官雖然與朝廷官員有著同樣的品級，但與朝廷官員普遍擁有諡號不同的是，北魏後宮女官卻無一人能夠在死後得到追諡，這主要是由於北魏女官多是以罪臣家屬身份入宮的，她們在後宮中雖爲官員，但與一般的宮婢無異，北魏皇帝是不會給她們追加諡號的，這也是後宮女官地位低於朝廷官員最直接的表現。

〔註70〕參看趙超：《漢魏南北朝墓誌彙編》，天津古籍出版社，2008 年版，第 180 頁。
〔註71〕參看趙萬里：《漢魏南北朝墓誌集釋》，科學出版社，1956 年版，第 8 頁。

第六章　北魏後宮職官制度

　　隨著北魏後宮制度的完善，后妃人數逐漸增多，爲了確保后妃的生活質量以及後宮制度的正常運行，便有了數十倍於后妃的宮女爲她們的生活服務，隨之出現了管理這些宮女、爲后妃生活服務的後宮官員。

第一節　皇太后宮的官員

　　皇太后是整個王朝後宮中地位最高者，正是由於這種特殊的地位，歷代皇帝都十分重視對皇太后宮的管理，並派遣官員專門負責皇太后宮的管理工作。

　　根據史書記載，宣武皇后高氏居崇憲宮，因而又稱崇憲太后；宣武靈太后胡氏居崇訓宮，因而又稱崇訓太后。由於靈太后在北魏執掌朝政時間較長，其宮中官員系統較完備，本節遂以崇訓宮官員爲例，探討北魏皇太后宮中官員的任職情況。

一、官員的選擇

　　後宮是皇帝的妻妾們的居所，爲了保持後宮的純淨、防止后妃與皇帝以外的其他男子發生淫亂行爲，北魏後宮官員的選擇以宦官爲主，皇太后宮中官員的選擇也是如此。《魏書》卷九四《閹官·劉騰傳》：

> 劉騰，字青龍，本平原城民，徙屬南兗州之譙郡。幼時坐事受刑，補小黃門，轉中黃門。……靈太后臨朝，以與于忠保護之勳，除崇訓太僕，加中侍中，改封長樂縣開國公，食邑一千五百戶。

《魏書》卷九四《閹官·楊範傳》：

> 楊範，字法僧，長樂廣宗人也。高宗時，坐宗人劫賊被誅，範宮刑，爲王琚所養，恩若父子，往來出入其家。

> 靈太后臨朝，徵爲常侍、崇訓太僕卿，領中嘗藥典御，賜爵華陰子。

可見，北魏皇太后宮中的官員多是得寵於皇太后的宦官，這些宦官通過充當皇太后宮中的官員，提升了自己的地位。

除宦官外，還有一些得寵於皇帝或皇太后的宗室、外戚，也能夠在皇太后宮中任職。《魏故使持節散騎常侍車騎大將軍儀同三司尙書左僕射冀州刺史元公墓誌銘》：

> 君諱昭，字幼明，河南洛陽人也。昭成皇帝之玄孫，使持節征西大將軍定州刺史常山簡王第三子。……詔以本官持節兼散騎常侍北箱行臺，巡省州鎮。……旋軫未幾，除給事黃門侍郎司徒左長史散騎常侍御史中尉平南將軍侍中撫軍將軍，領崇訓太僕。〔註1〕

元昭是北魏宗室後裔，有著較高的出身，靈太后委任他爲崇訓太僕，使之成爲皇太后宮中的官員。《魏書》卷三一《于栗磾傳附于忠傳》：

> 既尊靈太后爲皇太后，居崇訓宮，忠爲儀同三司、尙書令、領崇訓衛尉，侍中、領軍如故。

> 初，世宗崩後，高太后將害靈太后。劉騰以告侯剛，剛以告忠。忠請計於崔光，光曰：「宜置胡嬪於別所，嚴加守衛，理必萬全，計之上者。」忠等從之，具以此意啓靈太后，太后意乃安。故太后深德騰等四人，並有寵授。

于忠是宣武順皇后于氏的堂兄，屬於北魏外戚，宣武帝死後，她先是「夜中與侍中崔光遣右衛將軍侯剛，迎蕭宗於東宮而即位。」〔註2〕後又在高太后與胡太后的後宮爭鬥中保護了胡太后。由此，于忠以擁立皇帝、保護太后之功，受到胡太后及孝明帝母子的信任，並被委任爲崇訓衛尉，成爲皇太后後宮的官員。

綜上可知，北魏皇太后宮中的官員都是由男性充任，不僅有宦官，還有宗室、外戚在皇太后宮中任職，在職務設置上，宦官與宗室、外戚沒有任何

〔註1〕 參看趙超：《漢魏南北朝墓誌彙編》，天津古籍出版社，2008年版，第144頁。
〔註2〕 《魏書》卷三一《于栗磾傳附于忠傳》，第742頁。

區別。

二、官員的任職

《晉書》卷二四《職官志》載：「太后三卿，衛尉、少府、太僕，漢置，皆隨太后宮爲官號，在同名卿上，無太后則缺。魏改漢制，在九卿下。及晉復舊，在同號卿上。」與漢、晉時期不同，太后三卿中的少府在北魏不再設置，此時太后宮僅有衛尉、太僕，他們的地位「在同號卿上，有後則置，無後則闕。」〔註3〕

1、崇訓衛尉

《魏書》卷三一《于栗磾傳附于忠傳》：

> 既尊靈太后爲皇太后，居崇訓宮，忠爲儀同三司、尚書令、領崇訓衛尉，侍中、領軍如故。

北魏靈太后胡氏居住在崇訓宮，于栗磾在崇訓宮任衛尉，根據「隨太后宮爲官號」的原則，他官名遂爲崇訓衛尉。

關於崇訓衛尉的官品與職掌，《魏書》中沒有明確的記載，但通過相關記載，我們或可以瞭解崇訓衛尉一職的大體狀況。《漢書》卷一九《百官公卿表上》：

> 衛尉，秦官，掌宮門衛屯兵，有丞。景帝初更名大夫令，後元年復爲衛尉。……長樂、建章、甘泉衛尉皆掌其宮，職略同，不常置。

《晉書》卷二四《職官志》：

> 太后三卿，衛尉、少府、太僕，漢置，皆隨太后宮爲官號，在同名卿上，無太后則缺。魏改漢制，在九卿下。及晉復舊，在同號卿上。

漢代的太后三卿中，衛尉職責是守衛皇太后所居宮廷，保證皇太后的安全，兩晉時期衛尉仍延續漢代的職能。北魏官制多沿襲漢晉制，因而崇訓衛尉的職責也應爲守衛皇太后所居宮廷。

2、崇訓太僕

太后宮中除衛尉外，還有太僕一職。《魏書》卷九四《閹官·封津傳》：

〔註3〕《通典》卷二七《職官·諸卿下》内侍省條，第756頁。

> 封津，字醴漢，勃海蓨人也。祖羽，眞君中爲薄骨律鎭副將，以貪汙賜死。父令德，娶党寶女，寶伏誅，令德以連坐從法。津受刑，給事宮掖。……孝昌初，除中侍中，加征虜將軍，仍除崇訓太僕，領宮室都將，冀州大中正。

可見，太僕與衛尉一樣，「隨太后宮爲官號」，靈太后居崇訓宮，其宮中的太僕便稱爲崇訓太僕。

關於崇訓太僕的職掌，史書中沒有明確的記載，只能從相關史料中加以考證。《漢書》卷一九《百官公卿表》：

> 太僕，秦官，掌輿馬，有兩丞。……中太僕掌皇太后輿馬，不常置也。

漢代皇太后宮中的太僕專門掌管皇太后車馬，兩晉時期沿用了漢代太僕的職掌，並最終被北魏所繼承，因此，北魏皇太后宮中太僕亦爲專掌皇太后車馬之官。

3、崇訓太僕少卿

北魏皇太后宮中太僕卿設有副職，稱太僕少卿，其與衛尉、太僕一樣，「隨太后宮爲官號」，靈太后崇訓宮中太僕少卿就稱爲崇訓太僕少卿。《魏書》卷九四《閹官·王溫傳》：

> 王溫，字桃湯，趙郡欒城人。父冀，高邑令，坐事被誅。溫與兄繼叔俱充宦者。

> 世宗之崩，羣官迎肅宗於東宮。溫於臥中起肅宗，與保母扶抱肅宗，入踐帝位。

> 靈太后臨朝，徵還爲中常侍、光祿大夫，賜爵欒城伯，安東將軍，領崇訓太僕少卿。

關於太僕少卿的職掌，史書中沒有記載，目前還無法得知，但由於皇太后宮中太僕掌皇太后車馬，作爲太僕副職的太僕少卿職責也應大體如此。

4、崇訓丞

史書中記載的北魏靈太后崇訓宮中官員，除崇訓衛尉、崇訓太僕、崇訓太僕少卿外，還有崇訓丞一職。《魏書》卷九四《閹官·賈粲傳》：

> 賈粲，字季宣，酒泉人也。太和中，坐事腐刑。頗涉書記。世宗末，漸被知識，得充內侍。自崇訓丞爲長兼中給事中、中嘗藥典

御，轉長兼中常侍。遷光祿少卿、光祿大夫。

關於後宮中丞的任職狀況，史書中沒有明確的記載，只能通過相關記載加以考證。《晉書》卷三一《后妃‧景獻羊皇后傳》：

> 景獻羊皇后諱徽瑜，泰山南城人。

> 后聰敏有才行。景懷皇后崩，景帝更娶鎮北將軍濮陽吳質女，
> 見黜，復納后，無子。武帝受禪，居弘訓宮，號弘訓太后。

《隋書》卷二六《百官志上》中也記載了羊太后所居弘訓宮官員的任職情況：

> 太僕卿，位視黃門侍郎，統南馬牧、左右牧、龍廄、內外廄丞。
> 又有弘訓太僕，亦置屬官。

> 衛尉卿，位視侍中，掌宮門屯兵。卿每月、丞每旬行宮徼，糾
> 察不法。統武庫令、公車司馬令。又有弘訓衛尉，亦置屬官。

西晉時期羊太所居弘訓宮設有弘訓太僕、弘訓衛尉二職，且二者皆有屬官，這個屬官當為丞。《唐六典》載：

> 衛尉寺：卿一人，從三品；少卿二人，從四品上。……丞二人，
> 從六品上。〔註4〕

> 太僕寺：卿一人，從三品；少卿二人，從四品上。……丞四人，
> 從六品上。〔註5〕

衛尉少卿、太僕少卿是衛尉卿、太僕卿的副職，衛尉丞、太僕丞是衛尉與太僕的屬官，太后三卿中衛尉、太僕的屬官也是如此。根據北魏靈太后宮設有崇訓衛尉、崇訓太僕，可知崇訓宮中必然有崇訓衛尉丞、崇訓太僕丞之職。但史書中卻只記載有崇訓丞，而沒有關於崇訓衛尉丞、崇訓太僕丞的任何記載。究竟是崇訓宮中衛尉丞與太僕丞合二為一，不再分設，還是史書在流傳過程中將崇訓衛尉丞或崇訓太僕丞誤載為崇訓丞？由於史料的缺乏，尚有待進一步研究。

漢代，皇太后宮中官員，主要包括衛尉、太僕、少府，合稱「太后三卿」，其中少府屬官較多、職掌也較廣泛，《唐六典》卷一二《內侍省》注引《漢書百官表》：

> 太后所居宮卿少府，職如長秋，位在同名卿上。魏改在九卿下。

〔註4〕《唐六典》卷一六《衛尉寺》，第459頁。
〔註5〕《唐六典》卷一七《太僕寺》，第479頁。

晉大長秋卿有后則置，無后則省。宋、齊因之。梁大長秋主諸宦者，以司宮闈之職，統中署、奚官、暴室、華林等署。陳氏亦同。

《晉書》卷二四《職官志》：

> 太后三卿，衛尉、少府、太僕，漢置，皆隨太后宮爲官號，在同名卿上，無太后則缺。魏改漢制，在九卿下。及晉復舊，在同號卿上。

可見，太后三卿中的少府在漢代就已經設立，主管宮中事物，至兩晉、南朝時期，太后三卿中的少府仍然設立，「齊郁林王立，文安太后即尊號，以宮名置宣德衛尉、少府、太僕。梁有弘訓太后，亦置屬官。陳亦有太后三卿。」〔註 6〕但至南朝梁時，太后三卿中少府的大部分屬官已轉歸大長秋統領，少府職能逐步減少。與之處於同一時期的北方政權中，作爲太后三卿之一的少府，隨著其職能的縮減，也已不再設立。《隋書》卷二七《百官志下》：

> 長秋寺，掌諸宮闈。卿、中尹各一人，丞二人。亦有功曹、五官、主簿、錄事員。領中黃門、掖庭、晉陽宮、中山宮、園池、中宮僕、奚官等署令、丞。又有暴室局丞。

北齊時期，少府職責爲大長秋所取代。由於北齊的各項制度大都沿襲北魏，而與北魏處於同一時期的南朝政權，太后三卿中的少府便已逐漸被大長秋取代，可以推知，北魏時期也如南朝政權一樣，太后宮中不再設少府，而將其職責轉由皇后宮中的大長秋負責。

第二節　皇后宮的官員

在我國古代社會中，皇后所居宮中也有獨立的屬官。根據《漢書》的記載，漢代皇后宮中官員主要包括詹事與大長秋，但至「成帝鴻嘉三年省詹事官，並屬大長秋。」〔註 7〕《晉書》卷二四《官氏志》稱：「大長秋，皇后卿也，有後則置，無後則省。」可見，大長秋是隨著皇后的冊立而設置的。

一、官員的選擇

大長秋在秦代稱爲將行，西漢時改稱大長秋，其屬官有丞，該名稱一直

〔註 6〕《通典》卷二七《職官典·諸卿下》內侍省條，第 755 頁。

〔註 7〕《漢書》卷一九《百官公卿表》顏師古注，第 734 頁。

爲後代所沿用。《通典》卷二七《職官典·諸卿下》內侍省條：

> 秦少府屬官有中書謁者令、丞。又有將行、衛尉、少府各一人。
> 漢景帝中元六年，改將行爲大長秋。或用中人，或用士人。……及
> 袁紹大誅宦者之後，永巷、掖庭復用士人，閨闈出入，莫有禁切，
> 侍中、侍郎、門部騶宰，中外雜錯，醜聲彰聞。魏改漢制，太后三
> 卿在九卿下；晉復舊，在同號卿上，有后則置，無后則闕。

大長秋一職的選任較爲寬泛，士人或宦者皆可擔任，漢代大長秋選任的方式
爲晉代所沿用，東晉滅亡後，其各項制度爲北魏所繼承，這也造成北魏前期
大長秋也由士人或宦官充任。《魏書》卷四五《韋閬傳》：

> 韋閬，字友觀，京兆杜陵人。世爲三輔冠族。祖楷，晉建威將
> 軍、長樂清河二郡太守。父逞，慕容垂吏部郎、大長秋卿。

韋逞出身京兆韋氏家族，是東晉門閥大族，有著較高的社會地位，他在後燕
政權中充任大長秋。後燕與北魏都是鮮卑族建立的政權，且後燕先於北魏建
國，二者政治上必然存在繼承性，北魏前期也沿用後燕的做法，選用貴族擔
任大長秋，少有宦官擔任大長秋的記載。《通典》卷二七《職官·諸卿下》內
侍省條：

> 後魏大長秋掌顧問應對，自文明馮后，閹官用事，大者令、僕，
> 小者卿、守。

可見，北魏大長秋的任職者，以文明太后時期爲界，分爲前後兩個時期。文
明太后以前（即自北魏建國至獻文帝時期），北魏的大長秋以貴族居任，自孝
文帝時期開始，由於漢化的深入，以及宦官人數的增多，北魏便仿照漢族政
權的做法，選用宦官充任大長秋。《魏書》卷三〇《王建傳》：

> 初，建兄豆居以建功賜爵即丘侯，無子，建以子斤襲兄爵。太
> 宗初，給事中，任職用事。輔大長秋。

《魏書》卷四四《羅結傳》：

> 羅結，代人也。其先世領部落，爲國附臣。劉顯之謀逆也，太
> 祖去之。結翼衛鑾輿，從幸賀蘭部。後以功賜爵屈蛇侯。太宗時，
> 除持節、散騎常侍、寧南將軍、河內鎮將。世祖初，遷侍中、外都
> 大官，總三十六曹事。年一百七歲，精爽不衰。世祖以其忠愨，甚
> 見信待，監典後宮，出入臥內，因除長信卿。

王斤和羅結都是北魏貴族，在北魏建國後都得到賜爵，明元帝時成爲朝廷中

重要的官員，至太武帝時又被選爲後宮官員，足見此時北魏宦官較少，後宮官員多由貴族充任，由此可以推知，此時後宮中大長秋也當由貴族擔任。

孝文帝時期開始，隨著宦官人數的增加，大長秋也轉由宦官擔任。《魏書》卷九四《閹官・秦松傳》：

> 秦松，不知其所由。太和末，爲中尹，遷長秋卿，賜爵高都子。有罪免。世宗復其爵，起爲光祿大夫，領中常侍。遷平北將軍，領長秋卿。出爲散騎常侍、安北將軍、并州刺史。

《魏書》卷九四《閹官・封津傳》：

> 封津，字醜漢，勃海蓨人也。祖羽，眞君中爲薄骨律鎮副將，以貪汙賜死。父令德，娶党寶女，寶伏誅，令德以連坐從法。津受刑，給事宮掖。……永安初，中侍中、衛將軍，尋轉大長秋、左光祿大夫。〔註8〕

秦松、封津二人任職於孝文帝、孝莊帝時期，都以宦官之身被選任爲大長秋。根據《魏書・閹官傳》的記載可知宣武帝、孝明帝時期也都有宦官被選爲大長秋，但卻沒有士人擔任大長秋的任何記載。可見，由宦官擔任大長秋成爲北魏中、後期官員選任的常態。

二、大長秋的職掌

大長秋一職秦漢時期就已出現，以後各代均加以沿襲，且各代統治者對此官大都採取「有後則置，無後則省」的態度。但在執掌方面，各代卻略有不同。《通典》卷二七《職官典・諸卿下》內侍省條：

> 後漢常用宦者，掌奉宣中宮命，凡給賜宗親及謁見關通之，中宮出則從。屬官有丞、中宮僕、謁者、私府署令。……魏改漢制，太后三卿在九卿下；晉復舊，在同號卿上，有后則置，無后則闕。

漢代大長秋主要負責通報皇后的命令，至南朝時期，「梁大長秋主諸宦者，以司宮闈之職，統中署、奚官、暴室、華林等署。陳氏亦同。」〔註9〕可見，南朝時期大長秋職權有所擴大，統管整個後宮。與南朝政權同時存在的北魏，大長秋也是主管後宮的官員。《通典》卷二七《職官典・諸卿下》內侍省條：

〔註8〕《魏書》卷一九《閹官・封津傳》，第 2034 頁。
〔註9〕《唐六典》卷一二《內侍省・內侍》注，第 355 頁。

後魏大長秋掌顧問應對，自文明馮后，閹官用事，大者令、僕，
小者卿、守。

《資治通鑑》卷一一九《宋紀一》營陽王景平元年條：

以河內鎮將代人羅結爲侍中、外都大官，總三十六曹事。結時
年一百七，精爽不衰，魏主以其忠慤，親任之，使兼長秋卿，監典
後宮，出入臥內；年一百一十，乃聽歸老，朝廷每有大事，遣騎訪
焉。

可見，北魏大長秋的主要職責就是協助皇后管理後宮，特別是在皇后處理一
些具體問題時，大長秋要爲皇后提供處理意見。

此外，北魏大長秋有時也會奉皇帝、皇后之命，管理宮外佛寺石窟的興
建。《魏書》卷一一四《釋老志》：

景明初，世宗詔大長秋卿白整準代京靈岩寺石窟，於洛南伊闕
山，爲高祖、文昭皇太后營石窟二所。初建之始，窟頂去地三百一
十尺。至正始二年中，始出斬山二十三丈。至大長秋卿王質，謂斬
山太高，費功難就，奏求下移就平，去地一百尺，南北一百四十尺。

北魏佛教發達，興建佛寺、石窟較多，白整、王質都是北魏後宮大長秋，他
們在宣武帝、孝明帝時期就曾負責宮外佛寺、石窟的修建，這也是北魏大長
秋職權擴大的最直接反映。此時的大長秋不僅負責宮內事務，還可以奉命出
宮負責宮外事務。

三、大長秋的屬官

大長秋是皇后宮中的主要官員，其下還設有屬官，根據現有文獻可考的
大長秋屬官主要有大長秋丞、掖庭監、內者令。

1、大長秋丞

根據《通典・職官》後漢官秩條記載：東漢時期大長秋的屬官有「大長
秋丞、大長秋中宮謁者令、大長秋中宮尚書、大長秋中宮私府令、大長秋中
宮永巷令、大長秋中宮黃門冗從僕射、大長秋中宮署令」〔註10〕等，大長秋
丞作爲大長秋的屬官，至此出現於史書記載之中。至西晉時期，大長秋屬官
雖較漢代有所減少，但大長秋丞卻仍然存在。《晉書》卷二四《職官制》：

〔註10〕《通典》卷三六《職官典・秩品一》後漢官秩條，第 988 頁。

太常、光祿勳、衛尉、太僕、廷尉、大鴻臚、宗正、大司農、

少府、將作大匠、太后三卿、大長秋，皆爲列卿，各置丞、功曹、

主簿、五官等員。

及至北魏，大長秋的屬官又有所改變，但大長秋丞作爲大長秋的屬官，卻自東漢一直沿用至北魏。根據大長秋的職責可知，大長秋丞作爲大長秋的屬官，職責是輔助大長秋掌顧問應對以及處理宮外事物。

2、掖庭監

根據「前職員令」〔註11〕的記載可知，北魏還有掖庭監，爲從五品官，關於掖庭監的設置情況，《唐六典》卷一二《內侍省・掖庭局》注曰：

《詩》之巷伯也，至秦爲永巷，漢武帝更名掖庭，有令、丞。後漢掖庭令一人，六百石，左・右丞、從丞各一人，掌後宮貴人聚採女事。魏、晉並有掖庭令、黃門令，而非宦者。後魏有掖庭監。北齊長秋寺統掖庭署令、丞。隋內侍省統掖庭令、丞各二人，皇朝因之。

掖庭令在漢代就已出現，其爲少府屬官，主管後宮人員的選拔等事物，此後各代都加以沿襲，北魏時期改稱掖庭監。北齊時歸入長秋寺，成爲大長秋的屬官。由於北齊各項制度大都是北魏的繼續，根據北魏太后三卿中的少府已經不再設置，可以推知，掖庭監在北魏便已成爲大長秋的屬官。

《通典》卷二七《職官典・諸卿下》內侍省條：

掖庭局令：秦置永巷，漢武更名掖庭，置令，掌宮人簿帳、公桑、養蠶及女工等事。後漢掖庭令掌後宮貴人采女，又有永巷令，典官婢，皆宦者，並屬少府。

《唐六典》卷一二《內侍省・掖庭局》：

掖庭局：令二人，從七品下；丞三人，從八品下。計史二人。宮教博士二人，從九品下。監作四人，從九品下。典事十人。掖庭局令掌宮禁女工之事。凡宮人名籍，司其除附；功桑養蠶，會其課業。

如前文所述，掖庭令本是少府屬官，後雖劃歸大長秋，但其執掌沒有發生變化，主要掌管宮人名籍，對宮女日常工作進行監管。北魏制度上承魏、晉，下啓隋、唐，通過晉、唐掖庭令的職責可以推知，北魏的掖庭監的執掌也當

〔註11〕《魏書》卷一一三《官氏志》，第2985頁。

如此。

3、內者令

根據史書的記載，北魏後宮還有內者令一職，主管後宮財政。《唐六典》卷一二《內侍省・內府局》注曰：

> 漢少府屬官有內者令、丞。後漢長秋屬官有中宮私府令，主中藏幣帛諸物，裁衣被、補浣皆主之。後魏有內者令。北齊中侍中省有內者丞一人。隋內侍省統內者局令、丞各二人。皇朝改置內府令、丞。

內者令設立於漢代，主管後宮財務，以供后妃等人用度，是少府屬官之一，魏晉時期少府屬官都劃歸大長秋，內者令也當由此成爲大長秋的屬官之一。晉代的官制被北魏沿襲，並爲隋所繼承，至唐代內者令改稱內府令，但職責卻並未發生變化，根據唐代「內府令掌中宮藏寶貨給納名數；丞爲之貳。凡朝會五品已上賜絹及雜彩、金銀器於殿庭者，並供之。諸將有功，並蕃酋辭還，賜亦如之」〔註12〕可知，北魏的內者令也當是主管後宮財政的官員。

第三節　負責嬪妃生活的官員

除皇太后、皇后外，北魏後宮中還生活著爲數眾多的嬪妃，爲了保證她們生活的有序進行，統治者也派專門的官員負責照顧嬪妃的生活。由於史書中對北魏後宮官員記載較少，現僅就《魏書》以及出土墓誌銘文中提及的後宮官員進行一些考察。

一、負責嬪妃日常生活的宮官

宮官是指專門任職於後宮中的官員，是由士人、宦官與女官共同構成的後宮官僚系統，但由於北魏中、後期女官自成體系，現僅就由宦者和士人擔任的宮廷官員進行一些考察。

1、尚衣典御

《魏書》卷九三《恩倖・侯剛傳》：

> 剛坐掠殺試射羽林，爲御史中尉元匡所彈，廷尉處剛大辟。……
> （太后）曰：「廷尉執處侯剛，於法如猛。剛既意在爲公，未宜便依

> 所執。但輕劓民命，理無全捨，可削封三百户，解尚衣典御。」剛
> 於是頗爲失意。

據此可知，北魏設有尚衣典御一職，且由士人擔任。隋代「採漢、晉舊儀，置六尚、六司、六典，遞相統攝，以掌宮掖之政。」〔註13〕始設尚服局，掌服章寶藏，至唐代又分爲尚衣與尚服二局，尚衣局主管皇帝的衣冠，而尚服則主後宮諸人的服飾。由於隋唐制度大體沿襲北魏、北齊制度，可以推知，北魏時期尚衣典御即與隋代尚服職責相同，主管皇帝與後宮人員的服飾的事務。

2、嘗食（尚食）典御與中嘗食（尚食）典御

根據《魏書》的記載可知，北魏還設有嘗食（尚食）典御與中嘗食（尚食）典御二職。《資治通鑑》卷一四九《梁紀五》武帝普通二年條：

> 至晚，又不出，令侍中、黃門、僕射、尚書等十餘人就康生所訊其事，處康生斬刑，難當絞刑。又與剛並在内，矯詔決之：康生如奏，難當恕死從流。難當哭辭父，康生慷慨不悲，曰：「我不反死，汝何哭也？」時已昏闇，有驅康生赴市，斬之：尚食典御奚混與康生同執刀入内，亦坐絞。

《魏書》卷七三《奚康生傳》：

> 至曉，又不出，令侍中、黃門、僕射、尚書等十餘人就康生所訊其事，處康生斬刑，難處絞刑。又與剛並在内矯詔決之。康生如奏，難恕死從流。難哭拜辭父，康生忻子免死，又亦慷慨，了不悲泣。語其子云：「我不反死，汝何爲哭也？」有司驅逼，奔走赴市。時已昏暗，行刑人注刀數下不死，於地刻截。咸言稟叉意旨，過至苦痛。嘗食典御奚混與康生同執刀入内，亦就市絞刑。

《資治通鑑》記載奚混爲尚食典御，而《魏書》則記載其爲嘗食典御，這說明，嘗食典御與尚食典御爲同一官職。關於該官職的職掌，《楊暐墓誌》載：

> 魏故使持節都督雍州諸軍事衛將軍儀同三司雍州刺史楊公墓誌……孝昌元年，轉嘗食典御，綺肴桂酒，羽傳皇羅，珠目貝齒，咸所嘗昵。〔註14〕

〔註13〕《隋書》卷三六《后妃傳》，第1106頁。

〔註14〕參看羅新、葉煒：《新出魏晉南北朝墓誌疏證》，中華書局，2005年版，第141頁。

《資治通鑑》卷一四九《梁紀》武帝普通二年條胡三省注稱：「尚食典御，唐為尚食奉御。進御必辨時禁，先嘗之。」與《楊晫墓誌》中「綺肴桂酒，羽傳皇羅，珠目貝齒，咸所嘗眄」相符。據此可知，嘗食（尚食）典御主要職責是負責皇宮內的飲食，為了保證皇帝、后妃的食物安全，嘗食（尚食）典御要在他們進食時先品嘗食物。

除嘗食（尚食）典禦外，北魏還設有中嘗食（尚食）典御一職，《魏書》卷九四《閹官‧王溫傳》：

> 王溫，字桃湯，趙郡欒城人。父冀，高邑令，坐事被誅。溫與兄繼叔俱充宦者。高祖以其謹慎，補中謁者、小黃門，轉中黃門、鉤盾令。稍遷中嘗食典御、中給事中，給事東宮，加左中郎將。

關於嘗食（尚食）典御與中嘗食（尚食）典御的區別，史書中沒有明確的記載，只是《唐六典》中略有提及。《唐六典》卷一五《光祿寺‧太官署》：

> 秦、漢少府屬官有太官、湯官令‧丞，太官主膳食，湯官主餅餌。《漢官儀》：「太官令秩一千石。」桓帝延熹元年，使太官令得補二千石，置四丞。魏氏因之。晉光祿勳屬官有太官令。宋侍中屬官有太官令一人，齊因之。梁門下省領太官，陳因之。後魏、北齊分太官令為尚食、中尚食。尚食，門下省領之；中尚食，集書省領之；太官，光祿卿領之。尚食、中尚食掌知御膳，太官掌知百官之饌。

晉代太官令是光祿勳的屬官，主管後宮的膳食，至北魏時期，太官令分為嘗食（尚食）典御與中嘗食（尚食）典御二職，分歸門下省與集書省管轄，且嘗食（尚食）典御、中嘗食（尚食）典御都設有屬官——知御膳。關於知御膳一職，出土墓誌中也有提及。《傅姆王遺女墓誌》：

> 傅姆姓王，諱遺女，勃海陽信人。……顯祖文明太皇太后擢知御膳。至高祖幽皇后，見其出處益明，轉當御細達。世宗順后，善其宰調酸甜，滋味允中，又進嘗食監。至高太后，以女歷奉三后，終始靡愆，蔣訓紫闈，光諷唯闈，故超昇傅姆焉。又賜品二。〔註15〕

王遺女本為知御膳，但由於她「宰調酸甜，滋味允中」而進嘗食監，說明知御膳的是嘗食（尚食）典御或中嘗食（尚食）典御的屬官，且地位低於嘗食監，並可由女官擔任。

關於嘗食（尚食）典御、中嘗食（尚食）典御在職責上的區別，由於史

〔註15〕參看趙超：《漢魏南北朝墓誌彙編》，天津古籍出版社，2008年版，第124頁。

料的缺乏，尚有待研究。但據《唐六典》卷一一《殿中省・尚食局》：

> 北齊，門下省統六局，尚食局有典御二人，丞、監各四人；又
> 有集書省，統三局，有中尚食局典御二人、監四人，品與尚食同。

北齊嘗食（尚食）典御、中嘗食（尚食）典御都設有屬官即典御丞和典御監。
北齊制度大都沿襲北魏，則北魏嘗食（尚食）典御、中嘗食（尚食）典御的
屬官也應是典御丞和典御監。《魏書》卷九四《閹官・成軌傳》：

> 成軌，字洪義，上谷居庸人。少以罪刑，入事宮掖，以謹厚稱。

> 景明中，嘗食典御丞，僕射如故。轉中給事中、步兵校尉，敕
> 侍東宮。延昌末，遷中常侍、中嘗食典御、光祿大夫，賜始平伯，
> 統京染都將，轉崇訓太僕少卿。遭母憂，詔遣主書常顯景弔慰。又
> 起爲本官，進安東將軍、崇訓衛尉卿。久之，超遷中侍中、撫軍將
> 軍，典御、崇訓如故。

成軌由嘗食（尚食）典御丞提升爲中嘗食（尚食）典御，王遺女由知御膳提
升爲嘗食監（即嘗食典御監），似在北魏嘗食典御與中嘗食典御的屬官已經設
立，且二者的屬官並未完全分離。

3、嘗藥（尚藥）典御與中嘗藥（尚藥）典御

與嘗食（尚食）典御、中嘗食（尚食）典御設立情況相似，北魏設有嘗
藥（尚食）典御與中嘗藥（尚食）典御二職。《魏書》卷九三《恩倖・侯剛傳
附侯祥傳》：

> （侯）剛長子詳，自奉朝請稍遷通直散騎侍郎、冠軍將軍、主
> 衣都統。剛以上谷先有侯氏，於是始家焉。正光中，又請以詳爲燕
> 州刺史，將軍如故，欲爲家世之基。尋進後將軍。五年，拜司徒左
> 長史，領嘗藥典御、燕州大中正。興和中，驃騎將軍、殷州刺史。

《魏書》卷九四《閹官・楊範傳》：

> 楊範，字法僧，長樂廣宗人也。高宗時，坐宗人劫賊被誅，範
> 宮刑，爲王琚所養，恩若父子，往來出入其家。……靈太后臨朝，
> 徵爲常侍、崇訓太僕卿，領中嘗藥典御，賜爵華陰子。

可見，北魏王朝中的嘗藥（尚藥）典御、中嘗藥（尚藥）典御的任職者可以
是士人，也可以是閹人。

關於此官的職掌，《唐六典》卷一一《殿中省・尚藥局》注曰：

> 自梁、陳、後魏已往，皆太醫兼其職。北齊門下省統尚藥局，

有典御二人、侍御師四人、尚藥監四人，惣御藥之事；又集書省統
三局，有中尚藥局典御二人、丞二人、中謁者僕射二人，惣知中宮
醫藥之事。隋門下省統尚藥局典御二人，正五品下；侍御醫四人，
正七品上；直長四人，正七品下；醫師四十人。大業三年分屬殿內，
改爲奉御，皇朝因之。

北齊嘗藥（尚藥）典御與中嘗藥（尚藥）典御，分屬門下省與集書省，二者
都由太醫兼任，且都有屬官，嘗藥（尚藥）典御屬官爲嘗藥（尚藥）監，而
中嘗藥（尚藥）典御屬官爲中嘗藥（尚藥）典御丞。根據「前職員令」〔註16〕
的記載，北魏嘗藥（尚藥）監，官品爲從五品下。可見，嘗藥（尚藥）典御
監在北魏已有設立，但關於中嘗藥（尚藥）典御丞的設立情況，由於史料的
缺乏，尚有待研究。

《唐六典》卷一一《殿中省·尚藥局》：

尚藥局：奉御二人，正五品下；直長四人，正七品上；侍御醫
四人，從六品上；主藥十二人；藥童三十人；司醫四人，正八品下；
醫佐八人，正九品下；按摩師四人；呪禁師四人；合口脂匠二人。
尚藥奉御掌合和御藥及診候之事；直長爲之貳。……凡合和御藥，
與殿中監視其分、劑，藥成，先嘗而進焉。侍御醫掌診候調和。司
醫、醫佐掌分療眾疾。主藥、藥童掌刮、削、搗、篩。按摩師、呪
禁師所掌如太醫之職。

嘗藥（尚藥）典御、中嘗藥（尚藥）典御，在唐代爲正五品下，主管後宮醫
藥事物，凡皇后、后妃所用之要其必先嘗之，以確定藥物的安全。由於唐代
後宮官制沿襲自北齊、隋代，而北魏又是北齊官制的發端，據此可以推知，
北魏嘗藥（尚藥）典御、中嘗藥（尚藥）典御也是主管后妃用藥安全的官員。

二、負責嬪妃生活的女官

女官又稱宮官，是指有一定品秩、領取固定俸祿的高級宮女。廣義上的
女官包括後宮嬪妃以及掌管宮中具體事務的女性管理人員；狹義上的女官僅
指皇宮中與天子無配偶名分而掌管上起后妃教育，下至衣食供給的各級女性
管理人員。〔註17〕本文所論述的女官，是指狹義上的女官。

〔註16〕《魏書》卷一一三《官氏志》，第2986頁。
〔註17〕參看朱子彥：《帝國九重天——中國後宮制度變遷》，中國人民大學出版社，

　　如前所述，北魏的女官制度設立於孝文帝時期，但關於這些女官的具體執掌，史書中沒有明確記載，現僅就《魏書》、《墓誌》中有所提及的女官，進行一些考察。

1、內　司

　　孝文帝改革後宮，設立女官制度，規定：「內司視尚書令、僕。」根據「前職員令」〔註18〕記載，北魏尚書令、僕為從一品官上，則內司也應為從一品官。也就是說，內司是整個後宮中秩級、地位最高的女官。

　　對於內司擔任者的具體要求以及內司的職責，《魏書》、《北史》中都沒有提及，但通過《晉書》的記載，我們也可有所瞭解。《晉書》卷一一三《苻堅載記上》記載了前秦設立內司的情況：

> 及王猛卒，堅置聽訟觀於未央之南。禁老、莊、圖讖之學。中外四禁、二衛、軍長上將士，皆令修學。課後宮，置典學，立內司，以授於掖庭，選閹人及女隸有聰識者署博士以授經。

可見，在前秦政權中，內司是由宦官或者女官來擔任的，他們主要負責教授後宮諸人文化與技藝。

　　十六國時期，各政權通過戰爭、對峙、相互交流等方式求得生存和發展，這些政權中的一些制度和措施也通過這些方式相互傳遞和影響。《大魏內司高唐縣君楊氏墓誌》：

> 內司楊氏，恒農華泠人也。……文昭太皇太后選才人充宮女，又以忠謹審密，擇典內宗七祏，孝敬天然，能使邊豆靜嘉。遷細謁小監。女功紃綜，巧妙絕群，又轉文繡太監。化率一宮，課藝有方，上下順厚，改授宮大內司。〔註19〕

楊氏由宮女升任細謁小監又轉任文繡大監，而後由於其「課藝有方」而轉任內司，這說明，在北魏王朝要求內司的擔任者，不僅要有一定的文化修養與技藝，而且還要善於將這種文化與技能傳授於後宮嬪妃，與前秦時期內司的職責大體相同。

2、作　司

　　孝文帝改革後宮，規定：「作司、大監、女侍中三官視二品。」〔註20〕由

　　　　　2006 年版，第 88 頁。
〔註18〕《魏書》卷一一三《官氏志》，第 2994 頁。
〔註19〕參看趙超：《漢魏南北朝墓誌彙編》，天津古籍出版社，2008 年版，第 126 頁。
〔註20〕《魏書》卷一三《皇后傳》，第 321 頁。

此可知，北魏後宮中有二品女官——作司。關於該職女官的設立情況，出土的墓誌銘文中有所提及。《張安姬墓誌銘》：

> 故兗州刺史張基之孫。濟南太守張憘之女。年十三，因遭羅難，家戮沒宮。年廿，蒙除御食監。屬心自守，蒞務有稱。後除文繡大監，於時度當明件。上知其能，復除宮作司。〔註21〕

張安姬死於孝明帝正光二年（521），時年六十五歲，則其二十歲任御食監時當爲孝文帝太和元年（477）。張安姬由文繡大監升爲作司，似作司與大監雖同爲二品女官，但作司的地位要高於大監。

4、女侍中

女侍中是史書中唯一有明確記載的北魏後宮女官。孝文帝改革後宮，規定：「作司、大監、女侍中三官視二品。」〔註22〕可見，女侍中與作司、大監同爲二品女官。如前所述，北魏女侍中多是由宗室或是外戚擔任。其中常山公主、頓丘長公主都是由宗室身份而得封女侍中，而元叉、于忠妻則由外戚身份而得封女侍中。關於女侍中人選的要求，《魏書》卷三一《于栗磾傳附于忠傳》：

> 于氏自曾祖四世貴盛，一皇后，四贈三公，領軍、尚書令，三開國公。……忠後妻中山王尼須女，微解《詩》《書》，靈太后臨朝，引爲女侍中，賜號范陽郡君。

于忠是宣武順皇后的堂弟，其妻王氏以外戚的身份得封女侍中，由王氏以「微解《詩》《書》」而得此官職可知，女侍中需要有一定文化修養的人擔任。《魏故持節征虜將軍營州刺史長岑侯韓使君賄夫人高氏墓銘》：

> 夫人勃海條人也。左光祿大夫勃海郡開國敬公揚之長女，侍中尚書令司徒大將軍平原郡開國公肇侍中司空澄城郡開國穆公顯之元姊。夫人妹以儀軒作聖，姪女襄月留光，並配乾景，用敷地訓。……至景明三年，宣武皇帝以夫人皇姨之重，兼韻動河月，遂賜湯沐邑，封遼東郡君。又以椒幃任要，宜須翼輔，授內侍中，用委宮掖。獻可諫否，節凝圖篆。〔註23〕

高氏是宣武帝姨母，其以外戚身份得封女侍中，主要負責後宮圖文等工作，

〔註21〕參看趙超：《漢魏南北朝墓誌彙編》，天津古籍出版社，2008 年版，第 123 頁。
〔註22〕《魏書》卷一三《皇后傳》，第 321 頁。
〔註23〕參看趙超：《漢魏南北朝墓誌彙編》，天津估計出版社，2008 年版，第 153 頁。

還要對後宮事務進行進諫，勸善規過。可見，北魏女侍中主要由文化修養較好的外戚、宗室家族女子擔任，主要負責後宮的文書以及建議、諮詢事物。

5、大　監

孝文帝改革後宮，規定：「作司、大監、女侍中三官視二品。」〔註24〕據此可知，北魏後宮大監爲二品女官，是女官中地位相對較高的一類。關於北魏後宮大監的設立情況，史書中沒有明確的記載，只能通過出土墓誌銘文的記載進行一些考察。

業已出土的北魏墓誌銘文記載的大監共有五位。雖然銘文中沒有詳盡的記述她們的具體職掌，但是通過這些人所擔任大監的具體名稱，我們可以推論出其在後宮中所從事的事務。《劉華仁墓誌銘》：

> 監諱字華仁，定中山人也，故太原太守劉銀之孫，深澤、北平二縣令劉齊之女。家門傾覆，幼履宮庭，冥因有期，蒙遭蘇門之業。稟性聰睿，忓懷曉就，志密心恭，蒙馳紫帷。積勳累効，款策四紀，寵賞無愆之戾，賜宮典稟大監。〔註25〕

據此可知，北魏後宮有典稟大監一職。關於典稟大監的職掌與任職情況，由於史料缺乏，尚有待研究。

北魏後宮中還有細謁大監一職。《夫人諱元華字遺姬墓誌》：

> 父太常卿。器量淵博，超忽絕世，時人讒潛，詔敕除齊州刺齊史。情以不分，遂在州岳治計立不果，即時瓦盡。長女華，少有令姿。主上太武皇帝聞之，即召內侍。逕歷五帝，後蒙除細謁大監。〔註26〕

此外，出土墓誌銘文還記載了細謁小監一職。《大魏宮內司高唐縣君楊氏墓誌》：

> 內司楊氏，恒農華泠人也。漢太尉彪之裔冑，北濟州刺史屈之孫，平原太守景之女。因祖隨宦，復旅清河。皇始之初，南北兩分，地擁王澤，逆順有時，時來則改，以歷城歸誠，遂入宮耳。年在方笄，性志貞粹，雖遭流離，純白獨著，出入紫闈，諷稱婉而。是以文昭太皇太后選才人充宮女，又以忠謹審密，擇典內宗七祏，孝敬

〔註24〕《魏書》卷一三《皇后傳》，第321頁。
〔註25〕參看趙超：《漢魏南北朝墓誌彙編》，天津古籍出版社，2008年版，第122頁。
〔註26〕參看趙超：《漢魏南北朝墓誌彙編》，天津古籍出版社，2008年版，第131頁。

　　天然，能使邊豆靜嘉。遷細謁小監。女功紃綜，巧妙絕群，又轉文繡太監。〔註27〕

楊氏由細謁小監而升爲文繡大監，則小監等級、地位在大監之下，對於小監一職，史書中沒有提及。趙萬里先生認爲：細謁小監也是北魏後宮諸監之一，稱小監，是爲了有別於大監而已。〔註28〕

　　根據出土墓誌銘文的記載，北魏後宮還有文繡大監一職。《張安姬墓誌銘》：

　　　故兗州刺史張基之孫。濟南太守張愭之女。年十三，因遭羅難，家戮沒宮。年廿，蒙除御食監。屬心自守，蒞務有稱。後除文繡大監，於時度當明件。〔註29〕

　　通過以上墓誌銘文的記載可知：在北魏後宮中有典稟大監、文繡大監、細謁大監等職。這些大監都是二品官，在後宮中管理日常事物。由於史書與出土墓誌銘文中對這些大監沒有過多的記載，對於她們的具體職掌，尚有待進一步研究。

　　6、監

　　孝文帝改定內職，規定「監，女尚書，美人，女史、女賢人、書史、書女、小書女五官，視三品。」〔註30〕但對於該級女官的具體職掌，史書中沒有明確的記載。通過出土墓誌銘文的記載，我們可以對這些女官的職掌、任職要求等，進行一些考察。

　　根據出土墓誌銘文的記載，北魏王朝後宮「監」一類的女官，主要包括典御監、嘗食監和家監。《傅母王遺女墓誌》：

　　　夫幽州當陌高，字雒陽，官爲深澤令，與刺史競功亢衡，互相陵壓。以斯難躓，遂入宮焉。女質稟婦人，性粹貞固，雖離禁隸，執志彌純，尤辨鼎和，是以著稱。故顯祖文明太皇太后擢知御膳。至高祖幽皇后，見其出處益明，轉當御細達。世宗順后，善其宰調酸甜，滋味允中，又進嘗食監。至高太后，以女歷奉三后，終始靡愆，蔣訓紫閨，光諷唯闈，故超昇傅姆焉。〔註31〕

　　　　─────────────

〔註27〕參看趙超：《漢魏南北朝墓誌彙編》，天津古籍出版社，2008 年版，第 126 頁。
〔註28〕參看趙萬里：《漢魏南北朝墓誌集釋》，科學出版社，1956 年版，第 7 頁。
〔註29〕參看趙超：《漢魏南北朝墓誌彙編》，天津古籍出版社，2008 年版，第 123 頁。
〔註30〕《魏書》卷一三《皇后傳》，第 321 頁。
〔註31〕參看趙超：《漢魏南北朝墓誌彙編》，天津古籍出版社，2008 年版，第 124 頁。

嘗食監即嘗食典御監的簡稱，主要掌管后妃的飲食，王遺女由於「宰調酸甜，滋味允中」，而由知御膳升爲嘗食監，是嘗食（尚食）典御或中嘗食（尚食）典御的副職，對此前文已有所提及，在此不再贅述。

除嘗食監外，墓誌銘文中還提到了典御監和家監等職。《劉阿素墓誌銘》：

> 監諱字阿素，齊州太原人也。前使持節齊州刺史劉無諱之孫，前太原太守劉頌之女。遭家不造，幼履宮庭，但志心儒質，蒙策紫極，力寵其勞，賜宮品一。春秋六十有七，秋八月卒於洛陽宮。冬十月遷窆於陵山。同火人典御監秦阿女等，痛金蘭之奄契，悲紅顏而逃年，乃刊玄石，述像德音。〔註32〕

關於典御監，史書中沒有記載。《唐六典》卷一一《殿中省·尚食局》：

> 至北齊，門下省統六局，尚食局有典御二人，丞、監各四人；又有集書省，統三局，有中尚食局典御二人、監四人，品與尚食同。

《唐六典》卷一一《殿中省·尚藥局》：

> 北齊門下省統尚藥局，有典塑二人、侍御師四人、尚藥監四人，惣御藥之事；又集書省統三局，有中尚藥局典御二人、丞二人、中謁者僕射二人，惣知中宮醫藥之事。

如前文所述，北魏有嘗食（尚食）典御監、中嘗食（尚食）典御監和嘗藥（尚藥）典御監，而在墓誌中卻都將她們簡稱爲典御監。

根據墓誌銘文的記載，北魏還有家監一職。《緱光姬墓誌》：

> 第一品家監緱夫人之墓誌銘。夫人字光姬，齊郡衛國人也，宋使持節都督青、徐、齊三州諸軍事，齊州刺史永之孫，寧朔齊郡太守宣之女，大魏冠軍將軍、齊州刺史顯之姑，……監自委身宮掖出入□闈，風流納賞，每被優異然，□父兄沈辱，無心榮好，弊衣踈食，亥形實口至於廣席疇多，語及平生眷言家事，淚隨聲同，單尚其風操，僚亦慕其眞□是□，聖人崇異委□事業，用允於懷，即賜品第一，班秩清楚。……正光六年正月十九日，春秋七十有二，遘疾薨於掖庭之宮，二聖嗟悼，嬪御悵然，賵贈有加，數隆常準粤，其年二月丙子朔廿一日戊申遷葬於皇陵之東。〔註33〕

根據墓誌銘文的記載，緱光姬是由於家人犯罪而被沒入皇宮，並通過自

〔註32〕 參看趙超：《漢魏南北朝墓誌彙編》，天津古籍出版社，2008年版，第114頁。
〔註33〕 參看趙君平：《邙洛碑誌三百種》，中華書局，2004年版，第97頁。

身努力得封一品家監，當屬北魏諸監之一。但由於史料的缺乏，關於家監的職掌，尚有待考證。

7、女尚書

孝文帝改定內職，規定「監，女尚書，美人，女史、女賢人、書史、書女、小書女五官，視三品。」〔註34〕則北魏後宮女尚書爲三品女官。如前所述，女尚書一職在三國時期就已經出現，在皇帝出行時，女尚書可以代爲處理前朝奏事。

北魏孝文帝實行全面漢化，他所設立的官職也多承接魏晉時期官制，因此，北魏時期女尚書也可以在皇帝出行或遊玩時，對外朝官員上奏之事進行批閱和處理。《魏故宮御作女尚書馮（迎男）女郎之誌》：

> 女郎姓馮，諱迎男，西河介人也。父顯，爲州別駕。因鄉曲之難，家沒奚官。女郎時年五歲，隨母配宮。慎言督過，蓋其天姓，窈窕七德，長而彌甚。年十一，蒙簡爲宮學生，博達墳典，手不釋卷。聰穎洞鑒，朋中獨異。十五蒙授宮內御作女尚書，幹涉王務，貞廉兩存，稱菴女功，名烈俱備。〔註35〕

這裡所提到的女尚書「干涉王務」，與《三國志》中提到的「典省外奏事，處當畫可」的記載相互吻合。由此可知，在北魏王朝後宮中，女尚書可以協助皇帝處理前朝官員的奏事。此外，《女尚書王氏諱僧男墓誌》：

> 女尚書王氏諱僧男，安定煙陽人。安定太守觚之孫，上洛太守那之子。地華涇隴，望帶豪胄。男父以雄俠罔法，渡馬招辜，由斯尤戾。唯男與母，伶丁奈蓼，獨入宮焉。時年有六。聰令韶朗，故簡充學生。惠性敏悟，日誦千言，聽受訓詁，一聞持曉。官由行陟，超昇女尚書，秩班品三。能記釋嬪嬙，接進有序，克當乾心。使彤管揚輝，故賜品二。〔註36〕

這說明女尚書還負責安排嬪妃覲見皇帝等事務。通過以上的記載，我們可以認定，女尚書在後宮中負責安排嬪妃覲見皇帝事務，並且要對這種覲見行爲進行記錄。此外，她們還可以對前朝官員的奏事提供意見。由此可推知，女尚書一職必須要由有較高的文化修養的人來擔任。

〔註34〕《魏書》卷一三《皇后傳》，第 321 頁。
〔註35〕參看趙超：《漢魏南北朝墓誌彙編》，天津古籍出版社，2008 年版，第 123 頁。
〔註36〕參看趙超：《漢魏南北朝墓誌彙編》，天津古籍出版社，2008 年版，第 124 頁。

8、女　史

如前所述，孝文帝改定內職，規定「女史、女賢人、書史、書女、小書女五官，視三品。」〔註37〕女史與女尚書一樣，被視爲外朝三品官，她們的職責與女尚書也有某些相似之處，即主要從事文字記錄工作。

女史一職，由來已久，並非北魏所獨有。漢代已有女史一職，《後漢書》卷一〇《皇后紀上》記載：「女史彤管，記功書過。」注引《周禮》曰：「女史，掌王后之禮，書內令，凡后之事以禮從」。鄭玄注云：「『亦如大史之於王』也。彤管，赤管筆也。」此外，《隋書》卷三三《經籍志二‧史志》載：

> 漢武帝有《禁中起居注》，後漢明德馬后撰《明帝起居注》，然則漢時起居，似在宮中，爲女史之職。

漢代女史的主要職責是記錄皇帝的起居，以及後宮嬪妃的功過是非等。北魏也有此類女官，這些女官的職掌與漢代相似。《魏書》卷九一《術藝‧張淵傳》記載：「御宮典儀，女史執筆。」「御宮四星在鉤陳左傍，此星主典司禮儀、威容步趨之事。女史一星，在柱下史北。女史記識晝夜昏明，節漏省時，在勾陳右傍。」可見，北魏女史主要負責宮中禮儀活動的記錄，從女史的職責可知，女史一職的擔任者也需要有一定的文化修養。

9、其他女官

孝文帝改革後宮規定：「美人視三品，中才人、才人視四品。」〔註38〕根據史書的記載可知，此三職在西晉時就已出現，其中「美人，漢光武所制。中才人，晉武帝所制。」〔註39〕《宋書》卷四一《后妃傳》：

> 晉武帝採漢、魏之制，置貴嬪、夫人、貴人，是爲三夫人，位視三公。淑妃、淑媛、淑儀、修華、修容、修儀、婕妤、容華、充華，是爲九嬪，位視九卿。其餘有美人、中才人、才人，爵視千石以下。高祖受命，省二才人，其餘仍用晉制。

在西晉以至南朝，美人、中才人與才人都是後宮嬪妃，至北魏時始爲女官。《大魏宮內司馬高唐縣君楊氏墓誌》：

> 內司楊氏，恒農華冷人也。……文昭太皇太后選才人充宮女，又以忠謹審密，釋典內宗七祏，孝敬天然，能使邊豆靜嘉。遷細謁

〔註37〕《魏書》卷一三《皇后傳》，第321頁。
〔註38〕《魏書》卷一二《皇后傳》，第321頁。
〔註39〕《宋書》卷四一《后妃傳》，第1269頁。

小監。女功紃綜，巧妙絕羣，又轉文繡太監。化率一宮，課藝有方，

上下順厚，改授宮大內司。〔註40〕

趙萬里先生指出：楊氏以才人充宮女，才人視四品，宮女殆即小書女之類，〔註41〕視三品。

　孝文帝改革後宮時還規定：「奚官女奴視五品。」〔註42〕有關奚官女奴的任職情況，《魏書》、《墓誌》中都沒有記載，只能從相關史料中加以考證。《唐六典》卷一二《內侍省・奚官局》：

　　　奚官局令掌奚隸工役，宮官品命；丞為之貳。凡宮人有疾病，

　則供其醫藥；死亡，則給其衣服，各視其品、命，仍於隨近寺、觀

　為之修福。雖無品，亦如之。凡內命婦五品已上亡，無親戚，於墓

　側三年內取同姓中男一人以時主祭；無同姓，則所司春、秋以一少

　牢祭焉。

據此可知，奚官局是主管後宮疾病以及喪葬事務的官職，關於該職務的設立情況，《唐六典》卷一二《內侍省・奚官局》：

　　　漢暴室丞主中婦人疾病者就此室，其皇后、貴人有罪亦如之。

　梁、陳大長秋寺統奚官署，北齊大長秋寺統奚官署令、丞，隋內侍

　省統奚官局令、丞，皇朝因之。

可見，北齊時就已經有奚官署的存在，由於北齊的制度大多沿襲北魏，則可知北魏當也有此官職，奚官女奴當是從事這一工作的女官。

　北魏後宮女官中女賢人視三品、恭使宮人視四品。根據《晉令輯存》卷七《服制令》：

　　　崇德殿太監，尚衣、尚食、太監，並銀章艾綬，二千石；崇華

　殿太監，元華（殿）食監、都監、上監並銅印墨綬，千石。女史、

　賢人，蔡人、中使、大使，碧綸綬。

「蔡人」，《唐六典》記為「恭人」〔註43〕，說明在晉代就已經出現了女史、賢人、恭人。由於北魏是在晉代後宮制度的基礎上，仿照《周禮》的記載設立的后妃、女官。可見，北魏女賢人、恭使宮人當是晉代後宮賢人、恭人的沿用，但關於她們的具體職掌，由於史料的缺乏，尚有待考證。

〔註40〕參看趙超：《漢魏南北朝墓誌彙編》，天津古籍出版社，2008 年版，第 126 頁。

〔註41〕參看趙萬里：《漢魏南北朝墓誌集釋》，科學出版社，1956 年版，第 7 頁。

〔註42〕《魏書》卷一三《皇后傳》，第 321 頁。

〔註43〕《唐六典》卷一二《宮官》注，第 348 頁。

　　除以上論述的女官外，書史、書女、小書女等三品女官，供人、中使女生等四品女官，以及春衣、女酒、女饗、女食等五品女官，由於史書以及墓誌銘文記載都沒有提及，關於她們在北魏的設立情況及其職掌，仍是有待研究的問題。

結　語

　　北魏是我國北方少數民族——拓跋鮮卑族建立的政權，該政權建立前，鮮卑族尚處於部族制時代，經濟、文化相對落後，並沒有形成一個統一的政權，因而沒有後宮制度出現，道武帝建立北魏後，仿照中原政權的後宮制度，建立了北魏後宮制度。

　　由於北魏後宮制度建立於部族制基礎上，這是北魏王朝的先天不足，難以形成完備的制度，特別是北魏是少數民族建立的政權，這也使該政權不可避免的帶有少數民族自身的特色，但是隨著孝文帝全面漢化推行，北魏政權各項制度逐步完善，該政權的少數民族特色逐漸消失。

　　本文通過對北魏後宮制度的考察，得出以下幾點認識：

　　首先，北魏後宮制度的時代性。北魏歷史可以分為前、中、後三個不同的歷史時期，北魏各項制度都是隨著其歷史的發展而不斷完善的，北魏後宮制度也是如此。

　　北魏前期（即道武帝至獻文帝時期）是北魏後宮制度的初創期，此時北魏後宮制度尚不完備，後宮嬪妃無論從等級還是人數上都遠少於中原政權，此時後宮官員、宮女人數較少，且權責尚不明確。北魏中期（即孝文帝時期）是北魏後宮制度的完善期，孝文帝根據《周禮》的記載，參照漢、晉、南朝後宮制度，完善了北魏後宮制度，此時不僅明確了後宮嬪妃的等級，還創立了後宮女官制度，但在禮儀制度方面尚有缺失。北魏後期（即宣武帝至孝武帝時期）是北魏後宮制度的成型期，特別是孝明帝在前代基礎上，對後宮車輦、服飾制度進行了重新規定，北魏後宮禮儀制度至此得以完善，為北齊、隋、唐後宮制度提供了重要參考。

其次，北魏後宮制度的沿襲性。北魏王朝後宮制度與中原王朝一脈相承，其後宮制度的某些方面，與中原政權後宮制度大體相同。

從后妃等級方面看，北魏後宮中以皇后為尊，嬪妃人數和等級隨著漢化程度的不斷深入、政權的不斷壯大而逐漸增加。道武帝時期後宮嬪妃僅有夫人一級，太武帝時期增加了左右昭儀、椒房、中式，文成帝時期又增加了嬪，至孝文帝時期左右昭儀、三夫人、三嬪、六嬪、世婦、御女等不同等級最終出現並形成定制。此外，國家還根據嬪妃的等級、地位給予她們不同的車輦、服飾以及喪葬待遇。

從后妃選拔方面看，北魏前、中期，皇后的選拔為皇帝、皇太后所掌握，北魏後期隨著政局的混亂，皇后選拔權轉入外戚、權臣手中。在選拔對象上，北魏前期皇后都出自鮮卑貴族或周邊民族政權，中期皇后均出自轉為外戚家族，後期皇后更是多為自外戚、權臣家族所爭選。北魏前期後宮嬪妃以鮮卑貴族和周邊民族為主，有時也會從北魏統治區內選拔平民女子為嬪妃，北魏中、後期則主要從漢門閥家族選拔嬪妃。

從后妃地位變化方面看，皇后在皇帝死後，會被封為皇太后，但也有皇后由於後宮鬥爭失敗，而在皇帝死後被迫出家，甚至還有一些皇后由於自身行為失當，而在皇帝死後被賜死。北魏後宮嬪妃在皇帝死後，若有兒子封王則可出宮為王太妃，若無子女或兒子未能封王，則要終老於後宮之中，也有嬪妃由於帝母身份而被封為皇太后。孝文帝時期還仿照中原王朝的做法，放出部分等級較低的嬪妃、宮人，但這僅在北魏出現過一次，並非嬪妃的主要地位變化。

從后妃喪葬方面看，北魏皇后普遍在死後能夠得到諡號，且美諡、平諡並存，與皇后相比，由於嬪妃很少有人能得到諡號。因此，他們的諡號僅有美諡一種。在墓葬地的選擇上，若皇后死於皇帝之後，則能夠與皇帝合葬；若皇后死於皇帝之前，則在皇陵範圍內獨自設陵，然後在皇帝死後由後人主持將皇后遷葬於帝陵。嬪妃地位低於皇后，自然不能與皇帝合葬，只能葬於皇帝陵墓周圍，並根據嬪妃生前等級確定她們的陵墓與皇帝陵墓的距離。

第三，北魏後宮制度的獨特性。北魏建立於部族制基礎上，且還是少數民族政權，其後宮制度必然有中原王朝後宮制度不曾出現的特徵。

北魏「故事」在後宮中的運用。《魏書・皇后傳》載：「魏故事，將立皇后，必令手鑄金人，以成者為吉，不成則不得立也。」「魏故事，後宮產子將

爲儲貳，其母皆賜死。」根據這些「故事」，北魏確立了「手鑄金人」制與「子貴母死」制，這兩項制度也是北魏後宮制度中最爲特殊、對后妃影響最大的制度。這兩項制度均出現於道武帝時期，至孝文帝時期，隨著北魏漢化的逐漸深入而消失於北魏後宮之中。「手鑄金人」在十六國時期便已出現於鮮卑政權中，道武帝建立北魏後，將其引入後宮，作爲選立皇后的重要預測方式，這也使很多有寵於皇帝的嬪妃由於鑄金人失敗，而與皇后之位失之交臂。「子貴母死」制度最早出現於漢武帝時期，道武帝建立北魏後，爲了防止新帝繼位后皇太后以帝母身份干政，而將該制度引入北魏後宮，這也使很多嬪妃由於兒子被選爲太子而失去了性命，隨之也就出現北魏皇帝繼位後第一件事，便是冊封死於「子貴母死」制度下的生母爲皇后。

　　后妃出家現象頻繁出現。北魏建立前，鮮卑族並未接觸到佛教，北魏建立後逐步接觸並開始信奉佛教，此時上至皇室貴族，下至貧民無不信奉佛教，佛教在北魏境內得到了空前的發展。孝文帝時期開始，隨著統治者不斷的推崇佛教，出家的僧尼日趨增多，此時女性出家達到了空前的高漲期，甚至出現了后妃出家現象。這些后妃或是由於後宮鬥爭失敗而出家避禍，或是由於政局動盪而出家求得生存，其中也不乏有出於信奉佛教而出家者，北魏后妃出家現象對北齊、隋、唐女性出家都產生了深遠的影響。

　　墓誌在後宮喪葬中的廣泛運用。墓誌在魏晉時期就已經出現，至北魏時期得到了廣泛的應用，成爲貴族墓葬中不可或缺的內容，而在後宮中則只有皇后以及三品以上的嬪妃、女官才能獲得這一權利。特別是此時北魏墓誌等級規定已經出現，皇后的墓誌最大，嬪妃、女官則按照她們在後宮中的等級，使用大小不等的墓誌。需要指出的是，嬪妃、女官的墓誌不僅在規格上遠小於皇后的墓誌，且製作精細程度也無法與皇后的墓誌相提並論，而北魏後宮中處於同一品級的女官墓誌也小於嬪妃墓誌，且製造粗糙。墓誌的規格、製造精細程度也成爲后妃、女官生前在後宮地位的直接體現。

　　後宮職官制度的明確化、系統化。後宮女官在漢、晉就已經出現，但並沒有系統的規定。北魏孝文帝時期，仿照朝廷官員的秩級對後宮女官的品級進行了第一次系統的規定，自此女官制度開始出現。北魏宦官在此時也開始分化，一部分宦官充任朝廷官職，另一部分則僅服務於後宮中，成爲專職後宮的官員。北魏後期這些專職後宮的宦官、女官的職務開始細化。其中皇后宮中的大長秋職權擴大，屬官也逐步增多，經北齊的發展，至隋代已經擴展

為長秋寺。而後宮中的尚衣典御，尚藥（嘗藥）典御、中尚藥（嘗藥）典御，尚食（嘗食）典御、中尚食（嘗食）典御等官職，經北齊的發展，至隋、唐時期已擴展為尚衣局、尚藥局與尚食局。可以說，北魏後宮職官是隋、唐後宮職官制度的萌芽期，對隋、唐後宮制度影響深遠。

參考資料

一、普通圖書

1. 司馬遷，《史記》〔M〕，北京：中華書局，1982。
2. 班固，《漢書》〔M〕，北京：中華書局，1964。
3. 范曄，《後漢書》〔M〕，北京：中華書局，1965。
4. 陳壽，《三國志》〔M〕，北京：中華書局，1982。
5. 房玄齡等，《晉書》〔M〕，北京：中華書局，1974。
6. 沈約，《宋書》〔M〕，北京：中華書局，1974。
7. 蕭子顯，《南齊書》〔M〕，北京：中華書局，1972。
8. 姚思廉，《梁書》〔M〕，北京：中華書局，1973。
9. 姚思廉，《陳書》〔M〕，北京：中華書局，1973。
10. 李延壽，《南史》〔M〕，北京：中華書局，1975。
11. 魏收，《魏書》〔M〕，北京：中華書局，1974。
12. 李百藥，《北齊書》〔M〕，北京：中華書局，1972。
13. 令狐德棻，《周書》〔M〕，北京：中華書局，1971。
14. 李延壽，《北史》〔M〕，北京：中華書局，1974。
15. 魏徵，等，《隋書》〔M〕，北京：中華書局，1983。
16. 歐陽修、宋祁，《新唐書》〔M〕，北京：中華書局，1975。
17. 司馬光，《資治通鑒》〔M〕，北京：中華書局，1956。
18. 李林甫，《唐六典》〔M〕，北京：中華書局，1992。
19. 崔鴻，《十六國春秋》〔M〕，北京：商務印書館，1937。
20. 楊衒之著，楊勇校箋，《洛陽伽藍記校箋》〔M〕，北京：中華書局，2006。
21. 顏之推，《顏氏家訓》〔M〕，王利器集解，北京：中華書局，1993。

22. 杜佑，《通典》〔M〕，北京：中華書局，1984。

23. 鄭樵，《通志》〔M〕，北京：中華書局，1987。

24. 馬端臨，《文獻通考》〔M〕，北京：中華書局，1986。

25. 歐陽詢等，《藝文類聚》〔M〕，上海：上海古籍出版社，1965。

26. 李昉等，《太平御覽》〔M〕，北京：中華書局，1985。

27. 劉義慶，《世說新語》〔M〕，上海：上海古籍出版社，1982。

28. 嚴可均，《全上古三代秦漢三國六朝文》〔M〕，北京：中華書局，1958。

29. 阮元，《十三經注疏》〔M〕，北京：中華書局，1980。

30. 趙翼著，王樹民校證，《廿二史箚記校證》〔M〕，北京：中華書局，1984。

31. 朱銘盤，《南朝宋會要》〔M〕，上海：上海古籍出版社，1984。

32. 朱銘盤，《南朝齊會要》〔M〕，上海：上海古籍出版社，1984。

33. 朱銘盤，《南朝梁會要》〔M〕，上海：上海古籍出版社，1984。

34. 朱銘盤，《南朝陳會要》〔M〕，上海：上海古籍出版社，1986。

35. 賈誼撰，閻振益、鍾夏校注，《新書校注》〔M〕，北京：中華書局，2000。

36. 釋道宣，《大正新修大藏經》〔M〕，臺北：財團法人佛陀教育基金會出版部，1990。

37. 釋慧皎，《高僧傳》〔M〕，北京：中華書局，1992。

38. 劉熙，《釋名疏證補》〔M〕，北京：中華書局，2008。

39. 趙萬里，《漢魏南北朝墓誌集釋》〔M〕，北京：科學出版社，1956。

40. 王壯宏，馬成名，《六朝墓誌檢要》〔M〕，上海：上海書畫出版社，1985。

41. 趙超，《漢魏南北朝墓誌彙編》〔M〕，天津：天津古籍出版社，2008。

42. 羅新，葉煒，《新出魏晉南北朝墓誌疏證》〔M〕，北京：中華書局，2005。

43. 余扶危，張劍，《洛陽出土墓誌卒葬地資料彙編》〔M〕，北京：北京圖書館出版社，2002。

44. 朱亮，黃明蘭，等，《洛陽名碑集釋》〔M〕，北京：朝華出版社，2003。

45. 趙君平，《邙洛碑誌三百種》〔M〕，北京：中華書局，2004。

46. 何慶先，史梅，等，《中國歷代禮儀典》〔M〕，揚州：廣陵書社，2003。

47. 恩格斯，《家庭、私有制和國家起源》〔M〕，北京：人民出版社，1954。

48. 王雲五，《禮記今注今譯》〔M〕，臺灣：商務印書館，1970。

49. 陳寅恪，《隋唐制度淵源略論稿》〔M〕，上海：上海古籍出版社，1982。

50. 唐長孺，《魏晉南北朝史論拾遺》〔M〕，北京：中華書局，1983。

51. 湯用彤，《漢魏兩晉南北朝佛教史》〔M〕，北京：中華書局，1983。

52. 沈從文，《中國歷代服飾》〔M〕，上海：學林出版社，1984。

53. 周錫保，《中國古代服飾史》〔M〕，北京：中國戲劇出版社，1984。

54. 林黎明、孫忠家，《中國歷代陵寢紀略》〔M〕，哈爾濱：黑龍江人民出版社，1984。

55. 周一良，《魏晉南北朝史箚記》〔M〕，北京：中華書局，1985。

56. 郭鵬，《漢魏兩晉南北朝佛教》〔M〕，濟南：齊魯書社，1986。

57. 陳宏天，趙福海主編，《昭明文選譯注》〔M〕，長春：吉林文史出版社，1987。

58. 張鵬一，《晉令輯存》〔M〕，陝西：三秦出版社，1989。

59. 黃懺華，《中國佛教史》〔M〕，上海：上海書店出版社，1989。

60. 程樹德，《論衡集釋》〔M〕，北京：中華書局，1990。

61. 徐吉軍、賀雲翱，《中國喪葬禮俗》〔M〕，杭州：浙江人民出版社，1991。

62. 丘光明，《中國歷代度量衡考》〔M〕，北京：科學出版社，1992。

63. 陳連慶，《中國古代少數民族姓氏研究——秦漢魏晉南北朝少數民族姓氏研究》〔M〕，長春：吉林文史出版社，1993。

64. 〔日〕前田正名著，李憑、孫耀、孫蕾譯，《平城歷史地理學研究》〔M〕，北京：書目文獻出版社，1994。

65. 馬大正、華立，《古代中國的北部邊疆》〔M〕，呼和浩特：內蒙古人民出版社，1993。

66. 張碧波，《中國古代北方民族文化研究》〔M〕，哈爾濱：黑龍江人民出版社，1993。

67. 呂一飛，《胡族習俗與隋唐風韻》〔M〕，北京：書目文獻出版社，1994。

68. 袁傑英，《中國歷代服飾史》〔M〕，北京：高等教育出版社，1994。

69. 汪受寬，《諡法研究》〔M〕，上海：上海古籍出版社，1995。

70. 林幹、再思，《東胡烏桓鮮卑研究與附論》〔M〕，呼和浩特：內蒙古大學出版社，1995。

71. 陳戍國，《中國禮制史：魏晉南北朝卷》〔M〕，長沙：湖南教育出版社，1995。

72. 謝寶富，《北朝喪葬禮俗考》〔M〕，北京：首都師範大學出版社，1998。

73. 林幹，《中國古代民族通論》〔M〕，呼和浩特：內蒙古人民出版社，1998。

74. 陳爽，《世家大族與北朝政治》〔M〕，北京：中國社會科學出版社，1998。

75. 李憑，《北魏平城時代》〔M〕，北京：社會科學文獻出版社，2000。

76. 丁凌華，《中國喪葬制度史》〔M〕，上海：上海人民出版社，2000。

77. 唐長孺，《魏晉南北朝史論叢》〔M〕，石家莊：河北教育出版社，2000。

78. 周建江，《太和十五年——北魏政治文化變革研究》〔M〕，廣州：廣東人

民出版社，2001。

79. 白鋼，《中國政治制度史》〔M〕，天津：天津人民出版社，2002。

80. 李書吉，《北朝禮制法系研究》〔M〕，北京：人民出版社，2002。

81. 田餘慶，《拓跋史探》〔M〕，北京：三聯書店，2003。

82. 趙超，《古代墓誌通論》〔M〕，北京：紫禁城出版社，2003。

83. 國家圖書館善本金石組，《先秦秦漢魏晉南北朝石刻文獻全編》〔M〕，北京：北京圖書館出版社，2003。

84. 張金龍，《北魏政治與制度論稿》〔M〕，蘭州：甘肅教育出版社，2003。

85. 莊華峰，《中國社會生活史》〔M〕，合肥：合肥工業大學出版社，2003。

86. 趙學峰，《北朝墓群皇陵陶俑》〔M〕，重慶：重慶出版社，2004。

87. 何光嶽，《東胡源流史》〔M〕，南昌：江西教育出版社，2004。

88. 〔日〕谷川道雄著，李濟滄譯，《隋唐帝國形成史論》〔M〕，上海：上海古籍出版社，2004。

89. 張岩，《從部落文明到禮樂制度》〔M〕，上海：上海三聯書店，2004。

90. 陳茂同，《中國歷代衣冠服飾制》〔M〕，天津：百苑文藝出版社，2005。

91. 李金河，《魏晉隋唐婚姻形態研究》〔M〕，濟南：齊魯書社，2005。

92. 朱大渭，劉馳，梁滿倉，《魏晉南北朝社會生活史》〔M〕，北京：中國社會科學出版社，2005。

93. 崔明德，《中國古代和親史》〔M〕，北京：人民出版社，2005。

94. 李金河，《魏晉隋唐婚姻形態研究》〔M〕，濟南：齊魯書社，2005。

95. 呂思勉，《呂思勉讀史箚記》〔M〕，上海：上海古籍出版社，2005。

96. 閻愛民，《漢晉家族研究》〔M〕，上海：上海人民出版社，《2005。

97. 沈從文，《中國古代服飾研究》〔M〕，上海：上海書店出版社，2005。

98. 聶崇義，《新定三禮圖》〔M〕，北京：清華大學出版社，2006。

99. 馬長壽，《烏桓與鮮卑》〔M〕，桂林：廣西師範大學出版社，2006。

100. 馬長壽，《氐與羌》〔M〕，桂林：廣西師範大學出版社，2006。

101. 周偉洲，《吐谷渾史》〔M〕，桂林：廣西師範大學出版社，2006。

102. 周偉洲，《敕勒與柔然》〔M〕，桂林：廣西師範大學出版社，2006。

103. 段連勤，《丁零、高車與鐵勒》〔M〕，桂林：廣西師範大學出版社，2006。

104. 逯耀東，《從平城到洛陽——拓跋魏文化轉變的歷程》〔M〕，北京：中華書局，2006。

105. 朱子彥，《帝國九重天——中國後宮制度變遷》〔M〕，北京：中國人民大學出版社，2006。

106. 宋其蕤，《北魏女主論》〔M〕，北京：中國社會科學出版社，2006。

107. 方立天，《魏晉南北朝佛教》〔M〕，北京：中國人民大學出版社，2006。

108. 楊寬：《中國古代都城制度史》〔M〕，上海：上海人民出版社，2006。

109. 余華青：《中國宦官制度史》〔M〕：上海：上海人民出版社，2006。

110. 呂思勉：《中國社會史》〔M〕：上海：上海古籍出版社，2007。

111. 姚微元，《北朝胡姓考》〔M〕，北京：中華書局，2007。

112. 林幹，《東胡史》〔M〕，呼和浩特：內蒙古人民出版社，2007。

113. 林幹，《中國古代北方民族新論》〔M〕，呼和浩特：內蒙古人民出版社，2007。

114. 徐連達，《帝國宮廷的深處──解讀中國古代皇帝制度》〔M〕，上海：上海大學出版社，2008。

115. 劉淑芬，《中古的佛教與社會》〔M〕，上海：上海古籍出版社，2008。

116. 楊寬，《中國古代陵寢制度史研究》〔M〕，上海：上海人民出版社，2008。

117. 尚永琪，《3～6世紀佛教傳播背景下的北方社會群體研究》〔M〕，北京：科學出版社，2008。

118. 俞鹿年，《北魏職官制度考》〔M〕，北京：社會科學文獻出版社，2008。

119. 王守棟，《唐代宦官政治》〔M〕，北京：中國社會科學出版社，〔M〕，2009。

二、論文集

1. 劉琳，〈北朝士族的興衰〉〔G〕//中國魏晉南北朝史學會，《魏晉南北朝史研究》，成都：四川社會科學院出版社，1986。

2. 繆鉞，〈略談五胡十六國與北朝時期的民族關係〉〔G〕//中國魏晉南北朝史學會，《魏晉南北朝史研究》，成都：四川社會科學院出版社，1986。

3. 童超，〈論十六國時期的「變夷從夏」及其歷史意義〉〔G〕//中國魏晉南北朝史學會，《魏晉南北朝史研究》，武漢：湖北人民出版社，1996。

4. 馮爾康，〈皇家的生育及生育觀念散論〉〔G〕//張國剛，《中國社會歷史評論》，北京：商務印書館，2002。

5. 薛瑞澤，〈從洛陽新出墓誌試論北朝婚姻的相關問題〉〔G〕//趙振華，《洛陽出土墓誌研究文集》，北京：朝華出版社，2002。

6. 李貞德，〈漢魏六朝的乳母〉〔G〕//李貞德，梁其姿，《臺灣學者中國史研究論叢：婦女與社會》，北京：中國大百科全書出版社，2005。

7. 李憑，〈北魏文成帝初年的三后之爭〉〔G〕//李憑，《北朝研究存稿》，北京：商務印書館，2006。

8. 李憑，〈北魏兩位高氏皇后族屬考〉〔G〕//李憑，《北朝研究存稿》，北京：商務印書館，2006。

9. 羅新，〈論拓拔鮮卑之得名〉〔G〕//羅新，《中古北族名號研究》，北京：北京大學出版社，2009。

10. 田立坤，〈步搖考〉〔G〕//張慶捷，李書吉，李剛主編，《4～6 世紀的北中國與歐亞大陸》，北京：科學出版社，2006。

11. 宋馨，〈北魏平城時期的鮮卑服〉〔G〕//張慶捷，李書吉，李剛主編，《4～6 世紀的北中國與歐亞大陸》，北京：科學出版社，2006。

12. 窪田慶文，〈墓誌的起源及其定型化〉〔G〕//魏晉南北朝史學會、武漢大學三至九世紀研究所，《魏晉南北朝史研究：回顧與探索》，武漢：湖北教育出版社，2009。

三、學位論文

1. 蔡幸娟，《北朝女主政治與內廷職官制度研究》〔D〕，博士學位論文，臺北：國立臺灣大學歷史學研究所，1998。

2. 宋丙玲，《北朝世俗服飾研究》〔D〕，博士學位論文，山東：山東大學，2008。

3. 張雲華，《北朝婚姻問題研究》〔D〕，博士學位論文，長春：吉林大學古籍研究所，2009。

4. 劉軍，《北魏宗室階層研究》〔D〕，博士學位論文，長春：吉林大學古籍研究所，2009。

四、期刊中析出的文獻

1. 曾武秀，〈中國歷代尺度概述〉〔J〕，《歷史研究》，〈1964（3）：164～182。

2. 〔日〕川本方昭，〈從軍制和婚姻看北魏高祖的漢化政策〉〔J〕，吉文譯，《蒙古學信息》，1983（1）：46～51。

3. 陳連慶，〈北魏宦官的出身及其社會地位〉〔J〕，《東北師大學報》，1983（6）：91～98。

4. 吳少瑝，〈試論北魏「河陰之變」〉〔J〕，《史學月刊》，1983（1）：24～27。

5. 磁縣文化館，〈河北磁縣東魏茹茹公主墓發掘報告〉〔J〕，1984（4）：1～9。

6. 冷東，〈試論北魏宦官制度〉〔J〕，《汕頭大學學報》，1988（1）：17～21。

7. 高詩敏，〈北朝趙郡李氏的婚姻及特點〉〔J〕，《北京聯合大學學報》，1989（2）：49～56。

8. 李憑，〈北魏子貴母死故事考述〉〔J〕，《山西大學學報》，1990（1）：69～74。

9. 李俊清，〈金陵地理位置初步考察〉〔J〕，《文物世界》，1990（1）：67～74。

10. 毛佩琦,〈中國后妃制度述論〉〔J〕,《中國人民大學學報》,1990（6）：82～93。

11. 蔡幸娟,〈北魏立后立嗣故事與制度研究〉〔J〕,《國立臺灣成功大學歷史學報》,1990（3）：257～309。

12. 〔日〕古賀昭岑,〈論北魏部族的解散〉〔J〕,劉世哲譯,《世界民族》,1991（5）：36～44。

13. 高詩敏,〈北魏皇室婚姻的嬗變與影響〉〔J〕,《民族研究》,1992（6）：91～98。

14. 施光明,〈《魏書》所記鮮卑拓跋部婦女婚姻關係研究〉〔J〕,《中央民族學院學報》,1992（3）：39～43。

15. 張金龍,〈高肇專權與北魏宣武帝時期統治集團內部矛盾〉〔J〕,《蘭州大學學報》,1992（20）：113～120。

16. 朱子彥,〈中國封建社會后妃制度初探〉〔J〕,《學術月刊》,1993（11）：69～75。

17. 張金龍,〈靈太后與元叉政變〉〔J〕,《蘭州大學學報》,1993（21）：95～101。

18. 〔日〕窪添慶文,〈關於北魏的贈官〉〔J〕,《文史哲》,〈1993（3）：81～84。

19. 夏毅輝,〈北朝皇后與佛教〉〔J〕,《學術月刊》,1994（11）：65～73。

20. 朱子彥,〈略論中國封建社會的后妃干政〉〔J〕,《上海大學學報》,1994（1）：60～64。

21. 孔毅,〈北魏外戚述論〉〔J〕,《西南師範大學學報》,1994（4）：114～118。

22. 覃主元,〈論北魏馮太后〉〔J〕,《廣西民族學院學報》,1994（2）：89～100。

23. 王德棟,曹金華,〈北魏乳母干政的歷史考察〉〔J〕,《揚州師院學報》,1995（4）：104～109。

24. 李志敏,〈魏晉六朝「雜胡」之稱釋義問題〉〔J〕,《民族研究》,1996（1）：75～83。

25. 陳恩虎,〈中國封建社會后妃來源探悉〉〔J〕,《固原師專學報》,1996（4）：35～40。

26. 周文英,〈略論中國古代的女官制度〉〔J〕,《遼寧大學學報》,1996（3）：56～60。

27. 朱子彥,〈略論中國皇后制度〉〔J〕,《上海大學學報》,1997,8（4）：101～106。

28. 崔廣彬,〈北魏「立子殺母」制度考證〉〔J〕,《北方文物》,1997（1）：

74～80。

29. 檀新林,〈馮太后對北魏封建化的歷史作用〉〔J〕,《歷史教學》,1997（7）: 43～45。

30. 謝寶富,〈北朝後庭制度的兩個問題〉〔J〕,《青海社會科學》,1997（5）: 74～79。

31. 孟志偉,〈北魏內官制度雜考〉〔J〕,《北方論叢》,1997（2）: 52～56。

32. 孫福喜,〈秦漢皇后、皇太后屬吏考〉〔J〕,《文科教學》,1997（1）: 45 ～49。

33. 蔡幸娟,〈北魏內官制度研究〉〔J〕,《臺灣成功大學歷史學報》,1997（22）: 275～301。

34. 王曉衛,〈北魏馮太后的族屬及所受教育〉〔J〕,《歷史教學》,1998（1）: 11～15。

35. 謝寶富,〈北魏金陵、桑乾、北邙、乾脯山西葬區研究〉〔J〕,《北京航空 航太大學學報》,1998（2）: 72～78。

36. 樊一,〈歷代帝后的合葬及其類型——秦漢三國兩晉南北朝時期〉〔J〕,《成 都大學學報》,1998（5）: 24～30。

37. 蔡幸娟,〈北朝女官制度研究〉〔J〕,《國立臺灣成功大學歷史學報,1998 （12）: 175～213。

38. 謝寶富,〈北朝婚姻式俗考〉〔J〕,《中央民族大學學報》,1999（5）: 164 ～170。

39. 商春芳,〈洛陽北魏墓女俑服飾淺論〉〔J〕,《華夏考古》,2000（3）: 71 ～76。

40. 李春燕,李怡,〈秦漢後宮屬吏考〉〔J〕,《人文雜誌》,2000（4）: 100～ 103。

41. 莊華峰,〈兩晉南北朝等級婚姻初探〉〔J〕,《史學月刊》,2000（5）: 118 ～123。

42. 陳恩虎,〈簡論中國歷史上的后妃參政〉〔J〕,《淮南工業學院學報》,2001, 3（4）: 59～61。

43. 段塔麗,〈北朝至隋唐時期女性參政現象透視〉〔J〕,《江淮學刊》,2001 （5）: 111～116。

44. 許智銀,〈論北魏女性出家爲尼現象〉〔J〕,《許昌師專學報》,2001（6）: 42～45。

45. 趙超,〈試談北魏墓誌的等級制度〉〔J〕,《中原文物》,2002（1）: 56～ 63。

46. 郭萍,〈中國古代內官制度的演變〉〔J〕,《自貢師範高等專科學校學報》,

2002（4）：18～21。

47. 呂炘，〈簡論北魏皇室「子將爲儲貳，其母皆賜死」制度〉〔J〕，《青海民族學院學報》，2003，7（3）：44～47。

48. 李憑，〈魏燕戰爭以後的北魏與高麗〉〔J〕，《文史哲》，2004（4）：42～46。

49. 金愛秀，〈北魏喪葬制度初探〉〔J〕，《河南科技大學學報》，2004（12）：15～18。

50. 謝斌，〈淺析胡太后從「立子殺母」制度中幸免的原因〉〔J〕，《廣西右江民族師專學報》，2005（5）：61～63。

51. 張承宗，〈北朝宮女考略〉〔J〕，《蘇州大學學報》，2006，3（2）：107～111。

52. 張承宗，〈魏晉南北朝婦女的宗教信仰〉〔J〕，《南通大學學報》，2006，3（2）：91～97。

53. 申憲，〈試論拓拔鮮卑部落聯盟中的匈奴、高車、柔然族成分〉〔J〕，《北方論叢》，2006（4）：64～66。

54. 陳小青，〈《北魏司馬顯姿墓誌》考釋〉〔J〕，《圖書館雜誌》，2006（11）：74～75。

55. 楊雙群，〈「太監」考〉〔J〕，《和田師範專科學校學報》，2006（7）：127。

56. 羅新，〈論拓跋鮮卑之得名〉〔J〕，《歷史研究》，2006（6）：32～48。

57. 馬望英，〈北魏末年靈太后述論〉〔J〕，《中華女子學院學報》，2007，4（2）：72～76。

58. 李憑，〈北魏龍城諸后考實〉〔J〕，《歷史研究》，2007（3）：20～32。

59. 李憑，〈北魏明元帝兩皇后之死與保太后得勢〉〔J〕，《史學月刊》，2007（5）：21～26。

60. 柏貴喜，〈北朝胡人貴族門第婚中的胡漢通婚〉〔J〕，《民族研究》，2007（6）：71～78。

61. 洛陽博物館，〈洛陽北魏楊機墓出土文物〉〔J〕，《文物》，2007（11）：56～69。

62. 趙振華，〈洛陽出土墓誌與北魏帝后陵墓的方位〉〔J〕，《中國文物報》，2007，11（2）：1～2。

63. 額爾德木圖，〈鮮卑族源考〉〔J〕，《內蒙古大學學報》，2007，10（5）13～18。

64. 車蕾，〈淺談前後趙的後宮女官〉〔J〕，《安徽文學》，2008（6）：216～217。

65. 鄭維維，〈略論北朝時期皇后制度的特點〉〔J〕，《安徽師範學院學報》，2008（3）：67～70。

66. 肖成剛，〈淺議北魏前期、中期太后干政〉〔J〕，《懷化學院學報》，2008，
    1（1）：66～69。

67. 高二旺，〈北朝葬禮之「尼禮」探析〉〔J〕，《寧夏社會科學》，2008，5（3）：
    98～101。

68. 王雁卿，〈北魏永固陵陵寢制度的幾點認識〉〔J〕，《山西大同大學學報》，
    2008，8（4）：46～49。

69. 古鴻飛，〈北魏金陵初探〉〔J〕，《山西大同大學學報》，2008，10（5）：
    38～42。

70. 張雲華，〈論北朝婦女的妒悍風氣〉〔J〕，《史學集刊》，2008（6）：99～
    104。

71. 邵麗坤，李薇，〈拓跋鮮卑的鑄金人立后制度略探〉〔J〕，《東北史地》，
    2008（6）：55～56。

72. 燕睿，〈北魏陵寢制度的基本特徵〉〔J〕，《南都學壇》，2009（1）：41～
    42。

73. 李海葉，〈北魏時期的慕容鮮卑〉〔J〕，《寧夏大學學報》，2009，5（3）：
    96～99。

74. 朱林芳，〈北魏時期河西歸來的太原王氏〉〔J〕，《滄桑》，2009（5）：9～
    11。

75. 高二旺，〈喪禮改革視野下的北魏孝文帝漢化政策〉〔J〕，《中南民族大學
    學報》，2009，5（3）：62～65。

76. 張承宗，〈魏晉南北朝婦女在家庭與社會生活中的地位變化〉〔J〕，《浙江
    學刊》，2009（5）：34～41。

77. 陳連洛，〈從大同北魏永固陵看古代的長度單位——里〉〔J〕，《山西大同
    大學學報》，2009（6）3：24～32。

78. 宋豔梅，〈北朝政權中的京兆韋氏〉〔J〕，《蘭州學刊》，2009（11）：223
    ～226。

附　錄

表 1 北魏后妃表

帝號	后妃	姓氏	改前姓氏	籍貫	出身來源	冊立原因	子女	史料來源
神元帝	皇后	竇氏	紇豆陵氏	沒鹿回部	部帥竇賓女	道武帝追封		《魏書》卷一三《皇后傳》
文帝	皇后	封氏	是賁氏	是賁部		同上	桓帝 穆帝	同上
	妃	蘭氏	烏洛蘭氏	烏洛蘭部		同上	拓跋藍思帝	同上
桓帝	皇后	祁氏		烏桓		同上	拓跋普根 惠帝 煬帝	同上
平文帝	皇后	王氏		烏桓		同上	昭成帝	同上
	妃	賀氏	賀賴氏	賀蘭部		不詳	烈帝	《魏書》卷一《序紀·煬帝紀》
昭成帝	皇后	慕容氏		前燕	國主慕容晃妹	同上		《魏書》卷一《序紀·昭成帝紀》
	皇后	慕容氏		同上	國主慕容晃女	同上	獻明帝 秦明王 拓跋闕婆 拓跋壽鳩 拓跋紇根 拓跋地幹 拓跋力眞 拓跋窟咄	《北史》卷一三《后妃傳(上)》
	妃	慕容氏		同上	慕容暐之女	同上		《魏書》卷一《序紀·昭成帝紀》

獻明帝	皇后	賀氏	賀賴氏	賀蘭部	東部大人野干女	同上	道武帝 衛王 秦王	《魏書》卷一三《皇后傳》
道武帝	皇后	慕容氏		後燕	國主慕容寶女	道武帝所封		同上
	宣穆皇后	劉氏	獨孤氏	獨孤部	劉眷之女	明元帝追封	華陰公主 明元帝	同上
	夫人	賀氏	賀賴氏	賀蘭部	獻明皇后妹	道武帝所封	清河王	《魏書》卷一六《道武七王傳》
	夫人	王氏				同上	陽平王	同上
	夫人	王氏				同上	河南王	同上
	夫人	段氏				同上	廣平王 京兆王	同上
	夫人	劉氏	獨孤氏	獨孤部	部帥劉奴眞妹	同上		《魏書》卷二三《劉庫仁傳附劉奴眞傳》
明元帝	昭哀皇后	姚氏		後秦	姚興之女	明元帝追封		《魏書》卷一三《皇后傳》
	密皇后	杜氏	獨孤渾氏	魏郡		太武帝追封	太武帝	同上
	夫人	慕容氏				明元帝所封	樂平王	《魏書》卷一七《明元六王傳》
	夫人	慕容氏				同上	樂安王	同上
	夫人	尹氏				同上	永昌王	同上
	惠太后	竇氏	紇豆陵氏			太武帝所封		《魏書》卷一三《皇后傳》
太武帝	皇后	赫連氏		大夏	國主赫連屈丐女	太武帝所封		同上
	敬哀皇后	賀氏	賀賴氏	代人		太武帝追封	景穆帝	同上
	左昭儀	馮氏		長樂信都	北燕國主馮弘女，文明太后姑	太武帝所封		同上

左昭儀	閭氏	郁久閭氏	蠕蠕	蠕蠕主吳提妹	同上	南安王	《魏書》卷一〇三《蠕蠕傳》
右昭儀	沮渠氏		北涼	盧水胡沮渠蒙遜之女，沮渠牧犍之妹	同上		《魏書》卷九九《盧水胡沮渠遜傳》
貴人	赫連氏		大夏	赫連屈丐女，太武皇后赫連氏妹	同上		《魏書》卷一三《皇后傳》
貴人	赫連氏		大夏	同上	同上		同上
椒房	越氏	越勒氏			同上	晉王	《魏書》卷一八《太武五王列傳》
椒房	弗氏				同上	臨淮王	同上
椒房	伏氏	俟伏斤氏				楚王	同上
椒房	舒氏				同上	東平王	同上
恭皇后	郁久閭氏	郁久閭氏	河東	河東王毗妹	文成帝追封	文成帝	《魏書》卷一三《皇后傳》
昭儀	斛律氏		高車		不詳		《漢魏南北朝墓誌彙編·魏故比丘尼慈慶墓誌》
椒房	袁氏				文成帝所封	陽平王	《魏書》卷一九《景穆十二王列傳》
椒房	尉氏	尉遲氏			同上	京兆王濟陰王	同上
椒房	陽氏				同上	汝陰王	同上
椒房	孟氏				同上	任城王	同上
椒房	劉氏	獨孤氏			同上	南安王城陽王	同上
椒房	慕容氏				同上	章武王	同上
椒房	尉氏	尉遲氏			同上	樂陵王	同上
椒房	孟氏				同上	安定王	同上
昭太后	常氏		遼西人		文成帝所封		《魏書》卷一三《皇后傳》

景穆帝

文成帝	文明皇后	馮氏		長樂信都	馮朗之女	文成帝所封		同上
	元皇后	李氏		梁國蒙縣	頓丘王李峻妹	獻文帝追封	獻文帝	同上
	夫人	李氏				文成帝所封	安樂王	《魏書》卷二○《文成五王列傳》
	夫人	曹氏				同上	廣川王	同上
	夫人	沮渠氏		北涼	盧水胡沮渠牧犍女	同上	齊郡王	同上
	夫人	乙氏	乙弗氏			同上	河間王	同上
	夫人	悅氏				同上	安豐王	同上
	夫人	玄氏				同上	韓王	同上
	夫人	于氏	勿忸于氏	于闐國	于闐國主女	同上		《漢魏南北朝墓誌彙編·魏帝先朝故于夫人墓誌》
	嬪	耿氏		巨鹿宋子	威遠將軍博陵太守耿樂之女	同上		《漢魏南北朝墓誌彙編·大魏高宗文成皇帝嬪耿氏墓誌銘》
	嬪	耿氏		巨鹿曲陽	建中將軍魏郡太守耿紹之女	同上		《漢魏南北朝墓誌彙編·魏故高宗耿嬪墓誌銘》
獻文帝	思皇后	李氏		中山安喜	南郡王李惠之女	孝文帝追封	孝文帝	《魏書》卷一三《皇后傳》
	昭儀	封氏	是賁氏			獻文帝所封	咸陽王	《魏書》卷二一《獻文六王傳》
	夫人	侯氏	胡古口引氏	朔州	祖爲第一品大酋長俟萬斤	同上		《漢魏南北朝墓誌彙編·顯祖獻文皇帝第一品嬪侯夫人墓誌銘》

	嬪	成氏		代郡平城		同上	《漢魏南北朝墓誌彙編·大魏顯祖成嬪墓誌》
	嬪	張氏		上谷沮陽	張白澤之女	同上	《魏書》卷二四《張袞傳附張白澤傳》
	貴人	韓氏	出大汗氏			獻文帝所封	趙郡王高陽王	《魏書》卷二一《獻文六王傳》
	貴人	潘氏	破多羅氏			同上	彭城王	同上
	椒房	孟氏				同上	廣陵王	同上
	椒房	高氏	是樓氏			同上	北海王	同上
孝文帝	貞皇后	林氏	丘林氏	平原	叔父林金閭，父林勝	孝文帝追封	廢太子拓跋恂	《魏書》卷一三《皇后傳》
	廢皇后	馮氏		長樂信都	太師馮熙女；姑爲文明太后	孝文帝所封		同上
	幽皇后	馮氏		同上	同上	孝文帝所封		同上
	昭皇后	高氏	是樓氏	冀州渤海	司徒公高肇之妹	宣武帝追封	宣武帝廣平王長樂公主	同上
	左昭儀	馮氏		長樂信都	太師馮熙之女，姑爲文明太后	孝文帝所封		《魏書》卷八三《外戚傳·馮熙傳》
	貴人	袁氏				同上	京兆王	《魏書》卷二二《孝文五王傳》
	夫人	羅氏	叱羅氏	河南		同上	清河王汝南王	同上
	夫人	李氏		隴西	李沖之女	同上		《魏書》卷五三《李沖傳》
	嬪	鄭氏				同上	元恌	《魏書》卷二二《孝文五王傳》

嬪	趙氏		南陽白水		同上	義陽長公主	《漢魏南北朝墓誌彙編・大魏高祖九嬪趙充華墓誌》
嬪	王氏		太原	前軍將軍、並州大中正張瓊女	同上		《魏書》卷三八《王慧龍傳附王瓊傳》
嬪	韋氏		京兆杜陵	華山太守韋崇之女	同上		《魏書》卷四五《韋閬傳附韋崇傳》
嬪	盧氏		范陽	祖為盧玄，父盧敏	同上		《魏書》卷四七《盧玄傳附盧敏傳》
嬪	鄭氏		滎陽	秘書監鄭義女	同上		《魏書》卷五六《鄭義傳》
嬪	鄭氏		滎陽	司空長史鄭胤伯女	同上		《魏書》卷五六《鄭義傳附鄭胤伯傳》
嬪	崔氏		博陵	中書侍郎崔挺之女	同上		《魏書》卷五七《崔挺傳》
嬪	崔氏		清河	尚書主客郎崔休之妹	同上		《魏書》卷六九《崔休傳》
	林氏	丘林氏	平原	叔父林金閭，父林勝			《魏書》卷一三《皇后傳》
宣武帝	順皇后于氏	勿忸于氏	代郡	太原郡公于勁女	宣武帝所封	皇子昌	《魏書》卷一三《皇后傳》
	皇后高氏	是樓氏	冀州渤海	文昭皇后弟偃之女	同上	皇子（名不詳）建德公主	同上
	靈皇后胡氏		安定臨涇	司徒胡國珍之女	孝明帝所封	孝明帝	同上
	夫人王氏		琅邪臨沂	太中大夫王道矜女	宣武帝所封		《漢魏南北朝墓誌彙編・魏故貴華恭夫人墓誌銘》
	夫人司馬氏		河內	豫郢豫青四州刺史烈公之第三女	同上	同上	《漢魏南北朝墓誌彙編・魏故世宗第一貴嬪夫人司馬氏墓誌銘》

嬪	李氏		趙郡	李續寶之女	同上		《漢魏南北朝墓誌彙編‧魏故世宗宣武皇帝嬪墓誌》
婕妤	李氏		頓丘衛國	李彪之女	同上		《魏書》卷六二《李彪傳》
皇后	胡氏		安定臨涇	靈太后從兄胡盛女	靈太后所封		《魏書》卷一三《皇后列傳》
左昭儀	胡氏		安定臨涇	靈太后從侄	同上		《漢魏南北朝墓誌彙編‧魏故胡昭儀墓誌》
嬪	潘氏	破多羅氏			孝明帝所封	皇女（名不詳）	《魏書》卷一三《皇后傳》
嬪	王氏		琅邪臨沂	王紹女	同上		《魏書》卷六三《王肅傳附王紹傳》
嬪	張氏		安定石唐	張慶女，祖爲張祐	同上		《魏書》卷九四《閹官傳‧張祐傳附張慶傳》
嬪	尒朱氏		北秀	尒朱榮女	同上		《北史》卷四八《尒朱榮傳》
嬪	盧氏		范陽	盧孝伯之長女，祖盧淵	同上		《漢魏南北朝墓誌彙編‧魏故充華嬪盧氏墓誌銘》
世婦	崔氏		博陵	崔孝芬女	靈太后所封		《魏書》卷一三《皇后傳》
世婦	盧氏		范陽	盧道約女	同上		同上
世婦	李氏		隴西	李瓚女	同上		同上
	韓氏			韓僧眞女	同上		《魏書》卷一一二《靈徵志》
皇后	尒朱氏	尒朱氏	北秀	尒朱榮女	孝莊帝所封		《北史》卷一四《后妃傳（下）》
皇后	尒朱氏		同上	尒朱兆女	建明帝所封		同上

孝明帝

孝莊帝

東海王

| 節閔帝 | 皇后 | 尒朱氏 | | 同上 | 尒朱兆女 | 節閔帝所封 | | 《北史》卷四八《尒朱榮傳附尒朱兆傳》 |
| 孝武帝 | 皇后 | 高氏 | | 勃海 | 齊神武帝高歡長女 | 孝武帝所封 | | 《北史》卷一三《后妃傳（上）》 |

表 2 北魏皇位傳承表

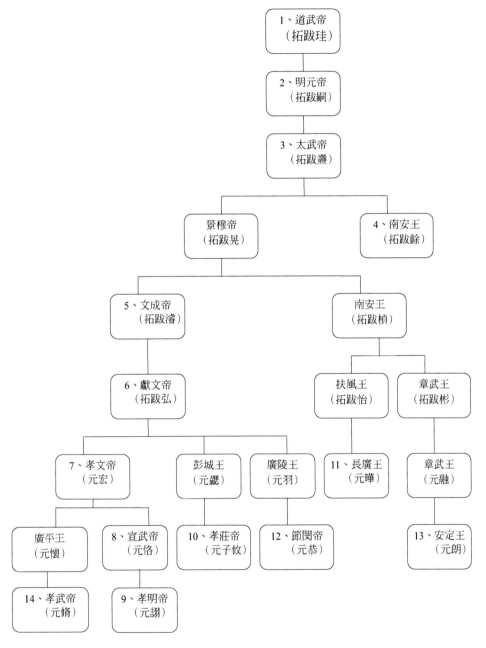

注：文中的數字爲北魏建國後諸帝繼位順序。
　　景穆帝（拓跋晃）爲太子時期就已經逝世，並未眞正繼位，其帝號爲文成帝所追
　　封，因而並未列入皇帝繼位順序之中。

後　記

　　時光荏苒，轉眼寒冬已至，每每這個時候，都能會想起吉林大學美麗的校園，那裡承載著我的夢想。2008 年我懷著對歷史學的無限熱愛、對未來的無限憧憬，慕名報考張鶴泉教授的博士研究生，幸蒙恩師不棄，收入門下。入學之初，先生要求我對史料進行仔細的研讀，然後根據自己的興趣，確定研究方向。在翻查史料中，我發現偌大的北魏王朝中，對於後宮女性的記載卻僅有寥寥幾筆，便萌生了將碩士期間一直關注的後宮女性作為研究對象的想法。此後，我翻閱了大量的史書和出土材料，並與先生進行了多次研究和探討，最終確定以北魏後宮制度為自己的研究方向，並最終於 2011 年完成了寫作。

　　這本書是我對博士學位論文的升華，經過了 3 年的努力，終於完成了 20餘萬字的博士學位論文。寫作之初戰戰兢兢，生怕做的不好，有辱師名，論文成稿後，有幸得到先生的肯定，那種愉悅的心情無法用語言來表達。畢業後我並未停止對該課題的思索，並不斷對論文的內容進行修補，最終形成了本書。攻讀博士的過程，艱辛與快樂並存，其中的甘苦如人飲水，冷暖自知，不過現在想來卻也都是溫馨的。

　　書稿出版之際，我要感謝的人很多。首先要感謝勤勞質樸的父母，是他們用無私的愛給了我克服困難的勇氣，是他們用勤勞的雙手，為我的學習生活排除了一切困難。我還要感謝我的恩師張鶴泉教授、師母許立勳女士，恩師治學嚴謹、學識淵博，哪怕一個小小的錯誤都難逃他的「法眼」，這也練就了門下學生嚴謹的學風，使我終生受益。獨自在外的生活是孤獨和寂寞的，幸有師母慈母般的關懷，為我掃去了心靈的寒冬，與師母相處的日子是我在

長春最幸福的時光。

在論文完成之際，有幸得到了李憑教授、嚴耀中教授、牟發松教授、彭衛研究員、詹子慶教授以及王彥輝教授等諸位先生的評閱，對於文中的疏漏和缺失，諸位先生一一指出，並提出了許多高明的修改建議。論文答辯之時，詹子慶教授、王彥輝教授、趙軼峰教授、許兆昌教授、沈剛教授和朱紅林教授等作爲答辯委員會專家，對我的論文也提出了許多寶貴的意見，在此一併表示感謝。

在論文寫作過程中，我還得到了師門諸君的關懷和照顧，使獨在異鄉的我倍感溫暖。劉軍、楊龍、王飛三位師兄在我博士論文的寫作以及本書的出版過程中給予我巨大的幫助，兄妹間濃濃的情誼，在此刻得以彰顯。同屆摯友侯瑞、趙蘋、張燕、劉巍、劉禹諸君與我相識相知，無論是在日常生活還是在論文寫作，乃至畢業答辯中，都給予我無私的關懷、鼓勵和幫助。師弟王萌、師妹馬驍幫助我進行過多次校勘和投送，在此也要表示感謝。

最後，還要感謝花木蘭出版集團對於學人的無私幫助，正因爲有了他們的無私和奉獻，才使本書得以與讀者見面，這在現今社會著實難能可貴。

這本書是我三年博士學習生活的總結，但並不意味著我對本課題研究的終止，在以後的歲月中，我將對本課題進行更深層次的思索，以便得出更深刻的認識。本書雖思索五載、耗時三年，卻也難免有所錯誤和疏漏，煩請學界同仁不吝賜教。